REVISTA DE DIREITO MERCANTIL
industrial, econômico e financeiro

106

Publicação do
Instituto Brasileiro de Direito Comercial Comparado
e Biblioteca Tullio Ascarelli
do Departamento de Direito Comercial
da Faculdade de Direito da Universidade de São Paulo

Ano XXXVI (Nova Série)
abril-junho/1997

MALHEIROS EDITORES

REVISTA DE DIREITO MERCANTIL
industrial, econômico e financeiro
Nova Série - Ano XXXVI — n. 106 — abril-junho de 1997

REVISTA DE DIREITO MERCANTIL
publicação trimestral de
MALHEIROS EDITORES LTDA.
Rua Paes de Araújo, 29, conjunto 171
CEP: 04531-940
São Paulo, SP - Brasil - Tels. 822-9205
820-9718 - 820-5549 - Fax. 829-2495

Assinaturas e comercialização:
CATAVENTO DISTRIBUIDORA DE
LIVROS S.A.
Rua Conselheiro Ramalho, 928
CEP 01325-000
São Paulo, SP - Brasil
Tel. 289-0811 - Fax. 251-3756

Diretor Responsável: Álvaro Malheiros
Diretora: Suzana Fleury Malheiros
Supervisão Gráfica: Vânia Lúcia Amato

Composição: EDITORA FRASE LTDA.
Impressão: GRÁFICA E EDITORA FCA
(FUNDAÇÃO DE CIÊNCIAS APLICADAS)

SUMÁRIO

DOUTRINA

A TEORIA DA APARÊNCIA E O DIREITO BANCÁRIO 7
— Arnoldo Wald

ACORDO DE ACIONISTAS 20
— Modesto Carvalhosa

SEGURO DE DANO MORAL RESULTANTE DE ACIDENTE COM VEÍCULO AUTOMOTOR 25
— Rachel Sztajn

ATUAÇÃO ESTATAL E ILÍCITO ANTITRUSTE 35
— Calixto Salomão Filho

RESPONSABILIDADE DO CONTROLADOR, DOS SÓCIOS E DOS ADMINISTRADORES DE EMPRESAS DE CONSÓRCIOS. SUA APRECIAÇÃO À LUZ DO DIREITO DO CONSUMIDOR 48
— Haroldo Malheiros Duclerc Verçosa

ASSEMBLÉIA DE COTISTAS NA SOCIEDADE LIMITADA — Aplicação da legislação societária 53
— João Luiz Coelho da Rocha

A INTRODUÇÃO NO NOSSO ORDENAMENTO JURÍDICO DO REQUISITO DA ATIVIDADE INVENTIVA COMO CONDIÇÃO LEGAL PARA A CONCESSÃO DE UMA PATENTE DE INVENÇÃO 58
— Gustavo José Ferreira Barbosa

DA OBRIGATORIEDADE POR PARTE DO ADQUIRENTE DO CONTROLE DE SOCIEDADE POR AÇÕES DE CAPITAL ABERTO DE FAZER SIMULTÂNEA OFERTA PÚBLICA, EM IGUAIS CONDIÇÕES, AOS ACIONISTAS MINORITÁRIOS — ART. 254 DA LEI 6.404/76 E RESOLUÇÃO CMN 401/76 — É EFETIVO MECANISMO DE PROTEÇÃO AOS MINORITÁRIOS? 83
— Roberta Nioac Prado

A EXAUSTÃO DO DIREITO DE MARCAS NA UNIÃO EUROPÉIA E O MERCOSUL 107
— Karin Grau-Kuntz e Newton Silveira

ATUALIDADES

CÓDIGO E NORMAS DE CONDUTA DO SISTEMA FINANCEIRO PORTUGUÊS E COMUNITÁRIO 127
— Armindo Saraiva Matias

CONVENÇÃO DE ARBITRAGEM: CLÁUSULA COMPROMISSÓRIA ESTABELECIDA ANTES DO ADVENTO DA LEI NOVA. DIREITO APLICÁVEL 149
— Vera Helena de Mello Franco

A DESINTERMEDIAÇÃO NA OFERTA DE CRÉDITO E O SISTEMA FINANCEIRO NACIONAL: EXAME DO TEMA E POSSÍVEIS CONCLUSÕES 154
— Cassio M. C. Penteado Jr.

O ICMS E OS SERVIÇOS DE TRANSMISSÃO DE ENERGIA ELÉTRICA. NÃO-INCIDÊNCIA 164
— João Luiz Coelho da Rocha

CONCEITO DE PREPOSTO 169
— Sérgio Sérvulo da Cunha

AS CENTRAIS DE RISCO E O SIGILO BANCÁRIO 174
— Carlos Alberto Hagstrom

ANOTAÇÕES SOBRE A LEGITIMAÇÃO PARA REQUERER A APURAÇÃO DE HAVERES 178
— José Alfredo Ferrari Sabino

MERCOSUL

MERCOSUL — NORMAS DE IMPLANTAÇÃO — FORÇA VINCULANTE ... 185
— José Alfredo Borges

DOCUMENTOS

THE CLAYTON ACT — CONTROLE DE CONCENTRAÇÃO DE EMPRESAS .. 197

COLABORAM NESTE NÚMERO

ARMINDO SARAIVA MATIAS
Professor na Universidade Autónoma de Lisboa.

ARNOLDO WALD
Advogado. Professor da Universidade Estadual do Rio de Janeiro. Ex-Procurador Geral do Estado da Guanabara. Ex-Presidente da CVM.

CALIXTO SALOMÃO FILHO
Livre-Docente e Professor de Direito Comercial da Faculdade de Direito da USP.

CARLOS ALBERTO HAGSTROM
Ex-Procurador do Banco Central. Advogado em Brasília.

CASSIO M. C. PENTEADO JR.
Advogado em São Paulo. Professor da FMU/SP.

GUSTAVO JOSÉ FERREIRA BARBOSA
Advogado no Rio de Janeiro.

HAROLDO MALHEIROS DUCLERC VERÇOSA
Advogado. Mestre e Doutor em Direito Comercial pela USP. Professor de Direito Comercial da Faculdade de Direito da USP. Ex-Procurador do Banco Central do Brasil.

JOÃO LUIZ COELHO DA ROCHA
Advogado no Rio de Janeiro.

JOSÉ ALFREDO BORGES
Professor da Faculdade de Direito da Universidade Federal de Minas Gerais. Procurador da Fazenda do Estado de Minas Gerais. Advogado em Belo Horizonte.

JOSÉ ALFREDO FERRARI SABINO
Procurador do Estado e Advogado no Rio de Janeiro.

KARIN GRAU-KUNTZ
Pequisadora no Max-Planck-Institut fuer auslaendisches und internationales Patent, Urheberund Wettbewerbsrecht (Muenchen). Mestranda na Faculdade de Direito de Munique (Ludwig-Maximilians-Universitaet).

NEWTON SILVEIRA
Doutor em Direito Comercial e Mestre em Direito Civil pela Faculdade de Direito da USP. Secretário Geral Adjunto do IIDA-Instituto Interamericano de Direito do Autor. Advogado e Procurador junto ao Instituto Nacional da Propriedade Industrial.

RACHEL SZTAJN
Livre-Docente e Professora Doutora de Direito Comercial da Faculdade de Direito da USP.

ROBERTA NIOAC PRADO
Advogada. Pós-graduanda em Direito Comercial na Faculdade de Direito da USP.

SÉRGIO SÉRVULO DA CUNHA
Advogado.

VERA HELENA DE MELLO FRANCO
Professora Assistente Doutora da Faculdade de Direito da USP. Advogada em São Paulo.

MODESTO CARVALHOSA
Advogado em São Paulo

Doutrina

A TEORIA DA APARÊNCIA E O DIREITO BANCÁRIO

ARNOLDO WALD

I — Introdução. II — O direito bancário. III — A teoria da aparência no direito estrangeiro: a) A posição do direito comparado; b) O direito francês; c) O direito italiano; d) O direito alemão; e) O direito anglo-americano; f) O direito espanhol; g) Conclusões quanto ao direito estrangeiro. IV — A teoria da aparência como princípio geral do direito na legislação brasileira. V — A teoria da aparência na jurisprudência brasileira; a) Jurisprudência do Supremo Tribunal Federal; b) Jurisprudência do Superior Tribunal de Justiça; c) Jurisprudência do Tribunal de Justiça do Estado do Rio de Janeiro, do antigo Tribunal de Justiça do Estado da Guanabara e do Tribunal de Alçada; d) Jurisprudência dos Tribunais paulistas; e) Jurisprudência dos Tribunais dos demais Estados. VI — A posição da doutrina nacional. VII — Conclusões.

"É, porém, no terreno de Direito Comercial que a teoria da aparência encontra aplicações mais interessantes, em razão da multiplicidade de exteriorizações, tanto materiais como legais, e da dispensa de investigação por força da rapidez dos negócios."
(Calais Auloy)

"Le commerce du banquier ressemble à tous les autres; il s'en distingue seulement parce qu'il est plus commercial, si l'on peut ainsi dire, en ce sens que toutes les maximes, toutes les règles générales du commerce reçoivent en banque une application plus stricte que partout ailleurs."
(Courcelle de Seneuil)

"O pensamento moderno realizou um progresso considerável ao reduzir o existente à série de aparições que o manifestam."
(Jean-Paul Sartre)

I — Introdução

1. A importância crescente do direito bancário, decorrente da utilização generalizada e imperativa das instituições financeiras como entidades que recebem as poupanças, transferem recursos e dão crédito, fez com que se reconhecesse a autonomia do direito bancário. Efetivamente, existem atualmente, além da previsão constitucional de uma lei complementar,[1] numerosas normas legais e regulamentares de direito

1. Art. 192 da Constituição Federal.

bancário, além de ampla jurisprudência e de um crescente número de estudos doutrinários.

2. Como se trata de um direito com características próprias, parece justificar-se a análise da aplicação da teoria da aparência no campo do direito bancário, partindo-se do exame das peculiaridades que o caracterizam para, em seguida, estudar a natureza, os fundamentos e finalidades da incidência da teoria da aparência, concluindo com a comprovação da importância que tem na área bancária e em relação aos títulos de crédito utilizados pelas instituições financeiras.

II — O direito bancário

3. Já tive o ensejo de assinalar que uma das principais características do direito bancário é o dinamismo.[2] Basta, para verificar o acerto da nossa afirmação, comparar o banco comercial que conhecíamos na década de 60, captando recursos à vista ou mediante depósitos a prazo e fazendo empréstimos com base exclusivamente nas duplicatas e promissórias, com o conglomerado financeiro dos nossos dias, nos mais diversos e sofisticados campos dos novos dias, para reconhecer a importância da evolução realizada. Agora, com a redução substancial da inflação, uma nova fase de transformação e adaptação se impõe para os bancos, com um incontestável movimento de fusões e incorporações e a necessidade de redução substancial de suas despesas.

4. John Kenneth Galbraith salientou a importância dos bancos como realizadores contínuos do "milagre da multiplicação dos pães", pois permitem que a mesma quantia de dinheiro seja utilizada simultaneamente por duas pessoas: pelo depositante, que a tem na sua conta, e pelo mutuário ao qual foi emprestada. Daí, conclui que o crédito bancário pode ter, numa sociedade em desenvolvimento, efeitos igualitários, garantindo um nivelamento pelo alto e um aumento do *standard* de vida da população mais pobre.[3]

5. Já se afirmou ser o banco o símbolo do capitalismo, mas, na realidade, é o instrumento necessário e indispensável de toda sociedade desenvolvida, que pressupõe um alto grau de divisão de trabalho e o conseqüente uso do dinheiro como denominador comum de bens e serviços.

6. No modelo econômico brasileiro a instituição bancária foi considerada como o instrumento de formação de conglomerados nacionais, devendo realizar "a integração financeira, financeiro-industrial, financeiro-serviços, assim como outras fórmulas, com o objetivo central de obter maior produtividade no uso dos recursos, pela fluidez intersetorial das aplicações e a garantia de estrutura financeira sólida".[4]

7. O direito bancário surgiu, no campo do direito comercial, com as características de direito profissional, por ser o banqueiro um comerciante e a operação bancária um ato de comércio. Como o direito comercial, o direito bancário nasceu como direito de uma corporação — a dos banqueiros — e evoluiu no sentido de uma maior objetivação para tornar-se o direito das operações e dos negócios bancários. Mas os elementos que encontramos hoje no direito bancário não são todos oriundos do direito privado, devendo ser ressaltada a importância de normas de direito administrativo e de direito econômico.[5]

8. Na realidade, a peculiaridade da instituição financeira em relação às demais empresas decorre do fato de ser ela uma criadora de moeda. Enquanto o Estado

2. Arnoldo Wald, "O papel pioneiro do direito bancário", in *RDM* 27/13-25, São Paulo, a. 16, 1977.

3. John Kenneth Galbraith, *Moeda*, trad. brasileira, São Paulo, Pioneira Editora, *passim*.

4. A meta consta do II PND.

5. Geraldo Vidigal, *O Objeto do Direito Econômico*, São Paulo, 1976, e Arnoldo Wald, "Aspectos peculiares do direito bancário: o regime jurídico dos atos bifaces", in *RDM* 48/5 e ss.

emite a moeda, o banco a multiplica e, por este motivo, deve estar sujeito a normas especiais de maior densidade para garantir a oportuna devolução do numerário por ele recebido e multiplicado. O milagre da multiplicação dos pães a que aludimos tem como consectário a necessidade de assegurar, mediante um equilíbrio contínuo das operações, a ubiqüidade do dinheiro, ou seja a existência dos recursos, na forma de créditos e débitos em patrimônios distintos.[6] Essa é a razão pela qual o direito se apresenta com maiores exigências em relação ao banqueiro, com maior sofisticação das normas que impõe nas relações entre a instituição e os seus clientes, ao mesmo tempo em que cria mecanismos eficazes, simples, rápidos e padronizados para permitir a circulação dos valores.

9. Uma das características básicas da operação bancária é a confiança. Essa confiança deve, evidentemente, existir por parte do banqueiro em relação ao mutuário, mas a do depositante na instituição financeira não é menos indispensável, razão pela qual os tratadistas consideram o elemento fiduciário como um dos traços básicos do direito bancário.

10. Dizia o afamado banqueiro J. P. Morgan que concedia os empréstimos exclusivamente de acordo com o caráter do cliente. Já o *Banker's Handbook*, num dos seus artigos, sugere que os três *C* de acordo com os quais o banqueiro julga o financiado (*C*aráter, *C*apital e *C*apacidade) também podem ser interpretados como os três *R* (*R*ecursos, *R*eputação e *R*apacidade). De qualquer modo, em ambos os lados, a confiança se impõe — seja sob a forma da exigência de caráter ou de reputação — e já se afirmou que o banqueiro precisa basicamente inspirar confiança: "The function of bankers is to be trusted, not to be liked." ("A função do banqueiro consiste em ter credibilidade, e não em ser amado").

11. O aspecto fiduciário do direito bancário tem ensejado a criação de importantes instrumentos jurídicos, como o truste e a alienação fiduciária. O recente desenvolvimento da vida bancária tem, por outro lado, provocado a multiplicação de negócios fiduciários de toda espécie.

12. Aliás, essa confiança mútua entre as partes tem sido considerada por vários eminentes sociólogos, como Francis Fukuyama[7] e Alain Peyrefitte,[8] como caracterizando a fase mais recente da evolução dos países mais desenvolvidos. Nela viram uma verdadeira condição que se impõe no mundo contemporâneo para o desenvolvimento da sociedade numa fase de maior dinamismo, complexidade e sofisticação da vida e da conseqüente imprevisibilidade do futuro. Não mais havendo possibilidade ou tempo para verificar todos os dados que as partes se comunicam, só a confiança entre ambas e a respectiva responsabilidade poderão permitir que os contratos nacionais e internacionais sejam firmados em tempo recorde. A urgência se impõe quando o *fax* e a correspondência via *Internet* estão substituindo os instrumentos públicos ou particulares que dependeriam não só da presença simultânea, no mesmo local, dos contratantes, mas ainda, conforme o caso, de tabelião ou de testemunhas.

13. A doutrina e a jurisprudência têm dado maior ênfase ao aspecto fiduciário que envolve o banco como agente financeiro, porém a exigência de confiança não está vinculada tão-somente a um dos sujeitos da relação bancária, mas se impõe a ambos. Não é subjetiva, mas objetiva, decorrendo da existência do negócio bancário, que pressupõe, para poder ser realizado em tempo útil, a existência de um clima de credibilidade e a desnecessidade de verificação exaus-

6. Arnoldo Wald, *O Novo Direito Monetário*, Belo Horizonte, Edições Ciência Jurídica, 1996, pp. 73 e ss.

7. Francis Fukuyama, *Trust — The Social Virtues and the Creation of Prosperity*, Nova York, The Free Press, 1992.

8. Alain Peyrefitte, *La Société de Confiance*, Paris, Éditions Odile Jacob, 1995.

tiva de todos os dados comunicados por uma das partes à outra.

14. Assim, de um lado, a responsabilidade do banqueiro é agravada pela lei,[9] no caso de insolvência, e pela jurisprudência em numerosas hipóteses, das quais se destaca a decorrente do pagamento de cheque com assinatura falsa,[10] que se justifica pelo risco profissional. Por outro lado, quando o cliente cede seu cartão de crédito a um amigo, informando qual a sua senha, para levantar dinheiro em caixas próprias, é evidente que o risco do pagamento deixa de ser do banco, em virtude do risco assumido pelo depositante. Do mesmo modo, os clientes que mandam buscar formulários, cheques ou outros documentos de valor por prepostos seus no banco também devem arcar com as eventuais responsabilidades por danos que, por este motivo, possam ocorrer.

15. O elemento fiduciário também existe quando, com clientes de maior expressão, o garante do banco se apresenta na sede da empresa para colher várias assinaturas e somente uma delas é falsificada, na sala do presidente da sociedade, que deveria ser um dos signatários do documento, como tem acontecido em casos recentes que os tribunais tiveram o ensejo de examinar.

16. Assim sendo, cabe aplicar a teoria da aparência na relação bancária não apenas a uma das partes, mas a todos os participantes do negócio bancário.

17. Examinaremos, agora, a teoria da aparência na sistemática do direito, dando ênfase ao direito estrangeiro, às normas legais e aos princípios vigentes em nosso país e às manifestações da doutrina e da jurisprudência.

9. Lei 6.024/74, Decreto-lei 2.321/97 e recentes medidas provisórias que tratam do PROER (Medida Provisória 1.507 de 16.8.96, publicada no *DOU* de 19.8.96, p. 15.758).

10. Súmula 28 do STF.

III — A teoria da aparência no direito estrangeiro

a) A posição do direito comparado

18. Em todos os países a teoria da aparência tem sido consagrada, especialmente no direito comercial, embora sejam diferentes alguns dos fundamentos invocados pela doutrina e pela jurisprudência em cada um dos sistemas jurídicos. Em todos eles têm, todavia, sido invocadas a necessidade de garantir a segurança jurídica e a proteção da boa-fé para justificar a responsabilidade daquele a quem se atribui a declaração de vontade pela obrigação que aparentemente constituía um título legítimo.

19. Assim, na França, os efeitos da teoria da aparência foram justificados tanto pelo princípio *error communis facit jus* quanto pela construção feita em torno do princípio da boa-fé, enquanto na Itália os autores preferiram consagrar a tutela da credibilidade (*la tutela dell'affidamento*) baseada em situações objetivas, que justificam a proteção da boa-fé da outra parte, e na Alemanha tais efeitos estão vinculados ao princípio geral da publicidade.

b) O direito francês

20. Na França, desde Josserand e Saleilles, a aparência foi considerada como fonte de direito quando o erro do terceiro de boa-fé se justifica ou quando nele foi induzido, dolosamente, pela outra parte.

21. Mais recentemente, a doutrina francesa salientou que o chamado mandato aparente produz efeitos jurídicos desde que a pessoa que trata com o mandatário esteja de boa-fé e tenha sido iludida por uma aparência suscetível de razoavelmente enganar terceiros.[11]

22. Neste sentido ensina René Savatier que: "La loi et la jurisprudence fournissent

11. Mazeaud e Mazeaud, *Leçons de Droit Civil*, 5ª ed., t. II, n. 151.

de nombreuses applications de cette idée. *Elle est particulièrement féconde en matière d'apparence, où elle empêche le créateur d'une apparence trompeuse de pouvoir utiliser la nullité des actes dont le vice provient précisément de l'erreur provoquée chez les tiers, par cette apparence*".[12]

23. Mais recentemente, Boris Starck assinala a evolução construtiva da jurisprudência francesa da Corte de Cassação no sentido de admitir a incidência da teoria da aparência sempre que o erro cometido pode ser considerado legítimo, ou seja razoável e justificado pelas circunstâncias específicas do caso, tendo em conta a natureza da operação e a situação e profissão das pessoas envolvidas.[13]

24. Quanto à vinculação que deve existir entre a aparência e a boa-fé, há um consenso dos autores, embora possa haver divergência quanto à prevalência de uma ou outra, como se verifica pela afirmação, feita em monografia, por Jean Calais Aulois, de acordo com a qual: "c'est la bonne foi qui devient efficace en s'appuyant sur l'apparence et non l'apparence en s'appuyant sur la bonne foi".[14]

25. Finalmente, a doutrina francesa tem salientado que o direito pressupõe a credibilidade, baseando-se as relações jurídicas na confiança legítima que cada um deve ter na regularidade do seu direito.[15]

26. Na realidade, como bem ensina Henri Mazeaud, a evolução do direito no particular resulta "da complicação cada vez maior das relações jurídicas, pois, por não se poder ir até o fundo das coisas, *somos cada vez mais forçados a confiar na aparência*: é preciso, sob pena de perturbar a ordem social, que a "aparência razoável do direito produza, nas relações com os terceiros, os mesmos efeitos que o próprio direito produziria".[16]

c) O direito italiano

27. No direito italiano os autores salientam que a aparência deve produzir efeitos jurídicos na medida em que ocorreu um comportamento apto a provocar nos terceiros a convicção errônea da legitimação do titular do direito.[17]

28. Na sua excelente obra modestamente intitulada *Instituições de Direito Civil*, o Professor Alberto Trabucchi analisa nos seguintes termos o que denomina a tutela da credibilidade (*la tutela dell'affidamento*):

"*Affidamento* non *vuol dire* valore assoluto dell'apparenza, ma *protezione della buona fede. Oggi il principio della buona fede è diventato generale per il diritto*; è un requisito dell'agire, come abbiamo detto, e chi agisce in buona fede, affidandosi a quanto appare secondo le altrui manifestazioni, deve essere protetto. *Ma buona fede non è supina ignoranza. così come affidamento non è cieca fiducia. È salvaguardato solo il terzo che sia stato diligente nell'informarsi.*

"La tutela dell'affidamento risponde a un criterio generale, e non è soltanto prevista per superare il conflitto tra la volontà e la manifestazione."[18]

29. Citando a lição de Gino Gorla, explica, em nota de rodapé, Trabucchi, que: "Il *negozio*, la manifestazione di volontà, *impegna*, non perchè si è voluto, ma *perché*

12. René Savatier, *Traité de la Responsabilité Civile*, t. II, Paris, LGDJ, n 599.

13. Boris Starck, *Droit Civil — Obligations*, 3ª ed., atualizada por Henri Roland e Laurent Boyer, t. 2/98, Paris, Litec, 1989, t. 2, ns. 228-230.

14. Jean Calais Auloy, *Essai sur la Notion d'Apparence en Droit Commercial*, 1959, n. 15.

15. Emmanuel Levy, *Les Fondements du Droit, passim*.

16. Artigo na *Revue Trimestrielle de Droit Civil*, v. 23/960.

17. Angelo Falzea, verbete "Apparenza" *Enciclopedia del Diritto*, Giuffrè Editore.

18. Alberto Trabucchi, *Istituzioni di Diritto Civille*, 16ª ed., p. 206.

altri ha creduto a quanto si è detto: pertanto si sarebbe obbligati quando il proprio contegno ha fatto sorgere una fiducia fondata sulla dovuta coerenza che la legge riconosce e impone".[19]

30. E conclui o mestre italiano que "nel diritto moderno si è maggiormente sentito che anche il creare delle apparenze o lasciare che esse si formino implica il costituirsi di situazioni che debbono essere valutate a vantaggio di chi nella vita dei traffici necessariamente si deve affidare a ciò che appare credibile. La tutela dell'affidamento si basa specialmente sopra questa valutazione oggettiva delle situazioni, quando l'interessato abbia avuto motivi per credere alle apparenze. Per questo, anziché pensare di attribuire alla responsabilità lo stesso valore della volontà, si preferisce ricorrere al concetto di rischio al quale si espone chi ha causato l'altrui affidamento non colposo".[20]

31. Pode-se, assim, afirmar que, na Itália, prevalece a lição do grande mestre Ferrara quando ensinava que "cio chè nel commercio appare come vero, deve valere come vero."

32. Resumindo a posição do direito italiano, escreve Orlando Gomes, inspirando-se em Mariano D'Amelio, que:

"São exigências sociais que justificam a adoção do princípio nos amplos termos que lhe empresta parte da doutrina moderna, desde que Oertmann abriu o caminho para sua generalização. Segundo D'Amelio, deve-se permitir que tomem a aparência como realidade por três razões principais: *1ª — para não criar surpresas à boa-fé nas transações do comércio jurídico; 2ª para não obrigar os terceiros a uma verificação preventiva da realidade do que evidencia a aparência; 3ª — para não tornar mais lenta, fatigante e custosa a atividade jurídica. A boa-fé nos contratos, a lealdade nas relações sociais, a confiança que devem inspirar as declarações de vontade e os comportamentos exigem a proteção legal dos interesses jurisformizados em razão da crença em uma situação aparente, que tomam todos como verdadeira.*

"Coincide esse propósito tutelar com a tendência atual para a substituição do conceito voluntarístico de negócio jurídico pelo que se insere nas idéias de autoresponsabilidade e confiança."[21]

d) O direito alemão

33. A doutrina germânica reconhece amplamente a teoria da aparência inspirando-se nas lições de Herbert Meyer (*Publizitätsprinzip*, p. 96; *Rechtsschein*, pp. 11 e ss.) e Oertmann (*Grundsaetzliche der Lehre vom Rechtsschein*).

34. Sintetizando a posição dominante, escreve Enneccerus, no seu *Tratado*, que "o ordenamento jurídico protege a confiança nos fatos exteriores, proteção apenas concedida em determinadas direções aos que procedem de boa-fé e, ainda assim, unicamente quando a boa-fé se apóia sobre bases de fato concretamente determinadas".[22]

35. Karl Larenz, apoiando-se em Gierke e Jacobi, considera que quem cria uma aparência capaz de enganar terceiros de boa-fé tem o dever de garantir a segurança jurídica daqueles que justificadamente acreditaram na realidade daquilo que só era aparente. O mesmo autor cita vários exemplos de aplicação da teoria da aparência no direito societário alemão, informando que as pessoas que, trabalhando em conjunto, criaram uma aparência de sociedade devem responder solidariamente.[23]

19. Ob. e loc. cits. na nota anterior.

20. Ob. cit., p. 207.

21. Orlando Gomes, *Transformações Gerais do Direito das Obrigações*, 2ª ed., São Paulo, Ed. RT, 1980, p. 116.

22. Ludwing Enneccerus, Theodor Kipp e Martin Wolff, *Tratado de Derecho Civil* — Parte General, Barcelona, Bosh, 1947, t. I/318, § 73, n. II.

23. Karl Larenz, *Derecho de Obligaciones*, t. II/430, trad. espanhola, Editorial Revista de Derecho Privado, 1959.

e) O direito anglo-americano

36. Também no direito anglo-americano, com base na eqüidade, tem sido aplicada a teoria da aparência, que, na Inglaterra, encontrou a sua base filosófica nos ensinamentos de Stuart Mill para quem: "Não há outro fundamento assinalável na obrigação, senão as funestas conseqüências da falta de fé e da ausência de confiança mútua entre os homens".

37. A doutrina norte-americana faz referência à *appearance doctrine*,[24] embora dando-lhe um alcance mais reduzido, que é, todavia, completado com outras técnicas, como, por exemplo, a de desconsideração da pessoa jurídica (*disregard doctrine* ou *piercing the veil*).

f) O direito espanhol

38. Os autores espanhóis tiveram o ensejo de examinar, em várias ocasiões, a incidência da teoria da aparência, conforme se verifica em transcrições e referências que constam de interessante artigo do professor e magistrado Arnaldo Rizzardo.[25]

39. Assim, o professor José Puig Brutau escreve a este respeito que "los actos realizados por una persona enganada por una situación jurídica que es contraria a la realidad, pero que presenta exteriormente las características de una situación jurídica verdadera son definitivos y oponibles, como lo serían los actos fundados en situaciones absolutamente regulares. Vemos claramente que, en uno y otro caso, se trata de una situación jurídica apariente en la cual alguien ha confiado de buena fe, para variar su propia posición juridica. *Quien ha dado lugar a la situación enganosa, aunque haya sido sin el deliberado propósito de inducir a error no puede hacer que su derecho prevalezca por encima del derecho de quien ha depositado su confianza en aquella apariencia*".[26]

40. Por su vez, os professores Luiz Diez Picazo e Ponce de Leon ensinam que: "Quien crea en otra persona una confianza en una determinada situación aparente e induce con ello a esta otra persona a obrar en un determinado sentido, sobre la base de esta apariencia en la que ha confiado, no puede después pretender que aquella situación era puramente ficticia y que debe valer la situación real".[27]

g) Conclusões quanto ao direito estrangeiro

41. Vemos, assim, quc, na maioria dos direitos vigentes, a teoria da aparência está plenamente consagrada, especialmente quando:

a) se cria — ou se assume o risco de criar — uma aparência para que o negócio jurídico seja feito;

b) há antecedentes nos quais a aparência correspondia à realidade;

c) o outro contratante é de boa-fé e tem razoável justificativa para acreditar na aparência;

d) qualquer terceiro com a diligência normal do bom pai de família acreditaria na veracidade dos fatos aparentes.

IV — A teoria da aparência como princípio geral do direito na legislação brasileira

"O Direito pátrio aceitou a teoria da aparência, sem, entretanto, condensá-la numa disposição geral." (Orlando Gomes)[28]

24. Henry Campbell Black, *Black's Law Dictionary*, 5ª ed., St. Paul, Minn., West Publishing, 1979.

25. Arnaldo Rizzardo, "Teoria da aparência", *Ajuris*, 9/222-224, n. 24, mar. 1982.

26. José Puig Brutau, *Estudios de Derecho Comparado — La Doctrina de los Actos Propios*, p. 103.

27. Arnaldo Rizzardo, ob. cit., p. 224.

28. Orlando Gomes, *Transformações Gerais do Direito da Obrigações*, 2ª ed., São Paulo, Ed. RT, 1980, p. 118.

42. Embora não decorrendo de texto geral, a teoria da aparência corresponde, no direito brasileiro, a um princípio geral que se deduz das várias disposições legais que constituem o sistema jurídico vigente em nosso país e que se impõe como fonte do direito, nos precisos termos do art. 4º da Lei de Introdução ao Código Civil.

43. Efetivamente, tanto a doutrina como a jurisprudência, partindo das disposições referentes ao herdeiro, ao mandatário, ao domicílio e ao credor aparentes, e à posse de estado, reconheceram na aparência um verdadeiro princípio jurídico, como bem salientado por Vicente Ráo.[29]

44. Examinaremos, agora, sucessivamente, a posição assumida na matéria, em nosso país, pelas decisões dos tribunais e pela doutrina.

V — A teoria da aparência na juriprudência brasileira

"Nestas situações, em que claramente se aplicou a chamada teoria da aparência, podemos verificar a proteção em favor da parte que foi induzida a errar. No entanto, os Tribunais não aceitaram a alegação de erro para a anulação dos atos praticados. Ao contrário, justamente por ser um erro sanante, que seria cometido por qualquer pessoa de boa-fé (já vimos que não aceita a boa-fé, o tribunal negou o pedido do lesado), é que o ato passa a ser considerado como válido, isto é, não anulável.

"Em todos estes casos, temos exemplos de erro, porém de erro confirmador ou legitimante, que não autoriza a anulação do ato. Ao contrário, tal erro, na maioria dos casos, como no pagamento feito ao credor putativo, sana o vício em que incorreu o agente. Isto porque qualquer pessoa, nas mesmas condições, seria enganada." (Semy Glanz).[30]

a) Jurisprudência do Supremo Tribunal Federal

45. Em 2 de abril de 1974, a 1ª Turma do Supremo Tribunal Federal teve o ensejo de aplicar a teoria da aparência, ao julgar o RE 77.814-SP, que tratava da responsabilidade da empresa por atos de antigo dirigente que, embora tendo ficado impedido de continuar a presidir a empresa pelo fato de ter sido nomeado corretor de fundos públicos, continuou a operar de fato em nome e por conta da mesma.

46. O acórdão, do qual foi relator o eminente Min. Luiz Gallotti, não conheceu do recurso contra a decisão de segunda instância que aplicou, no caso, a teoria da aparência, considerando o Supremo Tribunal Federal que era caso de incidência da mesma.[31] Com essa decisão, a nossa mais alta Corte incorporou definitivamente a teoria da aparência ao nosso direito.

b) Juriprudência do Superior Tribunal de Justiça

47. Por sua vez, o Superior Tribunal de Justiça, em julgado da sua 4ª Turma, no REsp n. 12.811, tendo como relator o ilustre Min. Sálvio de Figueiredo, decidiu, por unanimidade, que: "III — A teoria da aparência mostra-se aplicável nos casos em que vendedor, gerente ou pessoa equiparada, por expressa ou tácita permissão do comerciante, vende mercadorias, salvo se comprovado erro inescusável ou má-fé do adquirente".

c) Jurisprudência do Tribunal de Justiça do Estado do Rio de Janeiro, do antigo Tribunal de Justiça do Estado da Guanabara e do Tribunal de Alçada

48. São numerosas as decisões do Tribunal carioca no sentido de aplicar a teoria

29. Vicente Ráo, *Ato Jurídico*, 2ª ed., São Paulo, Saraiva, 1979, n. 88, p. 244.

30. J. M. Carvalho Santos, *Código Civil Brasileiro Interpretado*, atualizado pelo Des. Semy Glanz, v. 33, Rio de Janeiro, Freitas Bastos, Supl. VIII de atualização do *Código Civil Brasileiro Interpretado* de Carvalho Santos, p. 271.

31. *RTJ* 69/589.

da aparência para considerar que, nos conglomerados financeiros, a ação que deveria ser intentada contra uma das entidades que os integram — distribuidora ou corretora, ou banco de investimento — também pode ser dirigida contra o banco comercial como empresa-líder do grupo.[32]

49. Ainda no campo do direito bancário, foi julgado que: "Particular que aplica dinheiro em corretora de valores, cujo funcionário com funções gerenciais não efetua a aplicação e nem recolhe a quantia que pretendida aplicar em favor da corretora. *Caracterizada está a relação jurídica entre o aplicador e a corretora*, embora não obtida a vantagem pretendida, por culpa de preposto desta".[33]

50. Também aplicou a teoria da aparência aos bancos a 1ª Câmara Cível, em acórdão cuja conclusão é a seguinte: "Se o Banco é vítima da ação maliciosa, ou mesmo criminosa, de algum funcionário ou alguns funcionários de seus quadros, é matéria de sua economia interna, podendo e devendo agir como bem lhe convier, mas sem livrar-se da responsabilidade de preponente, em face de atos de seus prepostos, para com terceiros, inexistindo comprovação da má-fé, ou do conluio, desses últimos, isto é, dessas pessoas estranhas ao Banco. *A boa-fé, que decorre de erro plenamente justificado pelas circunstâncias, supre as nulidades, remove os defeitos, antecipa os prazos da prescrição, consolida o domínio*".[34]

51. Em várias outras decisões do mesmo Tribunal afastou-se, no caso concreto, a incidência da teoria da aparência com as considerações seguintes:

"Só se responsabiliza o empregador com apoio na teoria da aparência *se as circunstâncias permitiam a persuasão de que o empregado agia autorizado por aquele que para isso contribuiu por ação ou omissão*".[35]

"Responsabilidade civil do banco — Abuso de função — Aparência de boa-fé. Segundo a teoria da aparência, *a responsabilidade do comitente só se configura quando a vítima acredita honestamente que o preposto estava no exercício de suas funções; e isto é inadmissível, sendo mesmo inconciliável com o princípio da boa-fé, quando a vítima sabia ou devia saber com quem estava realmente negociando, e que, portanto, o preposto não se encontrava no exercício de suas funções, mas agia por conta própria ou de terceiro, que não o comitente*".[36]

52. No Tribunal de Alçada do mesmo Estado são numerosas as decisões aplicando a teoria da aparência, destacando-se, entre outras, as seguintes:

"Contrato de publicidade — *Alegação da autora de que quem o subscreveu não tinha poderes para tanto: improcedência, pois quem o firmou, nos escritórios da autora, é pessoa qualificada nos seus quadros dirigentes.*

"Teoria da aparência: erudita sentença do Juiz Semy Glanz a respeito."[37]

"Em se tratando de notas promissórias, vencidas e não pagas, revestidas de todos os requisitos legais, constituem elas títulos extrajudiciais, aptos a serem cobrados por via de execução, nos termos do disposto nos arts. 583 a 585, I, do CPC, sendo títulos líquidos, certos e exigíveis (art. 586). *É irrelevante que só um dos sócios as tenha assinado, como emitente pela sociedade, e*

32. Ac. do 3º Gr. de C. de 28.4.89, EInfrs. 588.058.453 e Ap. Cível. n. 587.052.226, julgada pela 6ª C. Cível em 29.3.88.

33. TJRJ, ac. un. da 6ª C. reg. em 2.3.90, Ap. 4.153/89, rel. Des. Hilário Alencar.

34. TJGB, ac. un. da 1ª C., reg. em 17.5.74, Ap. 88.220, rel. Des. José Cyríaco da Costa e Silva.

35. EInfrs. na Ap. Cível 86.501, *apud* J. M. de Carvalho Santos, *Código Civil Brasileiro Interpretado*, atualizado pelo Des. Semy Glanz, v. 33, p. 286, Rio de Janeiro, Freitas Bastos.

36. Ap. Cível. n. 85.113, ac. da 7ª C. Cível do TJGB de 8.11.74, *apud* Carvalho Santos, ob. cit., atualizada por Semy Glanz, v. cit., p. 311.

37. Ap.Cível. n. 31.005, julgada pela 2ª C. Cível da TARJ em 26.4.79, *apud* Carvalho Santos, ob. e v. cits., p. 320.

garantido como avalista, e, se extrapolou ele os poderes sociais que lhe confere o seu contrato de constituição da sociedade, poderá esta exercer, contra ele, o direito regressivo, por prejuízos que acaso este lhe cause, nunca, porém, se exonerando de pagar títulos líquidos e certos, exigíveis, que houvessem sido assinados por má-fé ou abuso de poder social."[38]

"Sociedade — Representação — Terceiro de boa-fé. Configura-se a responsabilidade da sociedade por títulos emitidos em seu nome pelo 'diretor-gerente' e avalizados por outros dois diretores (o diretor-administrativo e o diretor-comercial), aos quais, pessoalmente, caberá à sociedade responsabilizar, por haverem se excedido nos poderes que lhes foram conferidos pela Assembléia-Geral."[39]

d) Jurisprudência dos Tribunais paulistas

53. O Tribunal de Justiça do Estado de São Paulo teve o ensejo de apreciar a incidência da teoria da aparência em títulos de crédito, em operações bancárias e no campo societário, como se verifica pelas seguintes ementas:

"Se determinada pessoa costumava endossar títulos de sociedade comercial, assumindo, perante terceiros, a posição de sócio, com inteira concordância da pessoa jurídica, não pode esta tirar proveito da própria omissão."[40]

"Duplicata aceita por empregado — Recinto do estabelecimento comercial — Autorização presumida. Presume-se autorizado a aceitar duplicata o balconista de farmácia que o faz dentro do estabelecimento, em negócio deste, nos termos do art. 75 do Código Comercial."[41]

"Responsabilidade civil — Banco — Aplicação financeira — Induzimento de cliente a erro, por ex-gerente, acreditando estar aquele realizando negócio com a instituição financeira e de forma correta — Teoria da aparência — Culpa do réu caracterizada — Indenização devida — Juros de mora fixados desde o vencimento de cada obrigação.

"*Ementa oficial*: Deve-se, em certos casos, permitir que se tome por verdadeiro um fenômeno que não é real, desobrigando os terceiros a uma verificação preventiva da realidade do que a aparência evidencia?"[42]

"As regras da aparência se aplicam às sociedades, mormente quando o falso gerente ou diretor se comporta aos olhos de todos e para com terceiros como se exercesse o cargo por título legítimo."[43]

e) Jurisprudência dos Tribunais dos demais Estados

54. Existem ainda numerosas manifestações abrangendo acórdãos da Justiça Estadual do Rio Grande do Sul, do Paraná, de Minas Gerais e de Santa Catarina, entre outros, comprovando que há, em todos os Tribunais do país, um consenso a respeito da matéria.

VI — A posição da doutrina nacional

55. A partir da década de 50, vários estudos nacionais salientaram a importân-

38. TARJ, ac. un. da 2ª C. de 4.9.81, reg. em 24.9.81, Ap. 66.885, rel. Juiz Francisco Faria.

39. TARJ, ac. un. da 2ª C. Ap. 60.237, rel. Juiz Francisco Faria.

40. N. 157.031, Capital, apelante: Conceição Nogueira, apelada: Construtora Mopê Ltda., *RT* 426/149 *apud* Carvalho Santos, ob. cit., p. 332.

41. TJSP, em 15.12.77, na Ap. Cív. 265.485, *Revista de Jurisprudência Brasileira* 45/157, 216 e 275, Ed. Juruá.

42. Ap. 232.469-1/0, 2ª C., j. 23.8.95, rel. Des. Pires de Araújo, in *RT* 723/318.

43. N. 196.971, Capital, apelante: BRACISA — Brasileira de Componentes Industriais S/A, apelada: Editora de Guias LTB S/A, decisões da 1ª C. do 1º TASP de 11.9.73, *RT* 458/133 e Carvalho Santos, ob. e v. cits., p. 329.

cia da teoria da aparência, que foi analisada por Pontes de Miranda e Orlando Gomes, merecendo, mais recentemente, ser examinada, em profundidade, pelos eminentes magistrados professores Semy Glanz e Arnaldo Rizzardo, sem prejuízo de livros e de numerosos outros artigos que trataram do assunto de modo genérico ou específico.[44]

56. Explicando que se aplica a teoria da aparência para a proteção de terceiros de boa-fé, ensina Pontes de Miranda: "*Poder aparente* — A pessoa, que não tem poder de representação, pode, em certas circunstâncias, ter de ser considerada (sem o ter) como se o tivesse, se aquele com quem trata há de a entender como tal. O marido que costumava receber os aluguères, durante a sua ausência, se desquitou, sem que a mulher o comunicasse ao locatário, há de ser considerado por esse como legitimado a receber os alugueres. A casa comercial, que recebia prestações, por intermédio de empregados da classe 10, não há de pretender que o comprador-devedor saiba que um dos empregados foi despedido. Não há, aí, poder; *há apenas, a aparência de poder, de jeito que o que se protege é a boa-fé, em que se achava aquele que teve de atender ao suporte fáctico, exteriorizado, aparente, de poder* (cf. S. Chlossmann, *Die Lehre von der Stellvertretung*, II, 519; E. Zitelmann, *Die Rechtsgeschäfte*, 99 s., mas inexato, adiante, 102; S. Dniestrzanski, *Die Aufträge zugunsten Dritter*, 90 e 99; W. V. Seller, *Vollmacht und Scheinvollmacht, Archiv für Bürgerliches Recht*, 28, 2s.). Quem dá poderes alguma vez, sem ser por escrito, e procede de modo a justificar-se a crença alheia na continuação, ou repetição, da relação jurídica estabelecida, há de responder por isso. Como criador da aparência, por culpa? Ou como outorgante de poder? *Não houve, 'ex hypothesi', outorga de poder pelo representado; somente ocorreu perante o terceiro. A favor do terceiro é que se concebe a eficácia de tal aparência, permitindo-se-lhe alegá-la, de modo a que se tenham de considerar produzidos os efeitos do ato jurídico*, quer se trate de direitos, ou deveres, quer de pretensões e de obrigações, *ou a que se lhe preste a indenização pelo ato ilícito absoluto* (art. 159) *do que se disse representante ou dos dois, outorgante aparente e outorgado aparente*"[45] (os grifos são nossos).

57. Por sua vez, Orlando Gomes afirma que:

"Manifesta-se a aparência em relação ao próprio mandato e em reação a um ato praticado pelo mandatário.

"(...)

A teoria da aparência encontra na prática de atos excessivos por parte de representantes afoitos ou inescrupulosos largo e importante campo de aplicação, merecendo ser aperfeiçoada sua construção.

"(...)

"Uma das mais importantes questões que podem receber solução adequada pela aplicação dos princípios sistematizados na teoria da aparência é a que resulta da prática, por parte dos administradores de sociedades mercantis, de atos para os quais não lhes conferem poderes os estatutos, ou o contrato social."[46]

58. E conclui o saudoso mestre: "Entende-se, em suma, que em todas essas situações aparentes devem os terceiros me-

44. Podem-se citar entres outros, os estudos de Luiz Amaral, "Forma e aparência nos títlos de crédito" (*RT* 602/39), Antônio Carlos Amaral Leão e Gérson Ferreira do Rego, "A aplicabilidade da teoria da aparência nos negócios jurídicos", (*RF*, 299/407); assim como Darnley Villas Boas, *Teoria da Aparência no Direito Brasileiro*, BVZ, Editor, 1993, que consolida a jurisprudência existente sobre a matéria.

45. Pontes de Miranda, *Tratado de Direito Privado*, 2ª ed., t. III/253, Rio de Janeiro, Editor Borsói, 1954.

46. Orlando Gomes, *Transformações Gerais do Direito das Obrigações*, 2ª ed., São Paulo, Ed. RT, 1980, pp. 114 e ss. e especialmente pp. 120, 122 e 123.

recer proteção, exigindo-se, apenas, que seu erro, como frisa Calais Auloy, provenha de circunstâncias tais que teriam podido enganar o indivíduo médio. A aparência, em tais casos, substitui a realidade, e o mecanismo de defesa dos interesses de terceiros move-se sob o impulso de uma noção que, nos dias correntes, se torna indispensável à solução de importantes questões, sobretudo no campo do Direito Comercial."[47]

59. Por sua vez, o eminente Des. Semy Glanz teve o ensejo de publicar sobre a teoria da aparência um estudo pioneiro, há cerca de um quarto de século, tendo reexaminado a matéria na excelente e oportuna atualização que fez do *Código Civil Interpretado* de Carvalho Santos.

60. Escreve o brilhante magistrado carioca que:

"A evolução do direito privado vem-se afirmando cada vez mais, no sentido de aceitar a eficácia de atos fundados na aparência.

(...)

"O Direito Comercial, porém, é campo fértil para aplicação da teoria, pois *a rapidez dos negócios não permite, em geral, uma análise detida das situações jurídicas. Assim, a situação de mandatário, sócio, preposto e representantes de pessoas jurídicas são freqüentes campos de aplicação da teoria.* A respeito, Jean Calais Auloy escreveu alentada e premiada monografia (*Essai sur la Notion d'Apparence en Droit Commercial*, Paris, 1961) dizendo que a rapidez dos negócios do direito comercial exige a proteção dos terceiros que, agindo de boa-fé, são iludidos pela aparência.

"(...)

"Com efeito, qualquer pessoa que entra num estabelecimento comercial presume que vai ser atendida por alguém legitimado para o ato. Ninguém vai pedir a carteira de trabalho ao empregado, nem a certidão da Junta Comercial para saber quem é o verdadeiro titular da empresa.

"Igualmente o funcionário de fato, no campo do direito administrativo."[48]

61. Por sua vez, o Des. Arnaldo Rizzardo termina artigo que dedicou ao assunto nos seguintes termos:

"Quem procedeu de boa-fé, levado pela aparência de uma situação de estado, deve ter assegurada a proteção de sua aquisição.

"Concluindo, em todas as hipóteses importa se dê proteção aos terceiros, exigindo-se, somente, que seu erro provenha de circunstâncias aptas para enganar o indivíduo médio. A aparência substitui a realidade em favor do que agiu levado por bons princípios e honestamente."[49]

62. A evolução da doutrina e da jurisprudência foi no sentido de dissipar as poucas dúvidas que ainda existiam quanto à aplicação da teoria da aparência no tocante aos títulos de crédito, cuja importância para o desenvolvimento da economia já fora enfatizada, com entusiasmo, por José Maria Withaker.[50] Na realidade, tanto no tocante aos títulos de crédito como nos demais negócios bancários incide a teoria da aparência desde que presentes os seus requisitos acima referidos pela doutrina e pela jurisprudência.

63. Neste sentido, se o título é aparentemente válido e se as circunstâncias fazem com que essa aparência seja reconhecida pelo comerciante diligente, dentro de um sistema de razoabilidade, e se houve incontestável boa-fé do credor, prevalece o crédito em virtude dos imperativos econômicos e éticos, especialmente quando o deve-

47. Obra citada na nota anterior, p. 127.

48. Semy Glanz, "Aparência e o direito", RJTJGB 24/71-75. No mesmo sentido: J. M. de Carvalho Santos, *Código Civil Brasileiro Interpretado*, v. XXXIII, suplemento VII, atualizado por Semy Glanz, Rio de Janeiro, Freitas Bastos, pp. 267 e ss.

49. Arnaldo Rizzardo, "Teoria da aparência", *Ajuris* v. 24/231.

50. José Maria Whitaker, *Letra de Câmbio*, 3ª ed., São Paulo, 1942.

dor aparente, pelas circunstâncias específicas do caso, aceitou o risco de ser considerado como sendo signatário do título.[51]

VII — Conclusões

64. O presente artigo não pretendeu inovar, mas simplesmente consolidar a posição do direito brasileiro, da jurisprudência e da doutrina em relação à teoria da aparência, trazendo, como complemento, alguns elementos de direito comparado e examinando mais detidamente os seus efeitos em relação ao direito bancário.

65. No tocante à incidência da teoria da aparência, cabe esclarecer que ela pode — e deve — ser usada tanto a favor como contra os bancos, tendo-se sempre em consideração a celeridade e a confiança presumida, que as partes devem ter uma na outra, elementos que caracterizam as relações entre as entidades financeiras e as empresas que são os seus clientes.

66. Também inexiste qualquer motivo para que não se aplique a teoria da aparência em relação aos títulos de crédito, desde que o devedor aparente ou seus prepostos ou outras pessoas a ele ligadas de direito ou de fato tenham criado condições — ou admitido o surgimento de uma ou de um conjunto de circunstâncias — em virtude das quais passou a prevalecer a aparência sobre a realidade. Assim sendo, além da boa-fé do credor e da razoabilidade do erro em que incidiu, ainda é preciso que as circunstâncias justifiquem essa credibilidade provocada, direta ou indiretamente, ativa ou passivamente, pelo devedor aparente, quer haja culpa do mesmo, quer tenha simplesmente ensejado ou admitido, consciente ou inconscientemente, o risco da criação da aparência.

51. Luiz Amaral, "Forma e aparência nos títulos de crédito", já referido na nota 44.

Doutrina

ACORDO DE ACIONISTAS

MODESTO CARVALHOSA

1. Acordos por prazo indeterminado. 2. Acordos em cascata. 3. Acordos que alteram a proporcionalidade legal do direito de preferência. 4. Acordos que dispõem sobre eleição de diretores.

Trata-se de acordo de acionistas de instituto disciplinado pela Lei 6.404, de 1976, mas já bastante utilizado anteriormente, especialmente em razão de exigências do então BNDE e de suas subsidiárias, como requisito convencional para sua participação em empresas privadas. Também nas *joint ventures* entre companhias nacionais e estrangeiras era comum a celebração de acordos, especialmente disciplinando a participação no poder decisório e o direito de veto dos convenentes.

No entanto, a validade dos acordos de acionistas na vigência do Decreto-lei 2.627, de 1940, era bastante discutida, especialmente quanto ao direito de voto em assembléia geral, tanto sob o aspecto doutrinário como jurisprudencial.

Acórdão do TJSP de 1962 decidiu que a assembléia geral da companhia é soberana não estando vinculada a pactos entre acionistas (Ap. 120.135, de 27.11.62, *apud* Fran Martins, *Direito Societário*) (Doc. 1).

A lei de 1976 veio a disciplinar a matéria sob o aspecto societário.

O instituto tem natureza contratual, portanto submetido à normas gerais do direito obrigacional, inclusive quanto às partes, objeto, forma e duração.

Porém produz efeitos na esfera da sociedade. E é esse o aspecto que a lei veio a disciplinar: os efeitos reflexos do acordo perante a sociedade, e não apenas os efeitos diretos entre as partes.

Desde a promulgação da lei societária de 1976 tem sido o instituto grandemente utilizado, mas ainda persistem dúvidas e perplexidades no momento de sua aplicação.

O Judiciário tem sido bastante solicitado a se pronunciar sobre a matéria.

Trouxe 4 questões polêmicas que já foram objeto de decisões de 2º grau que merecem ser discutidas:

1) acordos por prazo indeterminado;

2) acordos em cascata;

3) acordos que alteram a proporcionalidade legal de direito de preferência;

4) acordos que dispõem sobre eleição de diretores.

1. Acordos por prazo indeterminado

Se estiver *expresso* no instrumento que o acordo é por prazo indeterminado, ou se for omisso a respeito, a jurisprudência chegou a reconhecer em diversas decisões que não pode ser entendido como vínculo permanente e irrevogável, *admitindo-se, portanto, sua denúncia unilateral.*

Nesse sentido a Ap. cível 7.795 do TJSP, votação unanime, 1980 (Doc. 2).

Mas os tribunais divergem quando o prazo de vigência vincula-se a termo ou condição resolutiva: tal condição equivale ou não a prazo indeterminado?

Em sentido afirmativo: EInfrs 53.546-1, 1986, TJSP (Copebras) (Doc. 3).

Em sentido negativo: EInfrs na Ap. cível 34.167, 1985, TJRJ (Doc. 4).

A propósito ainda do prazo indeterminado o projeto CVM, de 1993, dispunha: "Os acordos de acionistas sem prazo certo, mas sujeitos a condição resolutiva ou termo final, inclusive porcentagem mínima de participação na companhia, *somente podem ser denunciados segundo as estipulações do contrato*".

Tal projeto não prosperou, tendo sido substituído pelo projeto Kandir (Projeto 1.564 de 1996), ora em votação no Congresso, o qual não inclui qualquer dispositivo sobre a matéria.

Atualmente, nossa jurisprudência tem entendido que não se aplica, portanto, aos pactos de voto por prazo indeterminado a denúncia pura e simples, sob o fundamento de não mais interessar prossegui-los.

Não há, pois, nesse contrato tipicamente parassocial e plurilateral a possibilidade de extinguir-se por resilição unilateral. A denúncia dependerá de *justa causa*, ou seja, a quebra da *affectio*, por conduta incompatível ou dissídio de vontades das partes, ou ainda de interpretação das cláusulas do pacto, e qualquer outra que configure materialmente a desavença, ou ainda deslealdade em face dos pactuantes e do interesse social. Essa a tendência jurisprudencial, ou seja, de que a denúncia só pode se dar por motivo justo, através de decisão judicial.

Essas características típicas do acordo de voto não impedem, no entanto, que seja nele prevista a denúncia imotivada, mediante aviso prévio ou mero decurso de determinados prazos ou etapas de implantação do empreendimento empresarial, no âmbito da companhia.

Caso contrário, os motivos de quebra da *affectio* e deslealdade poderão surgir a todo e qualquer tempo, sendo esta a causa da dissolução requerida. A impossibilidade, portanto, de denúncia unilateral imotivada nos acordos de voto não leva à eternização desses pactos.

2. Acordos em cascata

São considerados acordos em cascata aqueles celebrados em *holding* para produzir efeito em diversas subsidiárias, direta ou indiretamente controladas.

Em caso que chegou às nossas mãos que dizia respeito a acordos celebrados em duas sociedades, com dois grupos de sócios, cada qual controlador em uma, para produzir efeitos em terceira diretamente controlada e subseqüentemente em todas as controladas do grupo, *a sentença declarou a plena eficácia do acordo apenas quanto às pessoas físicas que os firmaram, com relação às duas sociedades nas quais o acordo foi celebrado e também em relação à "holding" por elas controlada, embora não participante do acordo.*

O TJSP foi chamado a se manifestar sobre tentativa de denúncia de acordo: um dos grupos signatários propôs *ação ordinária* para o fim de ver declarada a plena eficácia dos acordos e *ação cautelar* incidental para ser garantido o cumprimento das disposições enunciadas nos acordos, com pedido liminar negado: os autores agravaram e o TJSP deu provimento ao recurso, determinando o reempossamento dos administradores destituídos, em razão do § 3º do art. 159, bem como *determinando o cumprimento dos termos dos acordos até o trânsito em julgado da questão* (Doc. 5).

Ver p. 20 do Doc. 5 — AI 128.957-1, 1989, TJSP.

O acórdão do TJSP reformou a sentença de 1º grau, entendendo que os acordos de acionistas celebrados no seio das *holdings* acionistas da Aguassanta devem estender-se também a esta, já que sofrerá seus reflexos (Doc. 6).

Mas foi além, determinando que tais acordos vinculam ainda todas as demais sociedades componentes do grupo empresarial afirmando taxativamente que "ocorre, necessariamente, o chamado efeito cascata", pp. 16 e 19 (Doc. 6).

Questão: Trata-se de acordos celebrados entre acionistas das sociedades "A" e "B". Como podem produzir efeitos perante a sociedade "C", e perante todas as demais sociedades do grupo, controladas pela "C"?

3. Acordos que alteram a proporcionalidade legal do direito de preferência

Petroquímica Triunfo — Ap. cível 587015116, 1987, TJRS, v.u, Doc. 7.

Petroquímica Triunfo foi constituída como sociedade de capital autorizado em 1979, com 4 acionistas (Petroquisa, Petroplastic, Atochmie e Petroplub) e com a emissão de apenas ações ordinárias, tem sido celebrado acordo de acionistas para disciplinar as relações entre os sócios.

Em 1981 foram criadas ações preferenciais e firmado aditivo ao acordo estabelecendo proporcionalmente quanto cada acionista poderia subscrever: 12,5% de ordinárias e 12,5% de preferenciais (mesma proporção ordinárias/preferenciais).

Petroplastic não subscreve a 1ª emissão de ações preferenciais, tendo a Petroquisa subscrito em seu lugar, *em conseqüência a Petroplastic não ficou titular de nenhuma ação preferencial*.

Em 1985 Petroplastic manifestou sua intenção de subscrever ações preferenciais na proporção do previsto no acordo de acionistas, e não na proporção das ações possuídas; houve recusa da companhia em atender a suas reivindicações.

Petroplastic propôs uma medida cautelar inominada para obstar a que o aumento fosse consumado e uma ação ordinária cominatória para que pudesse subscrever ações na proporção contratual.

A ação foi julgada improcedente em 1º grau.

Petroplastic apelou, tendo a 4ª Câmara Cível do TJRS decidido por unanimidade dar provimento ao apelo sob a alegação de que *o acordo pode alterar a proporcionalidade legal na subscrição de ações, revogando os arts. 171 e 172 da lei* (Doc. 7).

Foram propostas outras medidas, como embargos de terceiros, embargos de execução, recurso especial e uma ação rescisória.

Questão: Se uma cláusula convencional (acordo de acionistas) pode alterar dispositivo imperativo de lei como aqueles dos arts. 171 e 172 da Lei 6.404.

4. Acordos que dispõem sobre eleição de diretores

Trata-se de acordo de acionistas celebrado entre dois grupos de acionistas em sociedade com duplicidade de órgãos da Administração (Conselho de Administração e Diretoria), que estabelece o direito de um dos grupos de eleger 3 diretores e de outro de eleger 2.

Tendo sido convocado uma reunião do Conselho de Administração, cuja ordem do dia previa a eleição de diretores, os acionistas minoritários ingressaram com medida cautelar inominada contra a sociedade para que esta, através de seu Conselho de Administração, fosse compelida a conduzir um dos autores ao cargo de Diretor Administrativo-Financeiro.

A medida foi liminarmente concedida *inaudita altera pars* pelo MM. Juiz, que determinou “fosse respeitado nesse passo o estabelecido no acordo de acionistas”.

Inconformada, a sociedade impetrou agravo de instrumento visando à reforma da decisão liminar. Ao mesmo tempo impetrou mandado de segurança com o fim de obter a suspensão liminar da decisão agravada, liminar, essa, concedida pelo Desembargador *a quo.*

Nesse meio tempo a ação foi julgada extinta pelo MM. Juiz em sentença tempestivamente apelada, ficando implícita a cassação da liminar concedida pela 1ª instância.

O acórdão do mandado de segurança, julgado em 6 de fevereiro de 1992, decidiu, por votação unânime, entrar no mérito da questão, decidindo que em companhias fechadas é válida cláusula de acordo de acionistas que indique a forma de preenchimento dos cargos de administração, denegando, em conseqüência, a liminar (Doc. 8).

E, o acórdão decisório do agravo de instrumento (Doc. 9) julgou prejudicado o recurso, *tendo em vista a decisão contida no mandado de segurança, inteiramente transcrito.*

Cumpre lembrar que a lei das sociedades anônimas, em seus arts. 142 e 143, determina a competência privativa do Conselho de Administração para eleger e destituir os diretores da companhia.

Os acórdãos em questão admitem uma interpretação muito flexível dos arts. 142 e 143 da lei societária, nas *companhias fechadas*, permitindo a ampla composição dos interesses das partes.

Outras questões de fundamental importância como base em acordo de acionistas estão sendo discutidas, como, por exemplo, a que diz respeito a *acordas de acionistas de preferência na compra e venda de ações.*

A propósito, pode-se lembrar rumoroso caso que chegou aos nossos tribunais em que, tendo em vista cláusula de preferência, *os controladores, ao invés de venderem suas ações, permutaram tais títulos pelos de outra companhia conforme critérios de avaliação por eles estabelecidos.*

Os minoritários, irresignados, promoveram *ação ordinária para a execução específica do seu direito de preferência*, ação, essa, que não chegou a seu final diante de transação amigável nos autos. Outros aspectos polêmicos dos acordos de acionistas mereceriam ser abordados, como o *requisito de lealdade e fidelidade.*

Nos acordos tendo por objeto o exercício do direito de voto, há que se ressaltar o seu caráter pessoal, ainda que celebrados entre pessoas jurídicas. Trata-se, com efeito, de um negócio jurídico fundado em relações de duração, que demandam o estrito cumprimento dos princípios de lealdade e de fidelidade. Na conduta dos convenentes haverá estrita observância do princípio de boa-fé, quanto às cláusulas do pacto. Prevalece o caráter ativo e positivo da boa-fé, representado pela lealdade e convicção da existência do próprio direito. A boa-fé será inequívoca e constante em todos os atos e negócios parassociais (acordo) e societários em que o pactuante intervenha. Nesse passo, confundem-se boa-fé e eqüidade, no sentido de fidelidade, confiança e sinceridade dos pactuantes, uns frente aos outros e em face do interesse social.[1] Ademais, sendo o contrato parassocial, por operar no âmbito das companhias, deve preencher o requisito da *affectio.* Deste decorre a possibilidade de dissolução da avença ao verificar-se que o acordo, ao invés de cumprir o seu objetivo, ou seja, de harmonizar o exercício do direito de voto, traz a discórdia e a desarmonia entre os pactuantes, com reflexos danosos à condução dos negócios sociais. A dissolução, assim, será aceita no caso de abuso de direito por parte de alguns pactuantes, em detrimento dos demais ou da própria companhia em que o acordo, direta ou indiretamente, opera os seus efei-

1. Windshcheid, *Dirito delle Pandette*, v. 1, pp. 638 e ss.

tos. Será o caso, *v.g*, de má conduta por parte de administrador (art. 158), eleito em decorrência do acordo, ou mesmo no caso de dissidência, ainda que de boa-fé, entre os administradores representantes dos diversos grupos pactuantes. Em todos esses casos, de quebra da *affectio* ou de má conduta, cabe, como referido, o pedido judicial de dissolução do acordo, eventualmente inaugurado com as medidas de antecipação de tutela ou cautelares cabíveis, que possam suspender, desde logo, sua eficácia ou seus efeitos.[2] A infidelidade e a má conduta do administrador eleito por grupo (art. 158) são motivos veementes de pedido de dissolução do acordo, na medida em que se presume ter agido o administrador destituído em favor do grupo que o indicou no âmbito do acordo. Por essa razão não seria possível continuar aprisionando os demais pactuantes ao acordo quando se evidencia a deslealdade acima referida. Há acordos em que se verifica a sucessão de pactuantes, e que, se delongando demasiadamente no tempo, estabelecem contratos de orientação dos negócios sociais ou dos interesses das partes, querendo algumas vender as suas participações e outras permanecer. Nesse caso será acolhível o pedido de liberação da avença de voto, para o efeito de poder alienar suas ações.

Com efeito, não se pode entender o acordo de acionistas como um pacto bilateral de caráter meramente patrimonial, com interesses contrastantes, a que irrevogavelmente se vinculam as partes. Trata-se o acordo visando ao exercício do direito de voto de um pacto de interesses confluentes para cuja consecução colaboram todos os signatários. Nele prevalece sempre a natureza de contrato plurilateral (parassocial) dos negócios da companhia (de direito de voto), ainda que subsidiariamente possa apresentar instrumentalmente aspectos de bilateralidade ou mesmo unilateralidade. E sendo plurilateral enseja a todo o tempo de sua vigência, a sua dissolução, como referido, na medida em que, à semelhança da companhia onde surte os seus efeitos, não pode aprisionar os pactuantes, além do momento em que se configura a quebra da *affectio* ou se verificam quaisquer das formas de abuso de direito por qualquer dos pactuantes, inclusive nos casos de deslealdade ou má conduta na administração por parte de seus representantes ou demais formas de infringência do princípio da boa-fé no âmbito da própria administração ou da assembléia-geral.

2. Nesse sentido a 4ª C. Civil do TJSP, no AI 128.957-1-São Paulo, que declara os acordos de acionistas somente expostos a extinção por vontade das partes, sem discrepância, ou por via judicial.

Doutrina

SEGURO DE DANO MORAL RESULTANTE DE ACIDENTE COM VEÍCULO AUTOMOTOR*

RACHEL SZTAJN

Responsabilidade civil — Seguro de responsabilidade civil — Dano moral — Seguro de dano moral — Compensação por dano moral.

Seguro é negócio que visa a garantir a reparação de um dano ou a recomposição patrimonial decorrente de necessidade provocada pela ocorrência do evento previsto, ou, ainda, urna forma de compor necessidades ou perdas patrimoniais resultantes de outros tantos eventos previstos.

Em matéria de seguros é possível falar em matemática de seguros, medicina de seguros e, claro, direito de seguros. No plano do direito a matéria de seguros inclui os seguros privados terrestres, marítimos, aeronáuticos, de crédito de responsabilidade civil, sobre a vida, seguro-saúde e os seguros sociais como a previdência e os seguros obrigatórios em geral. Os seguros podem ser indenitários, como é o caso dos seguros de danos — incêndio, furto ou perda —, e seguros não indenitários, como os sobre a vida, por sobrevida ou por morte. Nesse tipo de seguro não se fala em indenização, pois a vida é bem jurídico de valor inestimável, e, nada obstante, o seguro existe como resultado de capitalização de importâncias (prêmios) pagas pelo segurado à seguradora, para "devolução" no futuro, quando o evento ocorrer.

Em qualquer seguro, o que se assegura é um risco, a álea, um evento, futuro e incerto e possível, que venha a acarretar perda patrimonial (ou necessidade econômica) para o segurado. Daí ser finalidade do negocio dar segurança contra o risco, ou, melhor dito, dar segurança contra os efeitos decorrentes do risco. Assim, ao fazer um seguro, busca-se garantir que, sobrevindo o evento danoso, a situação temida, haja alguma forma de compensação econômica que recomponha o patrimônio ativo do segurado.

Ora, imagina-se, se o risco é aleatório, pode ser evitado, prevenido, repartido, suportado diretamente pelo interessado ou por terceiro, integralmente ou não. O seguro, mútuo ou não, é uma das formas de repartir os efeitos danosos do risco entre várias pessoas sujeitas ao mesmo risco.

Ocorrendo o risco, o dano pode ser total ou parcial e sua reparação ter como fonte pagadora o Estado, reservas constituídas, poupança do lesado, ou ainda serem distribuídos os efeitos do dano entre grande número de patrimônios submetidos ao mesmo risco. E aqui, com esta forma de repartição dos efeitos danosos do risco, é

* O presente trabalho foi preparado para discussão em painel realizado no dia 12.4.97, no II Congresso sobre Responsabilidade Civil no Transporte Terrestre de Passageiros, promovido pelo Sindicato das Empresas de Transporte Terrestre de Passageiros do Estado de São Paulo e pelo CEPES do 1º Tribunal de Alçada Civil de São Paulo.

que se entra no campo específico dos seguros privados.

A relação jurídica do seguro baseia-se num contrato, da mais extrema boa-fé, que se caracteriza por adesão do segurado a cláusulas ou condições gerais, padronizadas e impostas pelas seguradoras, resultantes do exercício da autonomia privada combinada à contratação massiva. Assim, as apólices de seguro, que formalizam, instrumentalizam o contrato, estabelecem, de forma clara e precisa, os direitos, deveres e obrigações dos contratantes para cada tipo de seguro, espécie de risco segurado, duração do seguro, valor segurado e prêmio.

Mas, mesmo quando se estuda o direito dos seguros, é importante lembrar que seguro é instituto que tem fundamentos técnico-econômicos. E, para entender o seguro, é preciso analisar os elementos acima referidos de forma a apreender seu substrato técnico, sem o qual o seguro seria contrato aleatório semelhante ao jogo ou aposta.

A repartição de riscos, no modelo securitário, parte de análise de dados passados que, aplicando técnicas de estatística e cálculo de probabilidades, permite se defina a probabilidade de ocorrência do evento danoso em lapso temporal e sobre comunidade determinados.

Para que se faça essa repartição dos efeitos do risco exige-se que ele, risco, seja homogêneo entre os patrimônios integrantes da comunidade sobre a qual pode recair; e, mais ainda, que a própria comunidade seja ampla. Análise de séries históricas de ocorrência de eventos em dadas comunidades permite prever a freqüência de ocorrência. Esse cálculo, aplicado a uma comunidade, permite estimar o valor dos danos que a comunidade poderá sofrer se atingida por aquele evento (usualmente indicado como "lei dos grandes números"). Como nem todos os membros da comunidade são alcançados, e os que o forem não serão atingidos igualmente, é possível fazer reservas que permitam suportar os danos experimentados pelos membros da comunidade. As seguradoras fazem esse exercício para calcular os prêmios (puros, que são depois acrescidos da carregação) para que os montantes cobrados dos segurados e somados constituam as reservas que serão utilizadas no pagamento dos danos.

Ora, quando alguém se dispõe a assumir riscos de terceiros, como é o caso dos seguradores, que estarão desejosos de receber os riscos das pessoas que querem transferi-los de forma profissional, encontramo-nos diante de atividade organizada, que cria mercados. Dessa forma, os mercados de seguros nada mais são do que mercados em que se compram e se vendem riscos. A operação de compra e venda de risco, no mercado que nos interessa, é a apólice de seguro, instrumento que prova a existência do contrato em que a seguradora assume o risco que o segurado deseja transferir.

No mercado de seguros as pessoas podem ser mais ou menos sensíveis a essa idéia de transferir risco conforme suas propensões individuais. Usualmente os segurados são ditos sujeitos com pouca ou pequena diversificação para suportar os riscos que podem atingi-los, enquanto as seguradoras, que mantêm carteiras de seguros para cobrir os tais eventos futuros e incertos, podem ser vistas como sujeitos bastante diversificados, de sorte que aceitar mais um segurado ampliando a carteira não é difícil para tais sujeitos.

Essa diversidade de posições, uma parte que deseja transferir risco por ser pouco diversificada e outra que deseja e pode aceitá-lo pois só alguns dos eventos, não todos, irão ocorrer, permitiria supor que todas as seguradoras tivessem interesse em aumentar suas carteiras quanto a todos os tipos de risco. Porém, o que se constata é que nem todas as seguradoras operam todos os riscos (ramos de seguro) e, mais ainda, verifica-se que alguns riscos não encontram tomador no mercado. Exemplo: seguro contra demissões, seguro contra reprovação em exames escolares. Além desses riscos que não encontram "tomador", há outros em que o tomador não garante a cobertura completa do risco. É o caso, por exemplo, do seguro de veículos automotores, em que as seguradoras impõem ao segurado o que vulgarmente se conhece como franquia, mas que, em realidade, tecnicamente é descoberto obrigatório, como forma de estimular sejam tomados cuidados especiais no evitar danos ao veículo.

Responsabilidade civil

A matéria da responsabilidade civil está, no direito privado brasileiro, centrada no art. 159 do Código Civil. Desse dispositivo resulta a obrigação do agente de indenizar a vítima de sua ação ou omissão. E, por essa obrigação, responde com seus bens, presentes ou futuros. A idéia de responsabilidade civil tem passado por modificações doutrinárias e legislativas. No século passado o paradigma da reciprocidade é que servia de base para a distribuição dos ônus entre vítima e agente.

Segundo o paradigma ou modelo da reciprocidade, se as pessoas, por força de atividade, criam mutuamente riscos entre si, não há razão para que qualquer delas, quando atingida pelo risco criado, sofrendo danos, seja compensada pelas demais. A indenização só terá lugar se alguma das pessoas criar risco intencional ou negligentemente e, com isso, agravar o risco mutuamente criado, pois, na hipótese, há diferença ou assimetria de "causação de risco" entre os participantes daquela atividade.

De outra forma, pode-se dizer que intencionalidade implica aumento da velocidade do risco dirigido a vítima determinada, o que o transforma em risco não-recíproco; logo, fora do modelo da reciprocidade.

Mesmo assim, nem sempre o causador do dano seria compelido a indenizar a vítima. Excludentes como emoção, estado de necessidade, eram admitidas. Assim, dizem os estudiosos, a indagação era: será que o ato foi praticado sob violenta emoção, foi compulsivo? Com base na doutrina de exclusão de responsabilidade que remonta a Aristóteles — compulsão e ignorância escusável — era possível negar a responsabilidade do autor. Ou, se não sua responsabilidade, ao menos o direito da vítima à reparação. Vale indagar: se a vítima não tem direito à reparação, de que adianta apurar a autoria?

Com a aceitação do paradigma da razoabilidade, cujo cerne está na idéia de culpa, indaga-se da culpa, do cuidado, diligência ou prudência no agir para efeito de imputação de responsabilidade quando há vítima(s). Claro que há, também aqui, situações em que se escusa o agente do dever de indenizar, mas deve-se distinguir entre situações justificadas — hipóteses que, no futuro, não serão consideradas ilegais ou erradas — e hipóteses excludentes que só se aplicam a casos concretos.

O conflito entre os dois paradigmas, o da reciprocidade e o da razoabilidade, reflete estratégia na distribuição dos ônus no sistema jurídico. Com a teoria do risco, que leva à responsabilidade objetiva, constata-se que os paradigmas se superpõem cada vez que a atividade exercida cria perigo para pessoas que não participam da criação do risco. O maior desafio está, então, em decidir, no caso de atividades como as poluentes, derramamento de óleo, poluição sonora, sobrevôo a certas áreas, uso de *jet ski* e veículos automotores, se há ou não criação de risco extraordinário e se o benefício eventual da sociedade, por força da atividade, constituiria excludente de responsabilidade. A pergunta discute a relação custo-benefício dessas atividades, e em que âmbito, e em que limites do risco é que se definem as fronteiras morais e as escalas da distribuição dos ônus entre o agente e a sociedade. A resposta que se encontra é que a tutela de minorias e de interesses coletivos deve prevalecer sobre a tutela de interesses individuais.

Explica-se, dessa forma, que, mesmo quando haja interesse de um dos lados no transferir riscos o mercado de seguros ofereça coberturas não perfeitas e completas para todos os tipos de risco.

Uma das razões para que as seguradoras ofereçam cobertura imperfeita em face de alguns riscos, como já se viu, está presa à impossibilidade de controle de alguns comportamentos do segurado após a celebração do contrato de seguro. O problema de fato existe no caso de contratos de seguro sobre a vida, seguro médico ou seguro-saúde, pois que o segurado pode não observar cuidados necessários para reduzir o risco de certas moléstias como diabetes, enfarte do miocárdio, câncer, de um lado, por exemplo, e, de outro, não se pode oferecer recompensas para as pessoas que façam dietas alimentares, exercícios ou deixem de fumar, para evitar que o risco ocorra. Depois de diagnosticada e medicada, cada pessoa tem o direito de seguir ou não as prescrições médicas, e a seguradora não tem como verificar, diretamente, o que o segurado faz. Isso pode explicar algumas exclusões nas coberturas securitárias nesses casos, além do fato de que, se não tiverem sido consideradas no levantamento de dados para elaboração do cálculo atuarial, a seguradora não terá nem arrecadado prêmios nem feito reservas técnicas que permitam fazer face aos eventos.

Seguro de responsabilidade civil

Nos tipos de seguro cuja cobertura não é completa está o seguro na modalidade responsabilidade civil. Sabe-se que quem dá causa a um dano responde com todos os seus bens, presentes e futuros. Porém, para que o risco assumido pela seguradora não seja completamente incerto no seu montante costuma-se fixar um limite máximo para a indenização a ser coberta.

Qual o risco que se visa a assegurar com o seguro mais conhecido como RC? Distingue-se responsabilidade civil, prevista no art. 159 do Código Civil brasileiro, de seguro de responsabilidade civil, que é o instrumento de que se servem as pessoas para diminuir o perigo de terem seus bens sujeitos a constrição para recomposição de danos causados a terceiros. No caso do seguro, asseguram-se atos danosos decorrentes de condutas ou omissões não culposas (nem, evidentemente, dolosas).

Mas, no plano do direito, uma das dificuldades é a de explicar a responsabilidade sem culpa — responsabilidade objetiva; outra, quando há seguro, como evitar que o segurado aja de forma descuidada, já que terá outra forma, que não seus bens, para compor os danos causados a terceiros. Nesta categoria incluem-se as pessoas que possuam ou utilizam bens ou equipamentos que possam causar danos a terceiros, como é o caso de veículos automotores.

Define-se seguro de responsabilidade civil como o seguro contra o risco de ter o patrimônio ativo atingido por obrigação de indenizar vítima, obrigação, essa, derivada de ação ou omissão do segurado.[1]

Função desse tipo de seguro é proteger o segurado contra a responsabilidade civil que possa ter em relação a terceiros.

1. Garrigues, Joaquín, in *Contrato de Seguro Terrestre*, Madri, MCMLXXIII, p. 427, explica que a definição da lei alemã diz: "En el seguro de responsabilidad el asegurador se obliga a reponer al tomador del seguro la prestación que este último ha de realizar a tercero por causa de su responsabilidad por un hecho ocurrido durante el tiempo del seguro." Por sua vez, o cc italiano, no art. 1.917, dispõe: "Nell'assicurazione della responsabilità civile l'assicuratore è obbligato a tenere indenne l'assicurato di quanto questi, in conseguenza del fatto accaduto durante il tempo dell'assicurazione, deve pagare a un terzo, in dipendenza della responsabilità dedotta nel contratto. Sono esclusi i danni derivatti da fatti dolosi (2.767). L'assicuratore ha facoltà, previa comunizazione all'assicurato, di pagare direttamente al terzo danneggiato l'indennità dovuta, ed è obbligato al pagamento diretto se l'assicurato lo richiede. Le spese sostenute per resistere all'azione del danneggiato contro l'assicurato sono a carico dell'assicuratore nel limiti del quarto della soma assicurata. Tuttavia nel caso che sia (...) L'assicurato convenuto dal danneggiato può chiamare in causa l'assicuratore".

O risco coberto é o da possível responsabilidade em que possa incorrer o segurado por ação ou omissão, não dolosas, que obriguem a ressarcimento ao atingido.

Sinistro é a realização do risco, de que resulta o dano reparável decorrente de responsabilidade do segurado. Interesse, no caso do seguro de responsabilidade civil, é o de não sofrer o dano (perda) patrimonial decorrente de obrigação de indenizar terceiro por força de ação ou omissão não dolosa. Dano é, portanto, a perda ou necessidade financeira experimentada pelo segurado ou por terceiro.

Quanto ao valor do interesse segurado, se houver objeto determinado, o valor será determinado no momento da contratação do seguro; exemplo: depositário pelo valor da coisa depositada; comandatário ou locatário em relação à coisa em comodato ou locação. Mas, quando o valor da indenização é indeterminável, porque não se sabe qual é, ou não há limite máximo a ser indenizável, já que o dano pode ser ilimitado, não há como dizer qual o interesse segurável. Isso resulta da impossibilidade de se fixar desde logo o valor do dano que possa ser causado a terceiro e que seja passível de indenização. O interesse é indeterminado e é ilimitada a responsabilidade que pode gravar os bens, presentes e futuros, do segurado.

Sem aprofundar as discussões relacionadas à apuração do dano causado, considere-se que a idéia de dano recai, usualmente, na de perda de valor de coisas, de bens patrimoniais, ou na de perda de ganhos futuros, ou seja, no dano emergente e no lucro cessante. A dificuldade de se determinar o valor de dano que possa ser causado a terceiros que, no caso de bens patrimoniais, é determinado com a realização do sinistro, demonstra que, quando se fala em dano moral, mesmo essa estimação deixa de ser possível. Ressalvam-se algumas leis, como a de Imprensa, de Telecomunicações e do Consumidor, em que há tarifação ou previsão de forma de avaliação do dano moral. Mas, como se trata, neste estudo, de dano moral decorrente de acidente com veículo automotor, nenhuma das regras nelas deduzidas pode ser aplicada, nem mesmo subsidiariamente.

Dano moral

Alguns doutrinadores[2] dizem que melhor que dano moral seria dizer dano extrapatrimonial, por alcançar bens não-patrimoniais, embora possa ter repercussões patrimoniais. O interesse lesado é, por não ser patrimonial, dito moral. Segundo Jorge Mosset Iturraspe, citado pelo autor já mencionado: "El dano moral es toda modificación disvaliosa del espíritu en el desenvolvimiento de su capacidad de entender, querer o sentir, que habrá de traducirse en un modo de estar diferente de aquel al que se hallaba antes del hecho, como consecuencia de éste y animicamente perjudicial".[3]

Outros juristas dizem que se trata de sofrimento humano não resultante de perda pecuniária. A doutrina, seguindo essas linhas de raciocínio, distingue dano moral de dano patrimonial pelo efeito do dano, pois naquele o conteúdo não é dinheiro, mas dor, emoção, tristeza, sofrimento físico ou moral, a sensação dolorida do homem. Orlando Gomes, nesse sentido, afirma que, havendo repercussões ou efeitos patrimoniais, o dano deixa de ser extrapatrimonial.[4] Nessa linha, no direito italiano o dano moral é definido, por exclusão, como todo dano que não pode ser tomado como dano patrimonial.

Já Carlos Alberto Bittar diz que "danos morais são lesões sofridas pelas pessoas, físicas ou jurídicas, em certos aspectos de sua personalidade, em razão de in-

2. Andorno, Luis Orlando, "La reparación del daño moral", in *Anales de la Academía Nacional de Derecho y Ciencias Sociales de Córdoba,* t. XXV, Año Académico 1986, Córdoba, Argentina, 1986.

3. Andorno, ob. cit. p. 272.

4. *Obrigações*, Forense.

vestidas injustas de outrem."[5] Por sua vez, o Min. Raphael de Barros Monteiro Filho, reportando-se a Aguiar Dias explica: "a distinção entre dano material e dano moral não decorre da natureza do direito, mas do efeito da lesão, do caráter de sua repercussão sobre o lesado". Amparado em Minozzi, completa que o dano moral deve ser compreendido em relação ao seu conteúdo, que "não é o dinheiro nem coisa comercialmente reduzida a dinheiro, mas a dor, o espanto, a emoção, a vergonha, a injúria física ou moral, em geral uma dolorosa sensação experimentada pela pessoa, atribuído à palavra dor o mais largo significado".[6]

Em parecer publicado na *RT* 738, Galeno Lacerda se manifesta sobre indenização por dano moral no sentido de que já o Código Civil admitira a indenização, tendo, em certos casos, regrado o modo de fazê-lo. A dificuldade, salienta o jurista, está na impossibilidade de medir pecuniariamente o dano que decorre de sua natureza imaterial. Lembra que Pontes de Miranda afirma que, interpretando-se o art. 1.547 do Código Civil, incluem-se não só a injúria e a calúnia, mas outros ilícitos que ofendam a honra, como difamação, proibição injustificada de entrada em clube, cassino, restaurante, por exemplo.[7]

Como se vê, toda a discussão doutrinária sobre a admissibilidade do dano moral isolado do dano material perde sentido com a Constituição Federal de 1988, pois no art. 5º, incisos V e X, encontram-se fundamentos para que se indenize a vítima de dano moral, independentemente do dano material (inciso V do art. 5º da CF: "é assegurado o direito de resposta, proporcional ao agravo, além da indenização por dano material, moral ou à imagem"; inciso X: "são invioláveis a intimidade, a vida privada, a honra e a imagem das pessoas, assegurado o direito a indenização pelo dano material ou moral decorrente de sua violação"; leia-se a conjunção alternativa *ou*, do texto, como conjuntiva *e*).

Assim, a partir do texto constitucional cessam as anteriores disputas quanto à indenizabilidade do dano moral isolado. Mas, apesar disso, remanesce o problema da natureza do dano. No caso de danos patrimoniais a compensação tem por fim repor a vítima na situação anterior ao evento.

Parece claro, portanto, que o cerne da questão da responsabilidade civil está exatamente nessa recomposição quando se discute dor, espanto, emoção. Cada vez mais, tanto as pessoas quanto os Tribunais se vêem diante de questões que envolvem o dano moral, e o reconhecimento e tutela dos direitos da personalidade como dores, tristeza, ansiedade, irritação, decorrentes de atividade social injustificada exigem resposta.

A primeira discussão sobre dano moral é quanto a saber se se trata de indenização ou não e, se for reparação, se o seguro indenitário de dano moral estará inserido na disciplina dos seguros privados. Diz Garrigues[8] que "o seguro é o antídoto para o anticorpo que é o risco". Uma das possibilidades na discussão do seguro de dano moral seria indagar se é comparável ao seguro sobre a vida em qualquer de suas modalidades ou se se trata seguro de danos. Sem esquecer que se, no dano moral, a "indenização" tiver caráter punitivo, não haverá como segurar o risco de pagá-la. Sem dúvida, nos casos de pura indenização quando há dano patrimonial causado por ação ou omissão do segurado ou de terceiro o risco pode ser, via de regra, objeto de seguro.

Duas linhas de discussão se opõem. A primeira diz que não se repara sentimento

5. In "Reparação civil por danos morais: a fixação do valor da indenização", *Lex* 147/147

6. In "Indenização por dano moral: evolução da jurisprudência", *Informativo Jurídico da Biblioteca Ministro Oscar Saraiva* 7, n. 2, Superior Tribunal de Justiça, 1995.

7. Pontes de Miranda, *Tratado de Direito Privado*, v. 44/63.

8. Garrigues, Joaquín, *Contrato de Seguro Terrestre*, p. 13.

com pecúnia, pois definir valor econômico para sentimentos foge a qualquer modelo de pensamento racional. Claro que se a conduta do responsável for repreensível o pagamento de alguma indenização é instrumento punitivo. E a sociedade entende que a punição tem elemento didático: previne a repetição do fato. Mas essa hipótese pode ser excluída de cobertura securitária.

Mas esse mesmo raciocínio fica mais tênue quando o dano (dor) resulta de conduta pouco cuidadosa, não voluntária do agente. Se o dano moral for resultado ou acessório de algum dano material, a cumulação da composição foi sempre mais fácil de admitir. Já quanto ao dano moral "puro", apesar de alguma doutrina entender, antes de 1988, sua indenizabilidade, os Tribunais, em geral, relutavam em admiti-la.

A pergunta-chave que se faz é a seguinte: por que a vítima deve ser monetariamente compensada por experiência que não resulte em perda patrimonial? Não pode ser como devolução de alguma coisa perdida, pois emoção, dor, não se mensuram monetariamente. Dor e sofrimento constituem, no quadro da responsabilidade civil, institutos novos e de grande carga subjetiva, pois que apenas a vítima os experimenta e são intangíveis enquanto danosos. Claro que o aleijão, a deformidade física, a perda de destreza, entre outros, podem provocar perda de receita, mas estar-se-á, em face deles, no plano da indenização patrimonial — lucro cessante. Algumas vezes até a injúria, a calúnia, podem produzir danos patrimoniais. Mas a angústia, a dor mental, podem não trazer reflexos patrimoniais e mesmo assim causar "danos" extrapatrimoniais. Imagine-se o sofrimento de alguém que perde familiar ou pessoa querida em acidente, tiroteio entre policias e marginais. A "lesão" poderá não se refletir em seu comportamento social, nem mesmo em sua capacidade laborativa, mas o sofrimento estará presente em sua vida. Assim, como valorar, mensurar, esse sofrimento?

Outra questão a ser considerada prende-se ao "titular" da dor. Nos casos de perda de familiar em acidente, quem é o "lesado", o titular do interesse no caso de dano moral? Vale dizer, quem sente (mais ou menos) a dor, a angústia da perda do parente? O pai, a mãe, os irmãos, primos, amigos? E como se "indeniza" todos eles? Ou a "indenização" cabe apenas a alguns? Quais?

Qualquer estimação na mensuração de danos morais pode estar baseada na idéia de que diferentes danos devem ser compensados diferentemente? Sim, se se imaginar que servem a dupla função: compensar e impedir a repetição do fato. Mas compensação equivale a precificar bens não apreciáveis economicamente. Logo, sem pensar em caráter punitivo, a "compensação" do lesado, da vítima, por dano moral (extrapatrimonial) terá caráter inibitório em face do agente causador do evento.

Também não se diga que o sistema jurídico não se ocupa de outros interesses que não os econômicos. O direito penal é prova cabal disso. Outros interesses, como a vida, saúde, incolumidade física, moral, são objeto de tutela penal. Mas a verdade é que a sociedade atual dá grande valor ao dinheiro e, dessa forma, acaba por precificar, avaliar, interesses extrapatrimoniais. Veja-se que muitos dos delitos menos graves são apenados com multa.

Seguro de dano moral

Como é que se assegura um bem ou interesse como a dor, o sofrimento, a angústia? Imagine-se alguém que, tendo receio de sofrer acidente automobilístico, deseja fazer seguro para tratamento médico, perda de receita e seguro de vida, como é que faria seguro contra a dor e sofrimento que resultassem do acidente? Quanto aos demais interesses, trata-se de capitalização e modalidades indenitárias, respectivamente. Mas dor, como medir sua intensidade e freqüência para aplicar a ela o cálculo de probabilidades? Parece tarefa inglória, impossível, na verdade, quase que uma questão bizantina.

Já que as pessoas não conseguem assegurar a dor, esses "danos" são aqueles pelos quais as pessoas não deveriam ser compensadas, diz a teoria econômica. Isto não significa dizer que se está alheio ao sofrimento humano mas, apenas, reconhecer que dinheiro não constitui remédio para ele. Aliás, há algum remédio para sofrimento na farmacopéia além dos analgésicos?

Logo, uma tal compensação há de ser vista na função de instrumento para impedir, evitar, que o fato causador da dor se repita. Ou seja, imagina-se dor causada por terceiro, não auto-infligida nem decorrente de fatos da natureza. Um tal valor serviria, no caso do lesado, para deixá-lo em situação equivalente à que teria se não tivesse sofrido o dano — logo, a dor. Daí concluir-se que a "compensação" do lesado pelo sofrimento causado por terceiros deve ser total, pois será o instrumento eficiente para impedir novos atos da mesma espécie. Aqui, o caráter inibitório da "indenização" para o agente causador da lesão, do sofrimento.

Diante do exposto, parece claro que a discussão sobre o seguro de dano moral, sem deixar de lado a questão indenitária, compensatória ou inibitória, deve produzir, no sistema de seguros privados, o mesmo impacto que o abandono do paradigma da reciprocidade pelo da razoabilidade trouxe para o campo de responsabilidade civil.

Compensação por dano moral

Como seria possível avaliar o dano moral, precificá-lo? Uma forma de expressar essa idéia seria indagar quanto o lesado pagaria para evitar a lesão, o dano, ou, de outra forma, o que pagaria para não se sujeitar ao risco. Ou, ainda, o montante que a pessoa exigiria para suportar o dano ou o risco. A primeira medida é conhecida como variação equivalente e limitada pela riqueza da pessoa (ninguém paga mais do que tem para evitar um dano). A segunda medida, que tem como base o montante que a vítima exigiria para suportar o dano, é conhecida como compensação exigida e tem fundamento nos bens do agente.

Afirma a doutrina norte-americana que ambas as avaliações, pré e pós-definida, não divergem substancialmente, salvo se o dano alterar de modo significativo as funções-utilidades da pessoa. Quer dizer, o que se exigiria e o que se pagaria para aceitar ou evitar o sofrimento não são valores muito díspares entre si, exceto quando do sofrimento resultarem outras conseqüências que afetem igualmente a pessoa. Na falta de estudos feitos no Brasil, melhor será não tomar essa idéia como definitiva.

Cabem, ainda, algumas observações quanto à segurabilidade do dano moral em face de aspectos de moralidade, pois é preciso saber se e como a teoria econômica pode oferecer critérios que permitam distribuir os ônus de danos. Guido Calabresi, embora aceitando que as normas legais levem em consideração a eficiência, diz que outras preferências sociais estão presentes nos sistemas que nada têm a ver com eficiência alocativa ou distributiva.[9]

Uma teoria de responsabilidade impõe se discutam conceitos de moralidade e justiça. E, para isso, o debate econômico provoca estudiosos de outras áreas. Analisando-se a reciprocidade entre dano e compensação, intencionalidade e negligência constituem paradigmas de riscos assimétricos. Negligência se aplica, em geral, a atividades quando os participantes aceitam certos riscos. Cada participante contribui para o risco tanto quanto se expõe ao risco criado pelos demais. Assim, a responsabilidade por dano deve ser ligada a risco decorrente de negligência no curso da atividade. E esse riscos podem ser objeto de seguro, atendi-

9. Calabresi e Hirschoff, "Toward a test for strict liability", in *Yale L.J.* 2.972, pp. 1.055 e ss.

dos os fundamentos técnicos do seguro. Mas a culpa apenas não é suficiente para justificar certas peculiaridades no caso de seguro de veículos automotores.

No seguro de veículos automotores é preciso ainda considerar que há fatos em que a conduta humana nem sempre é decisiva, pois, ainda havendo diligência do segurado, o evento pode resultar de conduta de terceiros. Assim, é preciso verificar se a conduta do segurado foi prudente ou não, se há dolo que não é segurável. Ora, como a seguradora é incapaz de monitorar, fiscalizar, o motorista do veículo quanto à cautela que tome ao dirigir, e ainda que se estipulasse no contrato de seguro que o motorista só poderia dirigir cautelosamente, após o acidente como é que se demonstraria que agiu de forma perigosa? Testemunhas sempre? E se não houver?

Dessa forma, as seguradoras ficam sujeitas a resultados que decorrem do comportamento do segurado, e uma das formas encontradas de torná-los mais cautelosos é repartir os riscos dos acidentes. Daí a imposição do descoberto obrigatório de alguns tipos de seguros. Sujeitos racionais comportam-se de acordo com certos padrões conforme ficam mais ou menos sujeitos aos efeitos danosos ou benéficos que os atinjam. E, segundo voz corrente da população, "o bolso ainda é o órgão mais sensível do corpo humano".

Em resumo, independente de a seguradora poder prever o comportamento do segurado, o fato de não poder observar as ações faz com que, em alguns tipos de seguros, a cobertura — transferência do risco — seja incompleta ou imperfeita. Uma das formas de estimular os comportamentos desejados é impor ao agente algum ônus decorrente do desvio na prática das ações que faça ou aceite fazer.

De outro lado, o seguro baseia-se em dados atuariais e estatísticos que permitam estimar a probabilidade de que determinado evento segurável ocorra em dada comunidade. As séries históricas permitem, no desenho da apólice, determinar o prêmio e o valor da indenização para o risco assumido pela seguradora.

Fazem-se observações isoladas de fato que se realiza certo número de vezes e calcula-se a probabilidade estatística de o mesmo fato ocorrer naquele período de tempo na mesma comunidade. A seguir calcula-se o valor médio dos danos sofridos por força daquele fato, e só aí as seguradoras podem calcular o prêmio a ser pago pelos segurados para tal tipo de fato ou risco.

Mas, como o segurado pode agir de forma a alterar o modelo probabilístico que deu base ao cálculo do valor do prêmio e da indenização, se a seguradora aceitar o risco integral, poderá estimular o segurado a agir de forma displicente, de modo que a seguradora acabará por perder dinheiro. Para evitar esse problema as seguradoras impõem, em certos ramos do seguro, que o segurado seja também segurador, criando um co-seguro que faz com que o agente fique subsegurado.

Não há como o segurado garantir que observará certos comportamentos que garantam que a seguradora não será afetada por eventos que alterem os cálculos atuariais anteriormente efetuados. Assim, como incentivo para estimular comportamentos com alto grau de cautela, as seguradoras só oferecem cobertura limitada para certos eventos.

O mesmo tipo de estímulo deve existir no caso de seguro de dano moral contra terceiros. Fique claro que não se vê como, fora do modelo do seguro de vida por morte, ou seja, modelo de capitalização, imaginar seguro de dano moral para o próprio segurado, especialmente cobrindo riscos "auto-infligidos". Como garantir que a vítima tome os cuidados desejados para evitar que o evento ocorra? E se o evento ocorrer, como garantir ou estimular a vítima a tomar as medidas necessárias para minorar o dano? E como garantir que o "autor" ou responsável pelo dano aja de forma menos agressiva se puder sempre garantir que, seja qual for o montante do dano, ele não terá que arcar com a reparação?

Parece que o dano moral, resulte de acidente com veículo automotor ou de qualquer outro fato ou ato provocado por terceiros, se enquadra nesse modelo de seguro incompleto. Haveria estímulo para os agentes que pudessem pagar o prêmio se tornarem descuidados, displicentes e, por isso, alterarem as séries que deram origem aos cálculos atuariais, influindo sobre as reservas técnicas e podendo levar as seguradoras a situações de grave crise econômica, com prejuízo para a comunidade.

Mas, agora, põe-se a questão: quanto é que vale o sofrimento, a dor moral? É igual para todas as pessoas? E todas as pessoas, independente de classe social, de posição ou de idade, são atingidas por dano moral sempre que há acidente com veículo automotor? E se não é assim, como é que se faz o cálculo atuarial para determinar o valor do prêmio e como é que se fixam as indenizações?

Parece que o modelo do seguro forfetário ou tarifado, em que o segurado é também co-segurador, pode ser empregado para que algum tipo de compensação seja rapidamente obtida pelo lesado, que em nenhuma hipótese deverá deixar de ser ressarcido de seu sofrimento moral. Alguns eventos deverão ou poderão ser excluídos da previsão de cobertura no seguro de responsabilidade civil por danos morais, como, por exemplo, calúnia, injúria, difamação, outros resultantes de exercício irregular de direito.

Dessa forma poder-se-á fixar parâmetros que permitam que o agente que involuntariamente cause dor, sofrimento, angústia, a outrem, e que, por isso, seja responsabilizado, possa ter algum tipo de cobertura patrimonial.

Além disso, cláusula suprimindo cobertura nas hipóteses de injúria, calúnia, difamação, propaganda comparativa enganosa, ou outras modalidades que possam ser consideradas mais arriscadas, impediria comportamentos arrojados, arriscados, sem temor das possíveis conseqüências patrimoniais para os agentes.

As seguradoras podem, perfeitamente, combinar, nos seguros de responsabilidade civil por danos, a composição por dano moral decorrente de eventos previstos. No caso específico de seguro de veículos de transporte terrestre de passageiros, combinar cobertura de responsabilidade civil por dano patrimonial e dano moral decorrente de acidente é aceitável e não encontra óbices maiores.

Qualquer outra forma de "seguro de dano moral", especialmente seguro feito pelo segurado em beneficio próprio, poderá ser contrato aleatório que não tem a base técnica informadora dos seguros e, no limite, poderá ser equiparado a jogo ou aposta, com o resultado de gerar obrigação natural.

Doutrina

ATUAÇÃO ESTATAL E ILÍCITO ANTITRUSTE

Calixto Salomão Filho

1. As principais teorias: a) "State Action Doctrine" — b) "Pervasive Power Doctrine". 2. Poder regulamentar e direito antitruste. 3. Imunidade antitruste. 4. O caso do sistema financeiro nacional. 5. Conclusão.

O estudo do direito antitruste, já bastante complexo, pela necessária interação entre princípios jurídicos e econômicos que exige, é ainda mais dificultado por uma contradição de fundo que marca todos os sistemas concorrenciais. Trata-se de um sistema cuja gênese é voltada à atividade do particular, ou, nas palavras de Hayek, a garantir a auto-regulamentação dos agentes econômicos através das forças de mercado. Entretanto, esse sistema, criado e aplicado pelo Estado, convive com um Estado que geralmente age em sentido contrário a esses princípios, regulamentando a economia sem preocupação com os princípios concorrenciais e/ou incentivando a formação de ajuste entre empresas.

Por essa razão, parece importante estudar a relação entre atuação do Estado e ilícito antitruste. É o que se fará no presente trabalho. O tema é, obviamente, bastante amplo. Por isso, limitar-se-á o presente estudo a analisar os aspectos de direito material, deixando de lado todas as questões procedimentais que eventualmente podem se colocar.

Duas são, então, as questões que parecem principais. Correspondem elas, *grosso modo*, à própria divisão estrutural do direito antitruste em controle das condutas e controle das estruturas (evidentemente, a superposição não é perfeita, podendo em teoria existir problemas do primeiro grupo relacionados ao controle das estruturas e vice-versa).

Em primeiro lugar, é preciso verificar se o exercício do poder regulamentar por parte de órgão governamental que recebeu competência para tal é legítimo do ponto de vista concorrencial. Trata-se, portanto, de discutir a relação entre poder regulamentar e direito antitruste, verificando até que ponto o primeiro pode substituir o segundo. Aí, o controle concorrencial de que se está tratando é, via de regra, comportamental, *i. e.*, importa verificar se uma determinada conduta, permitida e/ou incentivada por um regulamento específico, é ou não legítima e legal, mesmo que implique violação de regras concorrenciais.

A outra questão refere-se ao exercício do poder de fiscalização pelo Estado, mais especificamente à possibilidade de um particular que exerce atividade em um setor regulamentado e fiscalizado por órgão governamental tornar-se imune à aplicação do direito concorrencial e à competência das pessoas jurídicas ou órgãos encarregados de aplicá-lo por força de uma ato de autorização e/ou concessão. Aqui, o problema é claramente relacionado precipuamente ao controle das estruturas, mais em especial a determinar se o resultado de um processo licitatório ou de uma concentração aprovado por determinado órgão governamental pode ser contestado perante os órgãos de controle da concorrência.

Antes de passar a esses dois tópicos, é necessário, no entanto, dar atenção às principais teorias que vêm se desenvolvendo a respeito da relação entre atuação do Estado e direito antitruste.

1. As principais teorias

Os princípios básicos a reger a atuação do Estado na economia encontram-se nos arts. 173 e 174 da Constituição Federal. De sua leitura depreende-se que três são as funções possíveis do Estado no domínio econômico: em primeiro lugar, como agente direto da atividade econômica; em segundo, como agente fiscalizador do exercício da atividade econômica pelos particulares, e finalmente como agente normativo da atividade econômica.

No primeiro caso não há dúvida quanto à sujeição do Estado ao sistema concorrencial. A Constituição de 1988 deixou essa sujeição particularmente clara ao incluir (ao contrário das anteriores) a tradicional proteção contra o abuso do poder econômico em um dos parágrafos que tratam da exploração direta da atividade econômica pelo Estado (art. 173, § 4º). A Lei 8.884/94 confirma esse entendimento ao prever a sujeição de todos, sejam pessoas físicas ou jurídicas, de direito público ou privado, às normas concorrenciais.

Já, quanto ao poder fiscal e regulamentar, a questão é mais complexa. É necessário verificar a natureza da atividade que está sendo fiscalizada ou normatizada. É a natureza da atividade realizada que determinará a extensão do poder regulamentar e fiscal. Pode o sistema de regulamentação e fiscalização estatal visar ou não à substituição do sistema concorrencial.

Essa relação entre poder regulamentar e direito antitruste tem sido recorrentemente discutida na casuística norte-americana. Duas tendências jurisprudenciais paralelas se destacam, cada qual ligada a importantes eventos da história política norte-americana.

a) "State Action Doctrine"

A primeira tendência decorre diretamente da própria natureza do federalismo norte-americano, que, ao atribuir relevante nível de autonomia aos Estados, freqüentemente coloca em choque a autonomia estadual com a regulamentação antitruste de nível federal.

Para determinar se o ato dos governos estaduais conferia ou não imunidade à aplicação do direito antitruste, desenvolveu-se a chamada *State Action Doctrine*, cuja melhor e mais recente formulação, sempre citada em decisões posteriores, foi dada pela Suprema Corte em *California Retail Liquor Dealers Association vs. Midcal Aluminum Inc. (Midcal).*[1] Estabeleceram-se dois critérios básicos para determinar se a regulamentação estadual conferia ou não imunidade à aplicação do direito antitruste. Em primeiro lugar é necessário que a decisão seja tomada ou a regulamentação expedida em conseqüência de uma política claramente expressa e definida de substituição da competição pela regulamentação. Não basta, portanto, que a lei dê poderes para determinação das variáveis empresariais básicas (preço e quantidade produzida). É necessário que ela claramente

1. Trata-se do questionamento de uma política de preços de vinho vigente no Estado da Califórnia. Os produtores e atacadistas de vinho deveriam registrar *fair trade contracts* ou tabelas de preços perante o Estado, que cuidava de aplicá-las, cominando multa e podendo até cancelar a licença dos infratores. Na decisão [447 U.S. 97 (1980)], a Corte Suprema Americana (*Supreme Court*) alegou que, embora o Estado da Califórnia autorizasse o estabelecimento de preços, ele não estabelecia preços, revisava tabelas ou regulava os termos dos *fair trade contracts*. O Estado parecia não se preocupar com as condições de mercado, com a defesa da concorrência e dos consumidores, e, por isto, as leis antitruste era aplicáveis a este caso.

expresse a intenção de substituir a competição pela regulamentação.

Mas não é só. É necessário ainda que haja supervisão ativa (*active supervision requirement*) e constante do cumprimento das obrigações impostas pela regulamentação.[2]

A aplicação desse dois critérios no sistema brasileiro levaria à conclusão necessária de que apenas quando o Estado permite a alguém a exploração de serviço público mediante concessão haveria a imunidade. Apenas a concessão permite, de um lado, pressupor a existência de interesse em substituição do sistema concorrencial (exatamente por se aplicar ao exercício pelo particular de serviços públicos que não se sujeitam ao regime concorrencial) e, de outro, confiar na *existência de poderes suficientes* por parte da administração de supervisionar ativamente o cumprimento das obrigações previstas no texto regulamentar.

Ausentes quaisquer desses dois requisitos, a ação estatal é passível de revisão pelo órgão encarregado de aplicação do direito concorrencial.

b) "Pervasive Power Doctrine"

A segunda tendência manifesta-se na análise das competências regulamentares das agências governamentais federais americanas. Não se trata, portanto, de discutir a competência de Estados Federados para excluir a aplicação do direito antitruste. Trata-se, isso, sim, de verificar em que hipóteses a atribuição de competência a uma agência federal dotada de poderes regulamentares afasta a possibilidade de aplicação do direito antitruste.

O raciocínio que se aplica então é bastante análogo ao desenvolvido pela *State Action Doctrine*. Dois e apenas dois são os casos em que é possível afastar a com-

2. Estes dois requisitos, desenvolvidos pela *Supreme Court*, no caso *Midcal*, foram usados em várias decisões posteriores. Assim, em *Hinshaw vs. Beatrice Foods, Inc., 1980-81 Trade Cas. (CCH)*, 63.584 (D. Mont. 1980), foi reconhecida a imunidade às leis antitruste por existir uma regulação completa do preço do leite no Estado de Montana.

Em *Sourthern Motor Carriers Rate Conference, Ins. vs. United States*, 471 U.S. 48 (1985), a Suprema Corte decidiu que o conceito de "política claramente expressa e definida", estabelecido em *Midcal*, era aplicável a políticas estatais que meramente permitiam, mas não obrigavam. Foi decidida pela imunidade antitruste de quatro empresas de transporte, por estarem autorizadas a concordar com *joint rate proposals* antes de submetê-las ao órgão regulador. A *Supreme Court* alegou também que havia uma supervisão ativa, pois o Estado avaliava as tarifas das transportadoras. Presentes os dois requisitos, não havia ilícito antitruste.

Já o requerimento da supervisão ativa por parte do órgão governamental foi posteriormente desenvolvido em *324 Liquor vs. Duffy*, 479 U.S. 335 (1987), onde o Estado de Nova York obrigava os vendedores de bebidas alcoólicas a vender seus produtos por, no mínimo, o preço sugerido pelos atacadistas mais 12%. Tal prática suprimia a competição e foi condenada pela *Supreme Court* por não rever os preços estabelecidos pelos atacadistas, simplesmente permitindo que eles os fixassem a seu alvedrio.

Uma decisão de Suprema Corte Americana essencial para o pleno entendimento desta matéria é a de *Patrick vs. Burget*, 486 U.S. 94, 100-01 (1988). Neste caso, um médico alegou que um grupo de médicos rivais estava violando o *Sherman Act* por manipular o processo de *peer review* de modo a não conceder a ele privilégios no único hospital da cidade de Astoria, Oregon. A Suprema Corte decidiu que não havia imunidade antritruste baseada na ação do Estado (como havia sido alegado pela *Court of Appeals*), pois nenhuma agência estatal *tinha poder para revisar as decisões do "peer review" e suspender uma decisão que pudesse ser contrária à política fixada pelo Estado*.

Assim, a jurisprudência norte-americana vem-se posicionando no sentido de conferir imunidade antitruste para particulares, funcionários ou agências governamentais desde que haja (i) política claramente expressa e definida, além de inequívoca, do Estado, na prática de atos que normalmente seriam ilícitos antitruste (essa política pode ser permissiva ou obrigatória); (ii) supervisão ativa por parte do Estado das práticas resultantes desta política, para que os resultados, especialmente os resultados para a concorrência e para os consumidores, não sejam desarrazoados. Aqui, deve ser entendido que o Estado tem o poder de controlar preços, fornecimento, estoques etc.

petência das agências governamentais encarregadas da aplicação do direito antitruste. Em ambos o poder conferido à agência governamental deve ser amplo o suficiente (*pervasive*) para afastar a competência de qualquer outro órgão.

Em uma primeira hipótese o poder do órgão é *extenso* o suficiente para afastar qualquer outra competência. Por poder extenso o suficiente entende-se aquele poder que é conferido com o intuito de substituir a sistema concorrencial. O raciocínio é, portanto, idêntico ao desenvolvido para a elaboração do primeiro requisito da *State Action Doctrine* como formulado em *Midcal*.[3] A inexistência de um segundo requisito, análogo àquele formulado na *State Action Doctrine,* relativo à fiscalização suficiente, prende-se, muito provavelmente, à maior confiança das Cortes na competência — e independência — fiscalizatória das agências federais independentes, se comparada com a ação dos Estados-membro da federação, freqüentemente influenciada por determinantes políticos.

A segunda hipótese é aquela em que, apesar de não dotado de extensão suficiente para afastar a aplicação do direito antitruste, o poder é *profundo* o bastante para fazê-lo. Nesse hipótese o que ocorre é que o poder conferido à agência governamental independente já inclui a competência para aplicar a lei antitruste. Nessa hipótese não há que se pensar em controle do ato do ponto de vista concorrencial pelo órgão encarregado da aplicação do direito antitruste (*FTC*) ou pelas Cortes simplesmente porque aquelas regras já foram (por hipótese) levadas em consideração quando da regulamentação ou quando da decisão aprovando determinado tipo de procedimento.[4]

A conclusão que se pode tirar é que, tratando-se de agência independente de regulamentação federal, a questão de aplicação do direito antitruste se resolve em uma discussão de competência dos órgãos envolvidos.[5] A falta de competência da agência governamental responsável por determinado mercado não exclui a aplicação do direito concorrencial, mas apenas caracteriza a ilegalidade da regulamentação que desconsidera a tutela antitruste (por não ser este poder extenso o suficiente). Da mesma maneira, a existência de competência, mas a falta de seu pleno exercício, sem levar em conta os aspectos concorrenciais de uma situação, torna a regulamentação ilegal, pois o poder, mesmo sendo profundo o suficiente, não foi exercido, não é *pervasive.* Por esse motivo é que a casuística existente a respeito resolve a questão da ilegalidade concorrencial de uma determinada regulamentação respectivamente em termos de excesso no exercício da

3. A melhor definição da noção de *pervasive power* foi dada pela Suprema Corte Americana em United *States vs. National Association of Securities Dealers, Inc.*, 422 U.S. 694 (1975): "The rule of law that should be applied in this case, therefore, as it comes to us from these precedents, is that, absent an express antitrust immunization conferred by Congress in a statute, such an immunity can be implied only if Congress has clearly supplanted the antitrust laws and their model of competition with a differing competitive regime, defined by particularized competitive standards and enforced by an administrative agency, and has thereby purged an otherwise obvious antitrust violation of its illegality".

4. Em *United States vs. RCA,* 358 U.S. 334(1959), a *FCC* (*Federal Communications Comission* — Comissão Federal de Comunicação) aprovou a transferência de uma licença de canal de televisão da empresa *Westinghouse* para a empresa *NBC* (subsidiária de *RCA*, na época). Contestada pelo Departamento de Justiça Americano, *RCA* sustentou que tinha imunidade antitruste decorrente da aprovação da *FCC*. A Suprema Corte rejeitou esta defesa, pois lendo os estatutos da *FCC* ficou claro que esta agência nada poderia decidir a respeito dos aspectos concorrenciais da transação (ou seja, as conseqüências que a referida aquisição teria sobre o mercado de radiodifusão), mas apenas poderia fiscalizar o negócio, aprovando os novos administradores e obtendo garantias de que a programação continuaria a atender ao interesse público.

5. V. a respeito da *Pervasive Power Doctrine,* supra, item 1.2.

competência regulatória ou então desvio de finalidade.[6]

2. *Poder regulamentar e direito antitruste*

As teorias desenvolvidas acima, uma vez retiradas do contexto sócio-político em que apareceram, permitem identificar critérios para avaliação da relação entre poder regulamentar e direito antitruste. Para que o poder regulamentar possa se exercer sem consideração dos princípios concorrenciais é necessário que a competência atribuída ao órgão regulamentar seja *extensa* o suficiente para excluir a aplicação do direito concorrencial. Isso se verifica quando a lei claramente substitui o sistema concorrencial pela regulamentação, declarando expressamente esse objetivo e/ou oferecendo os meios para tal. Esse último requisito é fundamental. É preciso que a determinação das variáveis fundamentais econômicas (quantidade e preço) seja posta a cargo do órgão regulamentar. Mas não é só. É preciso também que haja fiscalização eficaz do cumprimento das regras sobre preços e quantidades estabelecidas pelo órgão regulamentar.

No sistema brasileiro alguns institutos de direito administrativo permitem identificar essas hipóteses. Quando a atividade realizada pelo particular tem a natureza de serviço público, então a regulamentação substitui o sistema concorrencial. É o que ocorre, via de regra, com as concessões de serviço público. Nelas há, normalmente, a criação de um verdadeiro monopólio de produção ou prestação de serviço pelo particular. Contrapartida necessária é a substituição do autocontrole do sistema de mercado pelo sistema regulamentar, que passa a estabelecer as variáveis relevantes, tais como o preço e freqüentemente até a quantidade a ser produzida. A qualidade do produto ou serviço é normalmente objeto de fiscalização pelo próprio órgão governamental dotado do poder regulamentar.

No exemplo acima, não é a noção de serviço público, mas sim os poderes conferidos ao órgão administrativo no ato de concessão que permitem concluir pela não aplicação do sistema concorrencial. Sendo a noção de serviço público equívoca no sistema jurídico brasileiro,[7] ela não pode ser critério para determinar sujeição ou não de uma determinada atividade ao sistema puramente regulamentar e não concorrencial. Para que seja possível presumir essa intenção é necessário verificar os poderes efetivamente atribuídos pela lei. É preciso ou que a lei especificamente manifeste a intenção de substituir o sistema concorrencial pelo sistema regulamentar ou, então, que a lei outorgue ao titular do poder regulamentar poderes para influir nas variáveis fundamentais de orientação da vida da empresa: basicamente preço e quantidade produzida, o que faz presumir a existência da mencionada intenção de substituição.

6. Assim, agências governamentais e seus funcionários agindo de acordo com sua competência são imunes às reclamações antitruste. V., por exemplo, *Willians Elec., 1991-1, Trade Cas. (CCH),* 69.473 at 65.999), "agências federais e seus agentes exercendo sua competência estão imunes à responsabilização por ilícitos antitruste".

7. Têm-se separado as definições de serviço público no direito pátrio em formalistas e materialistas. Exemplo desta última é a definição de Celso Antônio Bandeira de Mello, para quem serviço público é "toda atividade de oferecimento de utilidade ou comodidade material fruível diretamente pelos administrados, prestado pelo Estado ou por quem lhe faça as vezes, sob um regime de direito público — portanto consagrador de prerrogativas de supremacia e de restrições especiais — instituído pelo Estado em favor dos interesses que houver definido como próprios no sistema normativo" (*Curso de Direito Administrativo,* 4ª ed., São Paulo, Malheiros Editores, 1993, p. 306). Já, Hely Lopes Meirelles define serviço público, em sentido mais formal, como "todo aquele prestado pela Administração ou por seus delegados, sob normas e controles estatais, para satisfazer necessidades essenciais ou secundárias da coletividade ou simples conveniências do Estado" (*Direito Administrativo Brasileiro,* 20ª ed., São Paulo, Malheiros Editores, 1995, p. 294) .

Ora, nas concessões é exatamente isso que ocorre: pode o poder público definir preço e quantidade produzidas e fiscalizar o cumprimento de sua determinação.[8]

É possível, por outro lado, que a regulamentação vise não a substituir o sistema concorrencial, mas apenas a tutelar de maneira especial os interesses dos destinatários do produto ou serviço (consumidores). É necessário, então, mais uma vez distinguir entre duas situações. Aquela em que o legislador acha suficiente uma proteção concorrencial contra abusos e outra em que o legislador parece entender necessária uma proteção mais ampla do que a concorrencial.

O primeiro caso não causa dificuldades interpretativas. Sendo o sistema concorrencial o único a reger as relações, não é então possível qualquer conflito entre normas administrativas e regras concorrenciais.

Mais difícil é o segundo grupo de hipóteses. São estes os casos em que o particular interesse público existente na atividade (não suficiente, no entanto, para transformá-la em serviço público) leva à atribuição de poder de polícia a um determinado órgão da administração que não o encarregado simplesmente da proteção contra os ilícitos concorrenciais (CADE). Nesses casos é necessário estabelecer a relação entre o exercício do poder de polícia e as regras concorrenciais.

A análise da construção doutrinária em campo administrativo da noção de poder de polícia demonstra a sua necessária compatibilidade com as regras concorrenciais. Sua característica básica, que a diferencia do exercício de serviços públicos, diretamente pela administração ou indiretamente pelos concessionários, está em que, quando do exercício do poder de polícia, a administração não pode intervir diretamente, exercendo a atividade ou determinando as características básica de seu exercício pelos particulares. A utilidade pública é obtida por via oblíqua, através de uma exigência de abstenção do particular.[9]

Ora, se assim é, o exercício do poder de polícia obviamente não é compatível com a substituição do sistema concorrencial. A não aplicação do sistema concorrencial só é admissível quando o Estado substitui o mercado na determinação das variáveis fundamentais da empresa e fiscaliza efetivamente o seu cumprimento pelos particulares, ou seja, quando cria *diretamente* a utilidade pública.

Em conseqüência, um normativo ou regulamento exarado nas condições supramencionadas, ainda que no exercício de competência legalmente atribuída ao órgão específico, seria inconstitucional e ilegal. Inconstitucional por implicar ferimento ao art. 173, § 4º da CF, e ilegal, na medida em que implique infringência a alguns dos dispositivos dos arts. 20 e 21 da Lei n. 8.884/94, podendo ser com tranqüilidade validamente contestado em juízo ou perante o CADE.

8. O poder concedente não só tem o direito, mas a obrigação de fiscalizar o cumprimento do serviço público. que deve estar sendo prestado de acordo com as condições inicialmente previstas. Luiz de Anhaia, Mello. citado por Hely Lopes Meirelles (*Direito Administrativo Brasileiro*, cit., p. 298), clarifica o assunto, afirmando que "deve o Estado, no exercício do poder inerente à sua soberania, fixar tarifas, determinar *standards* de serviço, fiscalizar a estrutura financeira de todas as empresas de serviços de utilidade pública.

Com efeito, dispõe o art. 29 da Lei 8.987, de 13 de fevereiro de 1995, que incumbem ao poder concedente entre outros poderes, a regulamentação do serviço concedido, a fiscalização de sua prestação, a homologação de reajustes e a revisão de tarifas e o zelo pela boa qualidade do serviço (art. 29, incisos I, V e VII).

9. O poder de polícia é geralmente caracterizado como um poder negativo, que exige um *non facere* dos administrados. Para Celso Antônio B. de Mello (*Curso de Direito Administrativo*, cit., p. 354), a utilidade pública é conseguida de modo indireto pelo poder de polícia, ao invés de ser conseguida de modo direto como na prestação de serviço público.

3. *Imunidade antitruste*

A questão da imunização da conduta do agente por força da atuação governamental não apresentaria dificuldade em presença de declaração constitucional expressa de imunidade para esse ou aquele setor. Não é isso o que ocorre, no entanto. A Constituição brasileira não prevê qualquer imunidade expressa à aplicação do direito antitruste.[10]

Cumpre, então, verificar se é possível identificar a existência de alguma imunidade implícita à aplicação do direito concorrencial. A teoria das imunidades implícitas teve grande desenvolvimento na doutrina americana, onde sobretudo a partir dos anos 50 cresceu em muito a regulamentação industrial baseada em poderes de fiscalização e controle atribuídos às assim chamadas *Independent Regulatory Commissions*. Sendo o fundamento da existência dessas comissões regulatórias independentes exatamente a criação de um corpo altamente especializado na matéria em questão, logo surgiu a questão de determinar até que ponto uma decisão de um desses órgãos de fiscalização e controle, aprovando determinada conduta, seria apta a tornar tal conduta imune à aplicação da legislação antitruste.

10. Diferente é a situação na Comunidade Econômica Européia (hoje União Européia). O art. 90, 2, do Tratado de Roma expressamente declara estarem imunes à aplicação das regras concorrências os "undertakings entrusted with the operation of services of general economic interest" todas as vezes que a aplicação das normas concorrenciais possa ter por efeito obstruir "the performance, in law or in fact, of the particular tasks assigned to them". O primeiro conceito assemelha-se bastante à noção de serviço público do direito brasileiro. Já, a segunda expressão, bastante vaga, permite, na prática, com relação a esse tipo de empresa, desaplicar o sistema concorrencial sempre que isso for necessário ao interesse público (comunitário). A discricionariedade administrativa atribuída à Comissão CEE na aplicação desse preceito está perfeitamente em linha com aquela sobreposição dos interesses de política industrial aos princípios concorrenciais que tem se revelado uma característica do sistema concorrencial comunitário em sua aplicação prática.

Para resolver essa questão criou-se a doutrina do *pervasive power*, acima referida. Segundo ela, presume-se que o Legislativo quis isentar um determinado setor econômico da aplicação do direito antitruste quando for possível determinar que a delegação de poderes regulamentares feita à agência ou órgão governamental é tão ampla a ponto de tornar aquela determinada atividade econômica incompatível com o sistema concorrencial. Para definir o que significa essa atribuição suficientemente ampla de poderes dois critérios são utilizados.

O primeiro deles sugere a verificação do tipo de poderes conferidos ao órgão. A substituição do controle do mercado pelo controle governamental só poder ser presumida quando há atribuição ao órgão de poder para controlar decisões empresariais fundamentais normalmente controladas exclusivamente pelas forças de mercado. Decisões empresariais fundamentais do ponto de vista concorrencial são consideradas o controle da entrada e saída das empresas do mercado e dos preços por elas cobrados.[11] Segundo esse critério, a atribuição de poderes tão amplos a um órgão, incidentes sobre decisões empresariais que normalmente seriam tomadas com base apenas nos indicadores do mercado, demonstra a existência de intenção de substituir o sistema concorrencial pelo sistema da regulamentação e fiscalização estatal. Os atos ou contratos realizados segundo suas determinações gozam, portanto, de imunidade (implícita) à aplicação do direito antitruste. Nessa versão da teoria do *pervasive power* a imunidade deriva da *extensão* dos poderes atribuídos ao órgão regulamentar.

Pode existir, no entanto, uma outra razão para a existência de imunidade. Ainda que os poderes do órgão não sejam tão *extensos* a ponto de permitir a presunção de incompatibilidade com o sistema

11. V. P. Areeda, D. Turner, *Antitrust law*, v.1, p. 155, Boston-Toronto, Little, Brown & Company, 1978.

antitruste, é possível que sejam *profundos* o bastante para permitir presumi-la. Isso significa dizer que um poder pode também ser *pervasive* se na análise da conduta pelo órgão regulador for obrigatório levar em consideração também as suas conseqüências sobre o mercado. Como visto acima, isso significa, basicamente, analisar a competência do órgão.

Esse ponto pode ser melhor esclarecido por um interessante exemplo tirado da jurisprudência norte-americana. Trata-se da decisão da Suprema Corte Americana em *United States vs. RCA.*[12] Nele, a agência de controle das telecomunicações, *Federal Communications Commission* (*FCC*), aprovou a transferência de uma licença de canal de televisão da empresa *Westinghouse* para a empresa *NBC*, subsidiária à época da *RCA*. Posteriormente essa aquisição veio a ser contestada judicialmente pelo Departamento de Justiça Americano com base na existência de violação ao direito antitruste. O problema concorrencial aqui é de menor importância. Relevante é observar que, ao rejeitar a defesa de *RCA* baseada na existência de imunidade concorrencial decorrente da aprovação prévia do negócio pela *FCC*, a Corte afirmou, após interpretar os estatutos que conferiam poderes a essa agência, que a aprovação da transação poderia significar no máximo aprovação dos novos administradores e afirmação de que a programação continuaria a ser realizada no interesse público. Nada decidia, no entanto, a respeito das conseqüências que a referida aquisição teria sobre o mercado de radiodifusão.[13] Diferente deveria ser a solução, seguindo a lógica aqui proposta, se a *FCC* tivesse levado em consideração a possibilidade de concentração excessiva no mercado de radiodifusão, mas aprovado mesmo assim a aquisição, afirmando que obedecia, por essa ou aquela razão específica daquele mercado, ao interesse público.

A análise da *profundidade* dos poderes estatais põe em realce um aspecto muito importante. A *profundidade*, ao contrário da *extensão*, não pode ser determinada de maneira eficaz sem a verificação da atuação efetiva da referida agência ou órgão. As competências são geralmente estabelecidas em termos genéricos, sem especificar as matérias que devem ser levadas em consideração na aplicação da lei (e nem seria possível exigir o contrário). Dessa maneira, para saber se os efeitos sobre o mercado são realmente considerados, é necessário analisar a atuação pretérita do órgão.

A existência de atuação efetiva não é, no entanto, suficiente. Para que a aplicação desse método leve a resultados coerentes é necessário também que o órgão encarregado da regulamentação e fiscalização seja dotado de capacidade técnica e conhecimento do mercado superior ao que é possível imaginar que o Judiciário ou então as agências de controle da concorrência possam ter. É necessário, portanto, que aquele tipo de mercado demande um conhecimento especial, que se pode presumir insuficiente mesmo em órgãos especializados na aplicação do direito antitruste.

A teoria do *pervasive power* oferece um interessante instrumental para a análise dos setores regulamentados no sistema brasileiro. Para sua análise é preciso em primeiro lugar notar que a Constituição não cria imunidade para qualquer setor em relação à aplicação do direito antitruste. Por outro lado, a Lei 8.884 (art. 15) expressamente submete ao regime antitruste todas as pessoas físicas ou jurídicas, de direito público ou privado, mesmo que exerçam atividade sob regime de monopólio legal. Essa disposição corresponde ao desejo, expressamente declarado pelos autores do projeto, de submeter ao controle do CADE todos os atos e ajustes entre empresas, mesmo aqueles sujei-

12. 358 U.S. 334 (1959).

13. Idem, p. 351.

tos ao controle estatal.[14] Isso faz com que a não aplicação do direito antitruste só seja possível em hipóteses excepcionais.

Para identificá-las é necessário fazer uma rápida análise das razões que podem levar o legislador (ou o Constituinte) a submeter um determinado setor econômico a regulamentação especial, supletiva ou substitutiva das forças do mercado. Duas são as razões imagináveis.

Em primeiro lugar, é possível que a regulamentação tenha objetivos precipuamente redistributivos. O legislador (ou o Constituinte) considera que aquele setor é socialmente tão importante que não pode ser deixado ao governo das forças de mercado. O Estado deve intervir, regulando exaustivamente o setor, de modo a garantir a proteção dos interesses dos usuários do serviço ou consumidores do produto. Nesse caso a regulamentação tem objetivos claramente *redistributivos*. Visa a substituir e não complementar ou corrigir o sistema de mercado.

Na Constituição brasileira esse primeiro objetivo, aqui denominado *redistributivo*, é claramente identificável naquelas atividades econômicas definidas como serviço público mas realizadas pelos particulares a título de concessão ou permissão (art. 175 da CF). A assimilação dessas atividades ao serviço público torna a regulamentação tão *pervasive* que é impossível imaginar a sua submissão aos padrões do direito concorrencial.[15]

O sistema de concessão e permissão de serviço público não é, ao menos no caso típico, compatível com o mercado, pois o Estado tudo regula: tarifas, qualidade do serviço e a própria entrada e saída do mercado. A concessão, e permissão, é, via de regra, atribuída a um só agente econômico, criando-se, portanto, um monopólio, cuja fiscalização e controle são responsabilidade do órgão permissionário ou concessionário. Nesse caso, portanto, a análise da extensão do poder regulamentar é suficiente para tornar inaplicáveis a essas atividades — até porque inúteis — os princípios concorrenciais.

Bastante diferente deve ser a análise quando a regulamentação visa não à substituição completa do sistema de mercado, mas apenas a corrigir imperfeições de seu funcionamento (a terceira razão supramencionada). Referidas imperfeições podem ser de várias espécies: dificuldades na transmissão de informações, compradores monopsonísticos, monopólios naturais, concorrência predatória.[16] Nessa hipótese,

14. V. nesse sentido *Relatório* do Deputado Fábio Feldman ao Projeto de Lei 3.712 (posteriormente transformado na Lei 8.884), p. 9, onde se afirma: "Na linha adotada pelas legislações antimonopolísticas mais modernas, como o Japão, deverá a lei antitruste brasileira regular, ainda, os atos e ajustes entre empresas sujeitas ao controle estatal (...)". A citação do sistema japonês é bastante enganosa. A lei de concorrência japonesa não pode ser isoladamente considerada. É preciso levar em consideração as várias leis que concedem imunidades expressas a setores econômicos (*v.g.* vários tipos de pequenas e médias empresas). Em outros casos, apesar da previsão em lei de controle pela *FTC* japonesa dos acordos anticoncorrenciais, em caso de aprovação desses acordos pelo *MITI* (Ministério do Comércio e da Indústria Japonês), eles dificilmente são contestados pela *FTC* — há na verdade uma negociação e consulta prévia entre os órgãos, onde a opinião do *MITI* invariavelmente prevalece (*v.g.*, medidas aprovadas ou sugeridas pelo *MITI* para diminuição da produção ou estabelecimento de acordos de preços em setores estruturalmente deprimidos) (v. M. Matsushita, *International Trade and Competition Law in Japan,* cit, respectivamente pp. 291 e 284). O resultado final é, portanto, muito mais aberto à substituição da competição pela regulamentação do que pode ter parecido ao legislador nacional.

15. Na doutrina nacional reflete-se ainda hoje a tradicional disputa entre os defensores de uma noção formal e material de serviço público. Entre os primeiros v. Hely Lopes Meirelles, *Direito Administrativo*, cit., p. 294; para a segunda corrente v. C. A. Bandeira de Mello, *Curso de Direito Administrativo,* cit., pp. 306 ss. No entanto, mesmo aqueles autores, como C. A. Bandeira de Mello, que incluem na definição do serviço público o elemento material não deixam de reconhecer que a disciplina do serviço público aplica-se também àquelas atividades definidas em sede constitucional ou legal como serviço público.

16. Cfr. R. Posner, *Theories of Economic Regulation*, cit., p. 335. Na verdade, todas as ma-

não havendo uma substituição, mas apenas uma complementação ou correção das imperfeições do sistema, a análise da *extensão* dos poderes regulamentares é de pouca utilidade. Sendo a regulamentação direcionada a um aspecto específico do funcionamento daquele determinado setor, é necessário verificar a *profundidade* dos poderes conferidos ao órgão encarregado da fiscalização.

Exemplo interessante dessa categoria pode ser encontrado em certos setores antes caracterizados como serviço público (em sentido formal) e que recentemente foram aproximados do sistema de mercado. Referência é feita, evidentemente, às recentes leis e regulamentações, especialmente do setor elétrico e de telecomunicações, que procuram em teoria estabelecer sistemas híbridos, que aliam concessões, por vezes acompanhadas dos sistemas de controle a elas típicos (controle de variáveis concorrenciais fundamentais — preço e quantidade produzida — portanto, regulamentação em sentido estrito), a uma tentativa de introdução (ao menos) incipiente do sistema competitivo. Essa redefinição corresponde também a uma redefinição da natureza desses serviços, que passam a não mais ser considerados serviços públicos (em sentido estrito e material). Isso justifica a não substituição completa do sistema concorrencial pelo sistema regulamentar. A existência daquelas imperfeições supra-expostas (sobretudo aquela relativa aos monopólios naturais) impede, no entanto, o estabelecimento de um sistema concorrencial perfeito.

Assim é que no setor elétrico previu-se a introdução gradual do sistema competitivo, permitindo-se aos consumidores uma gradual escolha dos fornecedores e distribuidores de energia elétrica dos quais adquirirão a energia (v. Lei 9.074, de 7 de julho de 1995, Seção III — "Das opções de compra de energia elétrica por parte dos consumidores" — arts. 15 e 16).

No setor de telecomunicações, o já revogado Decreto 1.719, de 28 de novembro de 1995 (revogação operada pelo Decreto 2.087, de 4 de dezembro de 1996), que aprovou o regulamento de outorga de concessão ou permissão para exploração de serviços de telecomunicações em base comercial, afirmava por diversas vezes ser um dos objetivos da nova estrutura a ser implantada o aumento da competição no setor (*v.g.* arts. 2º e 5º). Em cumprimento a esses objetivos, havia no art. 21 uma lista de vedações à participação em licitações, que visavam a garantir condições de competitividade no momento da licitação. Proibia-se a participação direta ou indireta de uma empresa em licitação de área onde já detinha concessão. Mas não se foi além. A preocupação com a competição restringe-se ao momento da licitação. Ao mesmo tempo, ciente de que a competição no momento da licitação não é suficiente para introduzir um sistema de mercado, previa-se uma estrita regulamentação do setor, através do órgão de supervisão a ser criado. Permanece a desconfiança com relação à introdução de um sistema verdadeiramente concorrencial no setor.[17]

nisfestações de imperfeições referidas no texto são causa ou então conseqüência dos monopólios naturais.

17. Reveladora dessa tendência é a regulamentação da participação dos agentes privados no setor de telefonia celular (a chamada "banda B"). O tão repetido intuito de estimular a competição no setor restringe-se na prática à existência da licitação (relembrando, portanto, a já citada e criticada perspectiva da Escola de Chicago) e à existência de uma operadora pública na banda A. Havendo, como ocorrerá, apenas um operador na banda B, o sistema será, na prática, operado sob regime de duopólio. A escolha desse regime parece ter sido motivada pelo intuito de aumentar o valor da concessão (já que há o valor adicional da participação em um duopólio) e pela mencionada desconfiança na eficácia do sistema competitivo em um setor em que há dúvidas quanto à possibilidade de eliminação das características básicas dos monopólios naturais. Resta saber se essa opção por um sistema competitivo "pela metade" será suficiente para resolver os problemas crônicos do setor (falta de investimentos e ineficiência), que exatamente através da introdução da com-

4. *O caso do sistema financeiro nacional*

Existe ainda uma terceira categoria de situações, não mencionada acima em qualquer das análises, que merece atenção especial. Trata-se daquelas situações em que o interesse em proteger um determinado grupo da população, considerado mais frágil, submete determinado setor a um regime de autorização para funcionamento e fiscalização governamental. Não há, aí, qualquer efeito redistributivo ou qualquer intuito de corrigir imperfeições do mercado.

No sistema brasileiro, exemplo bastante eloqüente desse tipo de situação, que requer especial atenção tanto na análise do exercício do poder regulamentar para autorizar condutas ou do poder de fiscalização para autorizar a formação de estruturas, é o sistema financeiro nacional.

Aplicando o critério acima desenvolvido e especificado para a análise da *profundidade* do poder regulamentar, é preciso verificar a presença de (a) dispositivos legais e constitucionais regulamentando ao menos o gênero de comportamento ou situação em análise; (b) órgão estatal ou agência regulamentar independente encarregada da fiscalização do setor específico, autorizada a levar em consideração todos os aspectos envolvidos, inclusive os efeitos sobre o mercado; (c) efetiva atuação desse órgão no controle e fiscalização do setor, que demonstre sua consideração dos aspectos mercadológicos. Note-se que, aqui, o requisito refere-se à atividade habitual do órgão. Não é necessário que para aquele ato específico se tenha feito referência às conseqüências mercadológicas.

A presença de todos esses requisitos é necessária, pois não há incompatibilidade estrutural claramente estabelecida pela Constituição entre a regulamentação e o controle da concorrência. É possível que a regulamentação vise apenas a complementar o sistema concorrencial, garantindo exatamente o seu bom funcionamento. Nesse caso, a única forma de não se sujeitar à lei concorrencial, em face da já mencionada abrangência do art. 15 da Lei 8.884/94, é caracterizá-la como uma conduta *justificada.* Com efeito, grande parte das condutas previstas no art. 21 só são ilícitas quando injustificadas (v., por exemplo, incisos XX, XXI e XXIV). Obviamente, a autorização dada por outro órgão estatal com competência e capacidade para analisar tais condutas do ponto de vista concorrencial é *causa justificadora* capaz de afastar a existência do ilícito.

No caso das instituições financeiras essa justificativa, infelizmente, ainda não existe. Diz-se "infelizmente" porque o mercado financeiro é setor onde o conhecimento técnico específico é necessário inclusive para avaliar corretamente as conseqüências dos atos e contratos sobre o mercado.[18] Um aumento de preços abusivo ou mesmo os efeitos concorren-

petição pensava-se solucionar, ou se, ao contrário, não levará simplesmente à transferência do monopólio público para as mãos dos particulares.

18. É internacional a tendência no sentido da especialização do tratamento dos bancos e instituições financeiras em geral, inclusive nos aspectos concorrenciais — na Alemanha, o § 44 Abs. 2 *GWB* prevê que para qualquer sanção à instituição financeira seu órgão especial de controle deve ser consultado e a sanção só pode ser aplicada havendo acordo entre o órgão de controle da concorrência e o órgão controlador da instituição financeira específica (na Alemanha existem órgãos diversos para controle de bancos, companhias de seguro etc.). Havendo desacordo entre ambos, a questão deve ser decidida pelo Ministro da Economia. Nos EUA desde 1966 os atos que impliquem concentração no setor bancário são imunes à aplicação do *Sherman Act* e do *Clayton Act*, estando sujeitos a regulamentação específica — *Bank Merger Act* 1966. Não foi criado, no entanto, qualquer órgão específico para o seu controle. Finalmente, no Japão as atividades do Bancos são supervisionadas quase em sua inteireza pelo *MOF* (Ministry of Finance), cabendo à *FTC* japonesa pouco mais que acatar as decisões daquele órgão, inclusive no que respeita às conseqüências dos atos ou contratos para o mercado — v. e para esse último caso, M. Matsushita, *International Trade and Competition Law in Japan,* cit., pp. 7 e ss.

ciais de uma concentração não podem ser sequer detectados sem a participação do Banco Central.

A fiscalização das instituições financeiras também do ponto de vista concorrencial é perfeitamente possível ao Banco Central. A Lei 4.595, de 31 de dezembro de 1964, prevê, em seu art. 10, inciso X, letras "c" e "g", que toda fusão, incorporação, transformação e alienação de controle das empresas deve ser autorizada pelo Banco Central. O Banco Central tem, portanto, com relação às instituições financeiras, a mesma competência fiscalizatória atribuída pelo art. 54 ao CADE com relação à generalidade das empresas. Tratando-se, por outro lado, a lei bancária de regulamento específico, não pode ser derrogada pelas disposições mais genéricas da lei concorrencial.

O mesmo pode ser dito com relação ao controle das condutas. O art. 11, inciso VII, da mesma Lei 4.595/64 prevê que ao Banco Central compete "exercer permanente vigilância nos mercados financeiros e de capitais sobre empresas que, direta ou indiretamente, interfiram nesses mercados e em relação às modalidades ou processos operacionais que utilizem". É possível, portanto, também ao Banco Central o exercício do controle comportamental.

Mas do que isso. Os fins da atuação do Banco Central do Brasil são absolutamente consentâneos com a aplicação do direito concorrencial. A própria Lei 4.595/64 expressamente estabelece em seu art. 18, § 2º, que "o Banco Central do Brasil, no exercício da fiscalização que lhe compete, regulará as condições de concorrência entre as instituições financeiras, coibindo-lhes os abusos nos termos desta Lei".

Duas outras razões fortíssimas induzem a esta conclusão. Em primeiro lugar, exercendo o Banco Central poder de polícia administrativa, deve obedecer, pelas razões antes analisadas, aos princípios concorrenciais em sua atuação. A segunda razão é ainda mais forte. A proteção da poupança popular, objetivo-chave de atuação das autoridades de tutela do sistema financeiro nacional (v. art. 3º, inciso VI — objetivos gerais da política do Conselho Monetário Nacional, aplicável ao Banco Central do Brasil por ser este o responsável por dar-lhe atuação), é perfeitamente compatível com os objetivos concorrenciais. Aliás, esses últimos objetivos lhe são instrumentais. A excessiva concentração de instituições financeiras, ao invés de diminuir, aumenta os riscos para a poupança popular. Quanto maior for o tamanho de uma instituição financeira, tanto maiores e mais sérios serão os prejuízos causados por suas dificuldades e por sua quebra. Dessa forma, uma política coerente de proteção à poupança popular deve levar em consideração o dado concorrencial.

Cumpridos estão, portanto, os requisitos previstos nas letras "a" e "b" referidas acima. Falta, no entanto, o requisito "c", que é fundamental para a caracterização do poder como *pervasive.* O Banco Central jamais exerceu sua competência teórica em matéria concorrencial. Não é possível em qualquer justificativa ou exposição de motivos de normativos identificar qualquer referência à análise da situação do ponto de vista concorrencial. Portanto, em sua profundidade, o poder do BC não pode ser considerado *pervasive* e as condutas por ele aprovadas não podem ser tidas como imunes à aplicação do direito concorrencial e à revisão do órgão especificamente encarregado dessa função (CADE), pelo menos até que ele demonstre a efetiva assunção da fiscalização do setor financeiro também do ponto de vista concorrencial. Perfeitamente possível, portanto, nessa esfera, não só a revisão judicial, mas também a revisão administrativa do próprio ato administrativo. O não exercício de uma competência legal em sua plenitude por um determinado órgão e a existência de competência concorrente de outro órgão tornam essa postura necessária.

5. Conclusão

Da análise empreendida supra, parece não restar dúvida quanto a um resultado. A não ser no caso dos serviços formal e materialmente públicos, em que há na lei uma clara intenção de substituição do sistema concorrencial, não é possível isentar do controle antitruste comportamental e estrutural qualquer tipo de atuação do Estado, seja ela relativa ao exercício do poder de policia por via regulamentar, ou à autorizações para o exercício de determinada atividade.

Como critérios para a verificação da legalidade da conduta em ambos os casos aparece (i) a verificação da existência de poderes efetivos para regular a matéria concorrencial e (ii) a assunção efetiva da função de verificação dos aspectos concorrenciais pelo órgão governamental ou pessoa jurídica primariamente encarregada do controle respectivo.

Cumprirá, então, ao CADE e/ou ao Judiciário aplicar, no caso de exercício ilegal de poder regulamentar, ao Estado, e, no caso de autorização para prática de atividade, ao particular, com base na ampla definição de sujeitos ativos dos delitos concorrenciais contida no art. 15 da Lei 8.884/94, as sanções pelas ilegalidades cometidas.

Doutrina

RESPONSABILIDADE DO CONTROLADOR, DOS SÓCIOS E DOS ADMINISTRADORES DE EMPRESAS DE CONSÓRCIOS. SUA APRECIAÇÃO À LUZ DO DIREITO DO CONSUMIDOR

HAROLDO MALHEIROS DUCLERC VERÇOSA

Introdução — A estrutura do sistema de consórcio — O regime legal das empresas de consórcio — As empresas de consórcio e o direito do consumidor.

Introdução

Quando terminei a elaboração da minha tese de doutoramento, mais tarde publicada pela RT como *Responsabilidade Civil Especial*, o Código de Defesa do Consumidor estava tendo a sua aprovação ultimada pelo Congresso. Por esse motivo, e também pelo fato de ter autolimitado o meu trabalho, o tema acima não foi abordado à luz da defesa do consumidor. Torna-se oportuno, agora, retomá-lo sob essa ótica.

A atualidade da matéria reside no fato de que as empresas de consórcio ainda resistem bravamente às mudanças surgidas na economia nacional após a edição do "Plano Real" e a conseqüente estabilidade da moeda. Enquanto ainda forem elevados os juros bancários nos financiamentos para a aquisição de bens duráveis e os prazos dos planos de consórcios forem menores do que aqueles oferecidos pelas instituições financeiras para a mesma finalidade, as empresas daquele ramo continuarão tendo um importante espaço no mercado, a fim de proporcionar seja aquela finalidade atingida, por parte dos consorciados, e para a proveitosa atuação dos seus titulares.

A estrutura do sistema de consórcio

Em sua origem remota — provavelmente verificada entre descendentes de imigrantes japoneses — os consórcios surgiram espontaneamente como uma forma de autofinanciamento: os interessados organizavam-se por prazo definido e em grupos de número variado de participantes, reunindo as suas poupanças, as quais iam sendo distribuídas por sorteio e/ou lance vencedor, conferindo-se a administração do patrimônio comum a alguns deles, utilizando-se, para tanto, do instituto do mandato.

No entanto, logo surgiram empresas especializadas em arregimentar pessoas interessadas na compra de um tipo de bem durável — principalmente automóveis — por esse sistema, invertendo-se o processo: era delas mesmas que partia a iniciativa de formar os grupos de consorciados, para tanto utilizando-se maciçamente do recurso à publicidade. Portanto, as empresas de consórcio passaram a exercer uma atividade profissional organizada, assumindo riscos no mercado pela gestão dos seus administradores.

O regime legal das empresas de consórcio

Os prejuízos que muitas dessas empresas causaram aos seus participantes, caracterizados, principalmente, pelo desvio dos recursos dos grupos de consórcios, levaram o legislador a baixar a Lei 5.868, de 20.12.71, a qual estabeleceu os critérios para o exercício dessa atividade.

Em primeiro lugar, ela subordinava-os à necessidade de autorização prévia para funcionamento por parte do Ministério da Fazenda (art. 7º), dependente da prova de capacidade financeira, econômica e gerencial da empresa, além dos estudos de viabilidade econômica do plano e das formas e condições de emprego das importâncias a receber (art. 8º). No exercício de suas atribuições, o Ministério da Fazenda poderia:

a) fixar limites de prazos e de participantes, normas e modalidades contratuais;

b) fixar limites mínimos de capital social;

c) estabelecer percentagens máximas permitidas a título de despesas de administração; e

d) exigir que as respectivas receitas e despesas fossem contabilizadas destacadamente das demais.

Evidentemente, para o eficiente exercício das incumbências acima referidas, o Ministério da Fazenda deveria realizar uma permanente fiscalização sobre esse "mercado", fato que, infelizmente, não ocorreu com a constância e eficiência desejadas.

A mesma lei autorizou o Conselho Monetário Nacional — CMN a intervir nas operações em causa (art. 9º), para os seguintes efeitos:

a) restringir os limites e modalidades das operações de consórcios, bem como discipliná-las e proibir novos lançamentos;

b) exigir garantias ou formação de reservas técnicas, fundos especiais e provisões, sem prejuízo das reservas e fundos determinados em leis especiais; e

c) alterar o valor de resgate nos casos de desistência ou inadimplemento do participante.

Por sua vez, ao Banco Central do Brasil cabia intervir nas empresas de consórcios e decretar a sua liquidação extrajudicial, na mesma forma e nas mesmas condições previstas na legislação especial, aplicável às instituições financeiras (art. 10). Essa regra colocou as administradoras de consórcios, do ponto de vista da intervenção do Poder Público, inicialmente sob a égide da Lei 1.808/53, substituída, posteriormente, pela Lei 6.024/74.

A aplicação da legislação interventiva não tinha em vista estender às administradoras de consórcios o sistema de responsabilidade civil especial previsto na Lei 6.024/74 — por existirem regras próprias sobre o tema na Lei 5.768/71, sobre as quais falar-se-á logo abaixo —, mas tão-somente objetivava o efeito de adotar-se o procedimento estabelecido na primeira, para o fim de se fazer a identificação das causas de quebras ocorridas e promover a apuração da responsabilidade cabível.

Dessa maneira, decretada pelo Banco Central do Brasil a intervenção, a liquidação extrajudicial ou a falência de uma empresa administradora de consórcios, àquele órgão incumbiria proceder a um inquérito, onde seriam apuradas as causas que levaram a empresa a tal condição e a responsabilidade dos seus administradores (Lei 6.024/74, art. 42).

A propósito, verifica-se ter havido, inicialmente, uma subordinação dicotômica das empresas administradoras de consórcios a órgãos públicos, pois a autorização prévia para o funcionamento e a fiscalização permanente estava a cargo do Ministério da Fazenda. De outro lado, a intervenção era de responsabilidade do Banco Central do Brasil, que aguardava, para tanto, solicitação formal originada do órgão fiscalizado.

Esse sistema apresentou enormes falhas quanto ao seu funcionamento eficaz, evidenciadas claramente quando do episódio da quebra do consórcio Almeida Prado, um dos maiores do País, à época. O inquérito realizado naquele consórcio comprovou a existência do funcionamento de mais de 700 grupos não autorizados e a costumeira prática do desvio dos recursos pertencentes aos diversos grupos, muitos deles formados por consorciados-fantasmas (se eu bem me recordo, alguns corredores da Fórmula 1 eram "fregueses" daquele consórcio, como Émerson Fittipaldi e Nélson Piquet). Essa sempre foi uma atitude generalizada dos administradores dessas empresas, que, misturando indevidamente os interesses dos grupos com os da própria empresa administradora — e, mais ainda, os do seu titular —, usavam os recursos disponíveis na condição de "lastro" livremente utilizável, segundo eles, a permitir uma "alavancagem" de suas operações para outros ramos de atividades.

A quebra do consórcio Almeida Prado foi uma das causas determinantes de uma revisão do sistema até então vigente, tendo a Lei 8.177, de 1.3.91, art. 33, passado para o Banco Central do Brasil as atribuições de autorização prévia para funcionamento, de fiscalização e de aplicação das penalidades cabíveis quando da quebra de empresas administradoras de consórcios. Com isso, a subordinação destas passou a ser de responsabilidade de um único órgão, sistema mais coerente e mais adequado para a finalidade de se policiar melhor o mercado de consórcios.

É oportuno registrar não ter sido pacífica a outorga de tais funções ao Banco Central do Brasil. Em primeiro lugar, não se trata de atribuição própria de bancos centrais, tendo aquele órgão recebido mais uma atividade atípica, entre outras que já exercia. Sob outro ângulo, tendo em conta a existência de administradoras de consórcios desde as grandes capitais até as pequenas cidades do interior do País, a plena eficiência da atuação do BCB na autorização prévia para funcionamento, na fiscalização, na aplicação de penalidades e na intervenção dependeria da conferência de meios materiais e humanos que nunca lhe foram concedidos.

A responsabilidade civil e as penalidades aplicáveis às empresas administradoras de consórcios são previstas nos arts. 10 a 14 da Lei 5.768/71, observando terem os arts. 12 a 14 recebido nova redação pela Lei 7.691, de 15.12.88.

A responsabilidade civil é apurada, conforme visto acima, por meio de inquérito a cargo do BCB e se configura pelas regras estabelecidas no art. 11 da lei supramencionada.

Em primeiro lugar, ela alcança os diretores, os gerentes, os sócios e os prepostos com função de gestão na empresa administradora de consórcios, sendo, portanto, de grande amplitude, estendida, ainda, às pessoas que exercerem a atividade de administração de consórcio sem a devida autorização prévia (art. 12, parágrafo único).

As penalidades previstas são as seguintes (art. 12 da Lei 5.768/71, com a nova redação que lhe deu a Lei 7.691/88):

a) multa igual ao valor total dos bens, direitos ou serviços que constituírem objeto da operação, não inferior a 500 (quinhentas) vezes o maior salário mínimo vigente no País (a referência ao salário mínimo foi posteriormente revogada, como se sabe, tendo ele deixado de ser referência para efeitos legais deste tipo), e

b) proibição de realizar aquelas operações durante o prazo de 10 (dez) anos.

Quanto à própria empresa, não tendo ela cumprido o plano de consórcio, ficará sujeita, cumulativamente, às seguintes penalidades:

a) cassação da autorização para funcionamento;

b) proibição da realização de nova operação pelo prazo de 5 (cinco) anos, e

c) multa igual a 50% (cinqüenta por cento) do valor dos bens, direitos ou serviços que constituírem o objeto da operação.

Finalmente, o descumprimento aos termos da lei, do seu regulamento ou de atos normativos destinados a complementá-los sujeita o infrator à multa de 40 (quarenta) vezes o maior salário mínimo do País (vide observação acima).

Todas as pessoas acima relacionadas são consideradas depositárias, para todos os efeitos legais, das quantias recebidas pela empresa na sua gestão, até o cumprimento da obrigação por ela assumida. De outra parte, respondem solidariamente para com o prestamista *pelas obrigações contraídas na sua gestão.*

Coloca-se o problema, evidentemente, dessa responsabilidade quanto aos sócios minoritários não administradores. O texto da lei é claro em incluir os sócios como sujeitos passivos da aludida responsabilidade, sem qualquer restrição. No entanto, como regra de eqüidade, o Judiciário deverá verificar se houve ou não participação, conhecimento ou omissão do sócio minoritário nas causas geradoras da quebra da administradora da qual participe, para o efeito de estabelecer ou não, quanto a ele, a referida responsabilidade.

As empresas de consórcio e o direito do consumidor

Diante desse quadro de responsabilidade civil, combinado com a aplicação de penas privadas, na forma de multas, cabe, agora, verificar a questão da aplicação do Código de Defesa do Consumidor às empresas administradoras de consórcios.

À luz daquele diploma legal, não há nenhuma dúvida no sentido de que a administradora de consórcios seja *fornecedor*, nem de que o consorciado seja *consumidor*, nos termos dos seus arts. 2º e 3º, respectivamente. Assim, em tese, o Código do Consumidor aplica-se a tal atividade.

No entanto, estamos diante de dois textos legais de índole especial, cada um deles dotado de sistema próprio de apuração e efetivação de responsabilidades. Portanto, de acordo com as regras jurídicas cabíveis, deve prevalecer, para tal efeito, a Lei 5.768/71, completada pelo CDC naquilo em que este não for incompatível com a primeira.

No sentido acima, a responsabilidade civil e as penas devem seguir o rito da Lei 5.768/71, dentro do processo de apuração previsto na Lei 6.024/74. Note-se não haver diferença sensível, em prejuízo para o consumidor, entre a responsabilidade solidária estabelecida na Lei 5.768/71 e a responsabilidade objetiva pelo fato do serviço, presente no CDC. Note-se, a propósito, conforme visto acima, que o rol de sujeitos passivos da responsabilidade solidária da Lei 5.768/71 é maior do que aquela presente no CDC, tendo-se em vista o conceito de fornecedor de serviços (art. 3º, *caput* e § 2º, c/c art. 14).

Aliás, o conceito de prestador de serviço no CDC, e sua conseqüente responsabilidade civil, parece estar mais ligado a alguém que execute por si próprio ou por preposto algum tipo de atividade técnica do que àquele que administra qualquer tipo de atividade. É o que se constata da leitura do aludido art. 14, em que se verifica ser o prestador de serviços responsável diante do consumidor por *defeitos relativos à prestação de serviços, bem como por informações insuficientes ou inadequadas sobre a sua fruição e riscos.* Dificilmente essa descrição aplicar-se-ia ao caso de uma empresa de consórcios.

Fica claro, no entanto, que o CDC, no campo das empresas em tela, deverá ser utilizado quanto às regras sobre a inversão do ônus da prova, a desconsideração da personalidade jurídica, as práticas abusivas, a proteção contratual, as cláusulas abusivas, os contratos de adesão etc. Esse instrumento será de grande utilidade na defesa dos interesses dos consorciados, freqüentemente logrados por empresas mal-administradas ou conduzidas por administradores inidôneos.

ASSEMBLÉIA DE COTISTAS NA SOCIEDADE LIMITADA. APLICAÇÃO DA LEGISLAÇÃO ACIONÁRIA

JOÃO LUIZ COELHO DA ROCHA

A natureza dessa espécie societária — As deliberações sociais não-unânimes — A assembléia de quotistas.

A natureza dessa espécie societária

Muito sintética que é a legislação própria de regência das sociedades por cotas de responsabilidade limitada (Decreto 3.708), em vigor desde 1919, sempre despertou algum ensejo de discussão entre os estudiosos o alcance do art. 18 daquele edito legal.

Sim, ao proferir o dispositivo, que praticamente encerra os enunciados do decreto, uma remissão às "disposições da lei das sociedades anônimas", no trato das sociedades por cotas, "no que não for regulado no estatuto social, e na parte aplicável", criou-se a partir dali uma certa dubiedade quanto ao alcance desse tratamento legal subsidiário da lei das companhias.

De uma forma ou de outra, a verdade é que há quase um século esse tipo societário vige e viceja mesmo no país, abraçando grande extensão de uso nos pequenos e médios empreendimentos. Há quem, como o prof. Waldirio Bulgarelli (*Sociedades Comerciais — Empresa e Estabelecimento*, 3ª ed., S. Paulo, Atlas, p. 204) até debite a grande expansão dessa forma societária a seu caráter ambivalente, moldado pela escassez de seu trato legislativo próprio: "E a própria dubiedade pelo menos aparente de sua qualificação, ora como de pessoas, ora como de capitais, ora como tipo original, decorre dessa adaptação do modelo à diversidade de combinações de interesse".

Mas, para essa viabilização incontes-te, até aqui, do modo associativo representado pelas sociedades por cotas, e para nos valermos de estudos como o do Dr. João Marcos Silveira ("Sociedades de responsabilidade limitada — Projeto de Lei do Senado 46/93", in *RDM*, 92/111), muito tem contribuído a depuração doutrinária e jurisprudencial do Decreto 3.708, tantas vezes centrada no contexto do seu art. 18, que determina sejam observadas, "no que não for regulado no estatuto social, e na parte aplicável", as disposições de lei das sociedades anônimas.

A discussão já nasceu quanto à categorização da sociedade por cotas, pois que mestres como Waldemar Ferreira chegaram a tê-la como uma "sociedade em nome coletivo de responsabilidade limitada", indiscutível espécie de sociedade de pessoas, e bem ainda Carlos F. da Cunha Peixoto (*As Sociedades por Cotas de Responsabilidade Limitada*, v. I, p. 60, n. 69), para quem, "se a sociedade limitada fosse de capital, a lei sobre sociedade anônima ser-lhe-ia totalmente ajustável".

Júlio Santos Filho (*Sociedade Limitada*, pp. 77 e ss.) já vê o tipo societário como nitidamente de capitais, tal como Pedro Barbosa Pereira (*Curso de Direito Comercial*, Ed. RT, 1969, v. II, p. 71)

Já, João Eunápio Borges (*Curso de Direito Comercial Terrestre*, 1ª ed., v. II, p. 175), entende defini-la como um tipo societário independente, com "caracteres próprios que a estremam de todos os outros tipos de sociedade".

O acatado Egberto Lacerda Teixeira (*Das Sociedades por Quotas de Responsabilidade Limitada*, São Paulo, Max Limonad, 1956, p. 29) também a vê com "elementos distintivos que a estremam das demais e que justificam plenamente ser tratada como espécie à parte".

Enfim, a disposição do art. 18 do Decreto 3.708 ela mesma se viu interpretada um tanto ao sabor da posição doutrinária de cada um perante a natureza da sociedade.

Assim, Carlos Cunha Peixoto (ob. cit., p. 58) entende só serem aplicáveis às sociedades por cotas as regras da lei das companhias que não forem incompatíveis "com o caráter de sociedade de pessoas", que a sociedade por cotas, segundo ele, tem.

Em pertinente crítica a esse pensamento, João Eunápio Borges (ob. cit., p. 177) observa: "Assim, restringindo o alcance do art. 18 a mandar que se aplique ao Conselho Fiscal e à Assembléia-Geral dos cotistas — quando criados no contrato social — as normas respectivas da lei das sociedades por ações, é claro que muitos dos nossos juristas, em vez de ler o que está escrito no art. 18 de nossa lei, têm os olhos fixam na lei alemã, cujo § 53 assim dispõe: "se, de acordo com o contrato social, houver um Conselho Fiscal, aplicar-se-ão (...) as prescrições relativas ao Conselho Fiscal de uma sociedade por ações".

Correta a crítica do mestre mineiro, pois que não teria o legislador o cuidado de mandar aplicar a lei das companhias, na vacância do Decreto 3.708 e do contrato social, se entendesse que um tipo seria incompatível com outro, e se assim desejasse suprir lacunas apenas onde institutos das sociedades anônimas usados pelos cotistas estivessem em pauta.

As deliberações sociais não-unânimes

Veja-se a questão das deliberação sociais e a evolução inconteste que a jurisprudência — tal como as decisões das Juntas Comerciais — experimentou a respeito. De uma exigência estrita da assinatura de todos os sócios nas alterações do contrato social — sob pena de seu não arquivamento — passou-se a admitir as alterações com assinatura dos sócios representando a maioria social deliberante, um passo grande desde a conformação como uma espécie de sociedade de pessoas à sua analogia às sociedades de capitais, onde a voz da maioria, formalmente auscultada, vale para todos os fins.

Egberto Lacerda Teixeira, na sua obra *Das Sociedades por Cotas de Responsabilidade Limitada* (São Paulo, Max Limonad, 1956, pp. 174-175) discorre, a respeito:

"A harmonia se consegue, ou se procura conseguir, no Direito Brasileiro, ao reconhecer o Decreto 3. 708 à maioria o direito de modificar o contrato social, ressalvando sempre à minoria o direito de recesso (...).

"Fica, assim, logo de início, afastada, como regra, a exigência da unanimidade de votos para que as alterações do contrato social se concretizem (...)"

Mas o problema não melhora com o advento, em 1965, da Lei 4.726, cujo art. 38, V, dispunha: "Art. 38. Não podem ser arquivados: (...) V — os contratos sociais a que faltar a assinatura de algum sócio, salvo no caso em que for contratualmente permitida deliberação de sócios que representem a maioria do capital social".

E o Decreto 57.651, de 19.1.66, regulamentando aquela lei do Registro do

Comércio, previu, no seu art. 62, § 2º: "§ 2º Nos casos de alteração de contrato ou de quaisquer atos posteriores, permitir-se-á a falta de assinatura de algum sócio, quando contratualmente permitida deliberação de sócios que representem a maioria do capital social".

Muitas Juntas Comerciais passaram, a contar daí, a demandar novamente assinatura de todos os sócios como condição de arquivamento de quaisquer alterações sociais, assim como se essas disposições da Lei 4.726 e de seu decreto regulamentador alterassem a norma do art. 15 do Decreto 3.708.

E, diante disto, a questão retornou à controvérsia judicial.

O STF, contudo, em decisão emblemática (*RTJ* 70/777), pelo voto do Min. Rodrigues de Alckmin, manteve válido o princípio do art. 15 do Decreto 3.708 mesmo diante da nova provisão registral:

"Tenho portanto, que a regra do art. 38, V, se há de interpretar como permissiva do registro nos casos em que, sem que a lei autorize alteração do contrato social pela só vontade da maioria, o contrato social o admita.

"Não excludente do registro nos casos em que a própria lei, ao regular os caracteres da sociedade, entre eles inclui a reformalidade do contrato pela manifestação da maioria."

De tanta importância o *decisum*, que ação rescisória contra ele foi interposta, mantendo o Plenário do Supremo Tribunal o pronunciamento acima (*RTJ* 85/742), nestes termos ementados: "Improcedência porque o aresto rescindendo deu como razoável a exegese atribuída pelo acórdão que manteve, o qual considerou que aqueles preceitos não revogaram o art. 15 da Lei 3.708/19".

Quanto a essa questão registral, hoje fica excluída qualquer dúvida, pois que a Lei 4.726 foi revogada pela Lei 8.934/94, cujo art. 35 propõe: "Art. 35. Não podem ser arquivadas: (...): VI — a alteração contratual, por deliberação majoritária do contrato social, quando houver cláusula restritiva".

Agora, sim, muito coerente se fica com o princípio do art. 15 do Decreto 3.708, pois que, de regra, manda e decide a maioria, cabendo ao Registro do Comércio acolher e refletir tal evidência. Se, contudo, a convenção social dispuser algo em contrário, como a exigência de unanimidade — ou, mesmo, de uma maioria qualificada — o Registro negará arquivamento se não cumprida a exigência estatutária.

A assembléia de quotistas

O termo "assembléia", em matéria societária, fica, em regra, reservado às sociedades por ações, e isto à força de que sua legislação específica sempre assim denominou a reunião dos acionistas.

José Waldecy Lucena, na sua recente e compreensiva obra *Das Sociedades por Quotas de Responsabilidade Limitada* (Ed. Renovar, 1994, pp. 398 e ss.) ensina que "Assembléia e reunião, no caso, são termos sinônimos (...). Tendo, no entanto, o Decreto n. 3.708 se omitido a respeito, nada impede que os sócios, no contrato social, estipulem que a manifestação de vontade dos sócios seja tomada separadamente (...)"

E prossegue, adiante: "Deve o contrato social, de conseguinte, estipular, de logo, o método de sua opção, se o colegial, próprio da assembléia-geral, se o da manifestação de vontade em separado dos sócios. *Omisso o contrato social, impõe-se o método colegial, já que incide supletivamente a lei das anônimas (art. 18 do Decreto 3.708)*" (grifamos).

Aí está, na análise clara do professor paulista, a prevalência das regras da lei acionária, regendo a estruturação assemblear, o modo deliberativo das sociedades por quotas, desde que e naquilo que seu contrato social esteja omisso, tudo como preceitua o art. 18 da lei específica.

Santos Lourenço, em Portugal, examinando a contrapartida lusa das nossas sociedades por cotas, em valiosa obra (*Das Sociedades por Cotas*, v. II, p. 73, Lisboa), p. ensina:

"Nas sociedades por cotas a assembléia-geral não é órgão puramente essencial da coletividade dos sócios, porque a própria lei supõe que esta coletividade pode impor a sua vontade por outro modo.

"Mas, quando ela é legalmente exigida, ou os sócios a não substituem, seu poder deliberativo governa e dirige todos os atos da sociedade.

"Portanto, a natureza jurídica de suas deliberações é igual à das sociedades anônimas."

Tome-se, então, uma sociedade por cotas que tenha seu capital social subscrito por 2 (dois) cotistas, cada um deles detendo metade do mesmo.

Parece-nos indiscutível que, na impossibilidade de se localizar algum deles pessoalmente, o outro cotista pode proceder à convocação da assembléia de acordo com as regras da lei acionária, fazendo publicar por anúncios no *Diário Oficial* e em jornal de grande circulação o edital convocatório.

Porque decerto esse modo mais formal, mais público, com mais presunção de conhecimento, próprio às sociedades anônimas, vai, pela norma supletiva do art. 18 do Decreto 3.708, ser adequado à convocação dos sócios da limitada para todos os fins e efeitos.

E aqui queremos discordar do prof. Waldecy Lucena (ob. cit., p. 419) quando este, já tratando da forma deliberativa nessas assembléias, entende: "E a nós nos parece inaplicáveis à sociedade por quotas as disposições que permitem deliberações, em assembléias instaladas 'com qualquer número' segundo a maioria dos presentes".

Pois que convocável a assembléia de quotistas pelas regras acionárias (e aí se invoca o art. 18 do Decreto 3.708), não há por que negar aplicação (com base nesse mesmo art. 18) às regras da lei das companhias (arts. 125, 129 e 135 da Lei 6.404) que ditam a prevalência do voto majoritário dos presentes regularmente convocados, também na reunião dos quotistas, até porque tudo será compatível com aquela regra do art. 15 que adotou o princípio majoritário nas deliberações de cotistas.

Cremos que era a este princípio que se referia o grande Cesare Vivante no *Trattato di Diritto Commerciale* (5ª ed., 2º/217, n. 488, Milão, Casa Editrice Dott. Francesco Vallardi), quando analisava o caráter não-contratual do empreendimento societário, onde cada sócio está não oposto, mas ao lado do outro, e qualquer um é "constrangido pelo ato constitutivo e pela lei a suportar o voto da maioria e eventualmente da minoria".

Se estão os cotistas, tal como acontece com os acionistas, regularmente convocados, e, portanto, corretamente instalada a assembléia-geral — órgão máximo em um e outro tipo societário — então podem eles deliberar pela maioria simples dos presentes, a menos que — e especificamente naquelas questões assim tratadas —, o contrato social demande um quórum deliberativo mais elevado.

Pensar de outra forma será condenar ao imobilismo as sociedades por quotas, tratando-as de modo similar às sociedades de pessoas, quando a sua feição moderna, sua extrema flexibilidade, levou-as a um nicho apropriado dentro de uma subespécie de sociedade de capitais.

Ao cotista, tal como ao acionista, e talvez até mais naquele caso, exige-se permanente atenção ao desenrolar dos negócios sociais.

A sua omissão eventual, a sua ausência, ainda que detenha ele ponderável parcela de capital, não pode proporcionar o enguiço do desenvolvimento da sociedade. Se, regularmente convocado, com toda a publicidade que a lei acionária, mais publicista, envolve, mesmo assim peca pela omissão, deve a maioria restante, presente, decidir os destinos da empresa, a menos que embargos estatutários expressos existam a respeito.

Doutrina

A INTRODUÇÃO NO NOSSO ORDENAMENTO JURÍDICO DO REQUISITO DA ATIVIDADE INVENTIVA COMO CONDIÇÃO LEGAL PARA A CONCESSÃO DE UMA PATENTE DE INVENÇÃO*

GUSTAVO JOSÉ FERREIRA BARBOSA

1. A Introdução: 1.1 Importância da propriedade industrial — 1.2 Nova lei: interesses envolvidos — 1.3 Direito transnacional — 1.4 O peso da reciprocidade — 1.5 Nova lei: efeitos de ordem prática. 2. A patente de invenção: 2.1 As primeiras patentes — 2.2 Os primeiros dispositivos legais — 2.3 O direito do inventor: 2.3.1 O fundamento do direito — 2.3.2 Teorias sobre a natureza do direito — 2.3.3 Direito de propriedade resolúvel. 3. A atuação do Estado na propriedade industrial: 3.1 Reconhecimento pelo Estado do direito do inventor — 3.2 O INPI — 3.3 O ato administrativo: 3.3.1 Atributos do ato administrativo: a) Presunção de legitimidade —b) Imperatividade — c) Auto-executoriedade — d) Tipicidade — 3.3.2 Requisitos do ato administrativo: a) Sujeito — b) Objeto — c) Finalidade — d) Motivo — e) Forma — 3.3.3 A vinculação e a discricionariedade no ato administrativo — 3.3.4 A concessão da carta-patente. 4. Os critérios para a concessão de uma patente: 4.1 A suscetibilidade de aplicação industrial — 4.2 A novidade — 4.3 A atividade inventiva: 4.3.1 Definição de atividade inventiva — 4.3.2 Identificação da atividade inventiva: a) A obviedade ou evidência — b) Estado da técnica — c) O técnico no assunto — d) Critérios adicionais — e) A teoria da equivalência. 5. Conclusão. 6. Bibliografia.

1. Introdução

1.1 Importância da propriedade industrial

A propriedade industrial tem papel corriqueiro na vida de todos nós. Marcas e patentes, os principais bens protegidos pela propriedade industrial, permeiam a vida do homem contemporâneo de forma avassaladora. Mesmo sem nos darmos conta disso, vivemos imersos em marcas e patentes.

Vivemos em uma economia de mercado e, de fato, a maioria esmagadora dos objetos que nos cercam traz em si estampa-

* Monografia apresentada ao Departamento de Direito da Pontifícia Universidade Católica do Rio de Janeiro como condição para colar grau no Curso de Bacharelado em Direito.

da uma marca. De igual modo, grande parte dos objetos que nos acompanham em nossa vida diária foram patenteados.

1.2 Nova lei: interesses envolvidos

Por isso mesmo, ou seja, pela importância da matéria, foi que a recente edição da nova Lei da Propriedade Industrial (Lei 9.279, de 14.11.96), encerrou um processo que se desenrolou por vários anos e no qual operaram poderosos interesses nacionais e estrangeiros.

As maiores novidades trazidas pela nova legislação estão certamente na área de patentes, mormente pela inclusão na esfera de proteção do sistema patentário nacional de campos do conhecimento humano que, apesar de serem de estratégica importância econômica e social, não estavam abrigados da pirataria intelectual em nosso país. Em verdade, o antigo Código (Lei 5.772, de 21.12.71), ainda em vigor em sua quase-totalidade até 14.5.97, permitia a cópia de invenções na área química, notadamente nas suas especializações farmacêutica e alimentícia.

1.3 Direito transnacional

Mas, se os fatos acima tiveram um peso político muito grande na execução do projeto da nova lei, o ponto central em torno do qual girou a reforma foi a atualização de nosso direito positivo, de forma a compatibilizá-lo com o existente nos territórios de nossos principais parceiros comerciais.

É notória a existência de um movimento de internacionalização do direito, que decorre do processo inexorável de internacionalização das economias. Um exemplo claro deste processo está na formação dos mercados regionais, notadamente a Comunidade Econômica Européia, onde os direitos dos países componentes estão sofrendo intensas transformações em função dessa União.

Não se tenha dúvida de que o sistema patentário internacional traz em seu bojo instrumentos jurídicos muito valiosos na proteção dos pesados investimentos feitos em pesquisa e desenvolvimento pelos países desenvolvidos. E não é sem motivos o recente e intenso movimento de padronização legislativa gerado pelo tratado GATT-TRIPS,[1] do qual falar-se-á mais detalhadamente adiante.

1.4 O peso da reciprocidade

O Brasil, no que concerne à pesquisa, encontra-se ainda em posição desfavorável em relação aos países ditos desenvolvidos, já que, ainda hoje, os investimentos nacionais nessa área não chegam a igualar, em termos anuais, os feitos por algumas empresas estrangeiras individualmente.

Assim sendo, a reciprocidade na área patentária, no que nos diz respeito, é de pouca relevância, pois, apesar de inventos realizados por inventores nacionais já de há muito tempo serem merecedores de proteção nos territórios de nossos parceiros comerciais, o fato é que o inventor nacional é figura rara, e, se poucas são as invenções que ele patenteia, menos ainda chegam a cruzar nossas fronteiras.

Destarte, as pressões para a atualização de nosso sistema patentário deram-se muito mais por vias paralelas, com um peso muito grande sobre as relações comerciais, do que pela força da reciprocidade, que

1. O GATT — *General Agreement on Trade and Tariffs* é um tratado geral de comércio que traz em seu bojo diversos acordos tratando de diferentes aspectos do comércio, dentre os quais os TRIPS, que é o *Agreement on Trade Related Aspects of Intellectual Property Rights*. O Decreto n. 1.355, de 20.12.94, promulgou a ata final da Rodada Uruguai do GATT, que trata especificamente do TRIPS. O Decreto Legislativo que previamente ratificou esta ata foi o de n. 30, de 15.12.94.

normalmente teria um peso maior se estivéssemos em condições de exportar tecnologia. Sublinhe-se que o TRIPS é um tratado versando sobre propriedade industrial que vem no bojo de um tratado geral de comércio — o GATT.

Esse é o pano de fundo sobre o qual este trabalho será desenvolvido, pois o fato é que a reforma veio, e interessa saber de sua eficácia.

1.5 Nova lei: efeitos de ordem prática

Pondo de lado o sensacionalismo causado pelas proibições quanto à patenteabilidade, as quais foram bastante diminuídas com a exclusão do rol de vedações das invenções na área química, este trabalho se voltará para o procedimento de concessão de um privilégio de invenção.

A concessão baseia-se em um exame técnico em que são verificados o mérito da invenção e suas reais condições de patenteabilidade. Veremos que tal exame técnico tem o condão de declarar se uma determinada invenção atende ou não aos requisitos legais necessários à obtenção da proteção legal.

O antigo Código, de 1971, determinava, como requisitos básicos à patenteabilidade de uma invenção, dois critérios: a novidade e a aplicação industrial. Ambos os critérios são extremamente objetivos, e a própria lei assim os conceituou:

"Art. 6º. São privilegiáveis a invenção, o modelo de utilidade, o modelo e o desenho industrial considerados novos e suscetíveis de utilização industrial.

"§ 1º. Uma invenção é considerada nova quando não compreendida pelo estado da técnica.

"§ 2º. O estado da técnica é constituído por tudo que foi tornado acessível ao público, seja por uma descrição escrita ou oral, seja por uso ou qualquer outro meio, inclusive conteúdo de patentes no Brasil e no estrangeiro, antes do depósito do pedido de patente, ressalvado o disposto nos arts. 7º e 17.

"§ 3º. Uma invenção é considerada suscetível de aplicação industrial quando possa ser fabricada ou utilizada industrialmente."

Como acima definidos, os critérios da novidade e da aplicação industrial, pela sua objetividade, se ajustam perfeitamente à utilização no exame de uma patente.

Ver-se-á que a análise da concessão feita ao longo do presente trabalho evidencia ser esta um ato administrativo vinculado. Sob este enfoque, uma vez atendidos os requisitos legais, não resta ao examinador outra opção senão a de declarar que a invenção em exame faz jus à proteção reivindicada e, ato contínuo, dar parecer favorável à emissão da respectiva carta-patente.

Mas, com a entrada em vigor da nova lei, de 1996, um outro requisito, o da atividade inventiva, é adicionado aos dois preexistentes. É o seguinte o teor do dispositivo (grifei):

"Art. 8º. É patenteável a invenção que atenda aos requisitos de *novidade*, *atividade inventiva* e *aplicação industrial*".

"Art. 13. A invenção é dotada de atividade inventiva quando, para um técnico no assunto, não decorra de maneira evidente ou óbvia do estado da técnica".

Há quem afirme que este novo requisito já estaria previsto de forma negativa pela norma anterior, ou seja, no rol das proibições: "Art. 9º. Não são privilegiáveis: (...) e) as justaposições de processo, meios ou órgãos conhecidos, a simples mudança de forma, proporções, dimensões ou de materiais, salvo se daí resultar, no conjunto, um efeito técnico novo ou diferente, não compreendido nas proibições deste artigo".

Mas, de fato, a vedação acima trata apenas de uma das facetas do problema da atividade inventiva, que tem um alcance maior do que ali previsto. Mais importante é que muitos afirmam que este novo critério tem um caráter acentuadamente subjetivo, que dificulta a sua determinação.

À luz destas circunstâncias, esta monografia tem por objetivo analisar alguns aspectos do novo requisito da atividade inventiva, ora positivado pela nova lei.

Preliminarmente, o trabalho aborda, muito sucintamente, a história do direito do inventor e os conceitos básicos a ele associados, de modo a expor os interesses envolvidos na concessão de uma patente de invenção e a forma encontrada pela sociedade para protegê-los.

Em seguida, a própria concessão é examinada sob o prisma do Direito Administrativo. Esta ótica permite avaliar os possíveis impactos da introdução da nova condição de privilegiabilidade sobre esse ato administrativo.

A parte final enfoca as três condições legais de patenteabilidade, dando especial atenção à atividade inventiva, sua importância, sua definição e a forma como pode ser identificada.

2. A patente de invenção

Propomo-nos agora a uma breve descrição do sistema patentário, de forma a recordar, muito sinteticamente, o que seja uma patente de invenção, e quais os objetivos de qualquer Governo ao conceder um tal privilégio. Também imprescindível é a caracterização do direito subjetivo que é declarado com a concessão.

Portanto, aqui serão apresentadas idéias introdutórias, já copiosamente abordadas pela doutrina — e, de certa forma, consolidadas —, que servirão de premissa ao desenvolvimento deste trabalho.

2.1 As primeiras patentes

Franceschelli[2] situa a primeira patente na cidade de Bordeaux no ano de 1236. O favorecido seria um certo *Bonafusus de Sancta Columbia*, o qual, com outros associados, obteve o monopólio, concedido por 15 anos pela municipalidade, sobre a tecelagem, o apisoamento[3] e a tintura de lã nos estilos flamengo, francês ou inglês.

A segunda patente mais antiga de conhecimento desse autor teria sido concedida por Eduardo III da Inglaterra, em 1331, a John Kempe, também tecelão, pela introdução daquela manufatura no país.

Pouillet[4] nos faz ver que, antes do seu reconhecimento legal, as patentes já eram concedidas por governantes a alguns particulares que, ao feitio das corporações de ofício, adquiriam o direito privativo de fabricar determinado bem. O mestre francês diz, mesmo, que tais privilégios não eram raros.

2.2 Os primeiros dispositivos legais

Como ensina Mathély,[5] o direito patentário é um direito moderno. Nasceu junto com a Revolução Industrial.

Gama Cerqueira,[6] por sua vez, nos faz saber que a primeira lei de que se tem notí-

2. Remo Franceschelli. in *Tratatto di Diritto Industriale*, Dott. A. Giuffrè Editore, 1973, p. 285. V. também Lucas Rocha Furtado, *Sistema de Propriedade Industrial no Direito Brasileiro — Comentários à Nova Legislação sobre Marcas e Patentes*, 1ª ed., Editora Brasília Jurídica, 1996, p. 16.

3. Apisoar, aqui, significa apertar, lustrar ou bater (o pano) com o pisão, uma máquina para tratar o tecido (*Novo Dicionário Aurélio da Língua Portuguesa*, 2ª ed., Ed. Nova Fronteira)

4. Eugène Pouillet, *Traité Théorique et Pratique des Brevets d'lnvention et de la Contrefaçon* 2ª ed., Paris, Imprimerie et Librairie Générale de Jurisprudence, 1879, p. 2.

5. Paul Mathély, "Le droit français des brevets d'invention", *Journal des Notaires et des Avocats*, 1974, p. 6

6. João da Gama Cerqueira, *Tratado da Propriedade Industrial*, 2ª ed., Ed. RT, 1982, p. 6, rodapé. Também a respeito do Estatuto dos Monopólios v., com mais detalhe: John Bochnovic, *The Inventive Step*, IIC Studies — Studies in Industrial Property and Copyright Law, v. 5, Max

cia tratando de patentes de invenção é o Estatuto dos Monopólios, editado na Inglaterra em 1623. Foi por ele que todos os tipos de monopólio foram eliminados pelos ingleses; todos, à exceção de um: o dos inventores. Após a Inglaterra, a Assembléia Constituinte americana, de 1787, a Assembléia Nacional francesa, de 1790, e, em quarto lugar, o Brasil, por Alvará do Príncipe Regente, de 28 de janeiro de 1809, reconheceram as patentes de invenção.

M. Malapert,[7] a respeito de um édito de 1762, nos faz ver a real intenção dos legisladores de França ao prever as patentes de invenção: "Son but (...) n'était pas seulement d'être favorable aux inventions. Il est constaté par le préambule que le législateur a voulu récompenser l'industrie des inventeurs ou exciter celle qui languissait (...)".

Em verdade, esses países, e os que os seguiram durante a Revolução Industrial, moveram-se por um desejo de estimular a indústria e, por reflexo, a própria economia, visando principalmente a uma melhora do padrão de vida geral. Hoje, a aceitação mundial das patentes não faz mais do que comprovar aquilo que D. Pedro, ao ocupar a Regência, já declarava, quanto à utilidade das patentes, no Alvará que expediu em 1809: "Que sendo o primeiro e principal objetivo de Meus Paternais cuidados o promover a felicidade pública, (...) fomentar a agricultura, animar o Comércio, adiantar a Navegação e aumentar a Povoação, (...) Sendo muito conveniente, que os Inventores, e Introdutores, de alguma nova Máquina, e Invenção nas artes gozem do privilégio exclusivo além do direito que possam ter ao favor pecuniário, (...) Ordeno que todas as pessoas que estiverem neste caso, apresentem o Plano de seu novo Invento à Real Junta do Comércio; e que esta, reconhecendo a verdade e o fundamento dele, lhes conceda o privilégio exclusivo por 14 anos, ficando obrigadas a publicá-lo depois para que no fim desse prazo toda a Nação goze do fruto dessa Invenção (...)".[8]

A reprodução deste trecho do Alvará ganha especial interesse por encontrarmos nele não só a justificação originária do instituto das patentes de invenção como, também, as principais características que ainda hoje o qualificam.

Pelo Alvará, as invenções favorecem o bem comum, principalmente porque ao fim de um determinado prazo ingressam no domínio público. A forma do privilégio também não mudou, nem o modo de sua concessão. O privilégio era o da exclusividade sobre o invento dentro de um determinado prazo[9] e a concessão era condicionada a um exame que averiguava a legitimidade do pedido.

Sumarizando, os primeiros legisladores já viam a patente de invenção como um instrumento útil no fomento da ciência, com benéficas conseqüências para a economia, numa prematura demonstração do intervencionismo de Estado.

2.3 O direito do inventor

2.3.1 O fundamento do direito

Indubitavelmente, aquele que, pelo seu esforço e sua genialidade, concebe uma coisa nova que, pela sua utilidade, vá trazer benefício à coletividade deve poder fruir

Planck Institute for Foreign and International Patent, Copyright and Competition Law, Verlag Chemie Munique, 1992, p. 4. Já, Mathély, ob. cit., p. 7, atribui a originalidade na matéria a uma lei veneziana de 1474.

7. Cf. Pouillet, ob. cit., p. 2.

8. V. Gama Cerqueira, ob. cit., p. 6.

9. É curioso notar que a extensão do prazo do privilégio pouco mudou ao longo dos tempos. O Estatuto dos Monopólios também concedia 14 anos. Hoje, o TRIPS lança um novo piso para este prazo: 20 anos. Entretanto, começam a surgir produtos cujo ciclo de vida é muito pequeno. Na indústria da informática, por exemplo, o nível de obsolescência é muito alto; há produtos com ciclo de vida inferior a 1 ano. No Brasil o processo de concessão de uma patente dura em média de 6 a 7 anos.

de alguma forma de sua criação. Esta é uma questão moral, de direito natural.

Talvez por esse motivo, com a Revolução Industrial, as patentes de invenção sejam um dos poucos monopólios industriais ainda aceitos no mundo contemporâneo. Esta situação atípica tem a sua razão de ser.

Em primeiro lugar, já está pacificado na doutrina[10] que as patentes são o resultado de um esforço de trabalho criativo, e portanto, um direito natural. Gama Cerqueira[11] conclui que o privilégio é, assim, "no consenso geral, a forma ou o meio mais adequado e mais eqüitativo de assegurar-lhe (ao inventor) a propriedade do invento".

Em segundo lugar, ao longo do tempo, a patente perdeu o caráter de privilégio, favor governamental, e passou a ser um direito previsto em lei, ao alcance de todos. Hoje, não é mais o governante quem expede as patentes. No Brasil esta é a função do diretor de uma autarquia, um funcionário público que age de forma vinculada. "O rei concedia; a repartição defere."[12]

Em terceiro lugar, trata-se de um monopólio "democrático". A possibilidade de obter uma patente de invenção está aberta a todos, bastando para tanto criar algo que atenda aos requisitos legais. Pontes de Miranda[13] já afirmava que qualquer um pode obter proteção para uma invenção sua, até mesmo os absolutamente incapazes. Os tratados hoje em vigor garantem os mesmos direitos aos nacionais e aos estrangeiros;[14] a nossa nova lei, em seu art. 3º, faz o mesmo.

10. V. Gama Cerqueira, ob. cit., pp. 70 e ss. Na análise que faz das diversas teorias sobre o direito do inventor o autor nos mostra que todas as correntes reconhecem ser a invenção decorrente do trabalho de seu criador.

11. Ob. cit., p. 194.

12. V. Pontes de Miranda, *Tratado de Direito Privado — Parte Especial*, 4ª ed., t. 16, Ed. RT, 1983, p. 270.

13. Ob. cit., p. 270.

14. V. principalmente a Convenção de Paris (Decreto 75.572, de 8.4.95), art. 2º, e o TRIPS (Decreto 1.355, de 30.12.94), art. 3º.

E, por fim, as patentes, pela proteção que oferecem, são efetivamente um importante estímulo aos investimentos em pesquisa e desenvolvimento e ao progresso tecnológico.

2.3.2 Teorias sobre a natureza do direito

Gama Cerqueira[15] discorre longamente sobre as teorias que tratam da natureza do direito do inventor e mostra que a doutrina, tentando caracterizá-lo, percorreu toda a clássica divisão romana dos direitos — obrigacionais, pessoais e patrimoniais — e até mesmo tentou colocá-lo numa classe à parte, abrangendo os direitos imateriais.

Segundo o autor, pela teoria mais antiga, a do privilégio (Philipon), não haveria direito próprio; o privilégio seria mera recompensa da sociedade ao inventor. Esta idéia é, modernamente, afastada, já que promove a forma primitiva do instituto sem refletir sobre a sua evolução.

Já, pela teoria do contrato (Marion, Walker, Pouillet), o direito do inventor se resumiria a uma compensação de benefícios entre o inventor e a sociedade. Esta teoria não difere, na essência, da teoria do privilégio. A introdução da figura do contrato visaria somente a tornar o direito obrigacional, de forma a facilitar sua discussão em casos concretos. Mas, como será demonstrado, *o direito do inventor preexiste à proteção*, não deriva de contrato, é um direito natural do autor sobre sua criação.

Pouillet[16] defende a teoria contratualista, mas de forma mitigada, porque reconhece a existência prévia do direito do inventor: "Le brevet d'invention, en effet, n'est autre chose qu'un contrat passé entre la société et l'inventeur: ce n'est pas que le droit d'invention ne soit antérieur à ce contrat; mais comme le disait si bien l'exposé des motifs de la loi de 1791,

15. Ob. cit., pp. 70 e ss.

16. Ob. cit., p. 9.

l'inventeur ne peut exploiter sa découverte sans la société; la société, de son coté, ne peut en jouir sans la uolonté de l'inventeur. De là, la nécessité d'un contrat: l'inventeur livre sa découverte à la connaissance de tous; il reçoit, en échange, le garantie d'un monopole temporaire, d'une jouissance exclusive, placée sous la protection de la loi".

Pela teoria da obrigação *ex delicto,*[17] também não haveria direito prévio. O direito seria oriundo exclusivamente da lei, que proibiria a sua violação e puniria os infratores.

Aos poucos, entretanto, os doutrinadores começaram a reconhecer a existência de um direito que é adquirido pelo inventor no momento em que concebe a sua obra. Inicialmente, os defensores desta posição se dividiram entre incluir o direito do inventor nos direitos patrimoniais ou nos direitos pessoais.

Para os pregadores da doutrina patrimonial (Kohler, Watcher), a principal característica do direito do inventor seria a sua transmissibilidade. Direitos de natureza não-patrimonial existiriam, mas fora da esfera do chamado direito do inventor.

Os defensores da teoria do direito pessoal (Kant, Lange, Tobias Barreto) dizem ser o direito do inventor um direito personalíssimo (extensão da personalidade), ou simplesmente pessoal, mas sempre sem efeitos patrimoniais, o que a prática mostra não ser verdade.

A teoria do direito pessoal-patrimonial (Piola Caselli, Di Franco, Stolffi) conjuga as duas anteriores e atribui ao direito do inventor um caráter misto, em que o direito teria origem na pessoa mas teria por objeto também a proteção de direitos patrimoniais. A maior parte dos doutrinadores, porém, não consegue aceitar um direito assim, de natureza dúbia.

A doutrina, paulatinamente, foi-se reunindo à volta da idéia da natureza patrimonial do direito do inventor. Alguns autores defenderam a posição de que seria ele um direito patrimonial especial, colocado em categoria à parte. Nesta linha, Picard e Kohler introduziram a doutrina do direito imaterial, que propalava o conceito de exclusividade contraposto ao da verdadeira propriedade, que, para eles, só se aplicaria a bens reais.

2.3.3 Direito de propriedade resolúvel

Para Gama Cerqueira,[18] o direito do inventor é, na verdade, um direito puramente patrimonial — não há nada que constrinja a propriedade aos bens materiais, é, assim, um *direito de propriedade sobre um bem imaterial.*

O legislador brasileiro adota essa exata posição. Em seu art. 5º, a nova lei equipara, para *todos* os efeitos legais, os direitos de propriedade industrial aos bens móveis.

É preciso destacar que, de fato, os direitos envolvidos são dois, o primeiro é o de exclusividade, ou monopólio, sobre a invenção. Este direito é objeto de um outro, o direito de propriedade. Assim, o detentor de uma patente é proprietário de um direito de monopólio, monopólio, este, considerado um bem móvel, com todas as qualidades que a lei atribui a esse tipo de bem.

O monopólio nasce com a invenção, esta é exclusivamente do inventor enquanto não for divulgada, pois, como já alertava Kohler,[19] os bens imateriais, como as idéias, tendem a abandonar seus genitores, ingressando no domínio comum. Gama Cerqueira[20] também cita Bonnet, para quem:

17. Léon Duguit (cf. Gama Cerqueira, ob. cit., p. 85) introduz a teoria do direito objetivo, pelo qual a propriedade não seria um direito, mas uma coisa. Para o autor, o direito só surgiria quando se apresentasse algum obstáculo à livre utilização da propriedade.

18. Ob. cit., p. 102.

19. Cf. Gama Cerqueira, ob. cit., p. 111.

20. Ob. cit., p. 198.

"l'idée n'est pas susceptible d'une appropriation durable au service d'un seul; (...) L'invention, en effet, plus encore peut-être que les autres biens immatériels, tend irrésistiblement à échapper à la domination de l'individu pour entrer au service de la collectivité".

Esta tendência natural de propagação das idéias era, aliás, um dos argumentos utilizados pelos adversários da propriedade industrial.[21] Sua posição era no sentido de que não havia necessidade de estimular os inventores, já que, mais cedo ou mais tarde, suas idéias iriam ocorrer a outros ou de alguma forma deixariam de ser sigilosas, para ganhar conhecimento público.

Está claro que o direito positivo reconhece esta efemeridade do direito natural do inventor sobre a sua criação quando atribui ao direito de propriedade do inventor um termo que o resolve.

Conclua-se, assim, que o direito oriundo de uma patente de invenção é um *direito de propriedade resolúvel, o qual, por sua vez, incide sobre um direito de monopólio sobre a invenção.*

3. *A atuação do Estado na propriedade industrial*

A Constituição inclui entre os direitos e garantias fundamentais o direito do inventor (Art. 5º, XXIX): "a lei assegurará aos autores de inventos industriais privilégio temporário para sua utilização, bem como proteção às criações industriais, à propriedade das marcas, aos nomes de empresas e a outros signos distintivos, tendo em vista o interesse social e o desenvolvimento tecnológico e econômico do país".

3.1 Reconhecimento pelo Estado do direito do inventor

Como será visto com mais detalhes adiante, no exame da natureza jurídica da concessão de uma patente, Pontes de Miranda[22] ensina que trata-se de um ato que é, ao mesmo tempo, declarativo e constitutivo. Para ele, "a repartição defere em ato declarativo da existência do direito formativo gerador, mas de eficácia constitutiva, pois a proteção como de direito de propriedade é *ex nunc*".

Assim, o Estado, ao mesmo tempo em que reconhece o direito natural do inventor, que o autor chama de direito formativo gerador, constitui o direito de propriedade cujo instrumento é a carta-patente.

A carta-patente é um documento complexo no qual se consubstancia o direito do inventor sobre sua criação. Consubstancia-se porque a lei atribui ao inventor um monopólio temporário sobre o objeto que está descrito e reivindicado na carta-patente. Tem, assim, por finalidade principal dar a exata dimensão do direito de seu titular.

No âmago da carta-patente encontram-se: uma perfeita descrição da invenção — inclusive com desenhos, se necessários — e da melhor forma de realizá-la e uma lista de reivindicações que correspondem aos pontos da invenção para os quais se pede proteção. Só se protege o que está descrito e é reivindicado no pedido feito pelo inventor, na forma como deferido pelo INPI. É o seguinte o novo texto legal: "Art. 41. A extensão da proteção conferida pela patente será determinada pelo teor das reivindicações, interpretado com base no relatório descritivo e nos desenhos".

A nova lei também delimita o direito subjetivo do inventor como titular de uma patente:

"Art. 42. A patente confere ao seu titular o direito de impedir terceiro, sem o seu consentimento, de produzir, usar, colocar à venda, vender ou importar com estes propósitos:

"I — produto objeto de patente;

"II — processo ou produto obtido diretamente por processo patenteado.

21. Cf. Gama Cerqueira, ob. cit. p. 189.

22. Ob. cit., p. 270.

"§1º Ao titular da patente é assegurado ainda o direito de impedir que terceiros contribuam para que outros pratiquem os atos referidos neste artigo."

As medidas disponibilizadas pela lei para a proteção do direito do inventor estão em dois planos: cível e criminal.

O Título V da nova lei define os crimes contra a propriedade industrial, encabeçados pelos crimes específicos contra as patentes. São, praticamente, todos crimes de ação privada, onde só se procede mediante queixa.[23]

Não é objetivo deste trabalho estudar tais medidas criminais, mas é importante conhecer a existência dessa faceta do direito do inventor para entender a real seriedade do ato da concessão. A patente, ao estabelecer o real alcance da proteção, define também o objeto do crime. A patente, no caso, é elemento objetivo do tipo criminal.

O alcance da proteção conferida por uma patente deve, assim, ser perfeitamente determinado, antes que se possa condenar alguém por violação a esse direito. No crime, a nulidade de uma patente pode ser decidida incidentalmente, se alegada como defesa. A efetivação da nulidade só se dá, porém, por meio da ação própria, prevista nos arts. 56 e 57 da nova lei.

No Cível, além de poder, como no Crime, paralisar qualquer ação de violação da sua patente, o titular pode obter indenização[24] pelo período em que houve a exploração, limitado, porém, ao momento em que foi publicado o pedido, ou seja, o momento em que seu conteúdo passa a valer contra terceiros para efeitos de indenização. Excepcionalmente, se o acusado teve acesso indevido ao conteúdo do pedido depositado durante o período de sigilo que precede a publicação, então a indenização deve retroagir ao início da exploração ilícita.

Gama Cerqueira[25] nos mostra aquele que é, ainda hoje, no âmbito administrativo, o papel de atuação do Estado na esfera da propriedade industrial. Para o tratadista, os fins da intervenção do Estado são: "a) verificar o concurso das condições de que dependem o reconhecimento e a proteção dos direitos; b) dar publicidade aos atos relativos à concessão dos privilégios e garantias industriais, à sua extinção, às mutações de propriedade, etc., para conhecimento de terceiros, formalidade que é indispensável à segurança das relações jurídicas; c) zelar pelos interesses de ordem pública e pelos da coletividade ligados à propriedade industrial".

3.2 O INPI

O Brasil criou o Instituto Nacional da Propriedade Industrial — INPI,[26] autarquia federal instituída em 11.12.70 pela Lei 5.648. A finalidade do instituto é definida pelo seu art. 2º, que foi agora alterado pelo art. 240 da nova lei. Passa a ser o seguinte o seu teor: "Art. 2º. O INPI tem por finalidade principal executar, no âmbito nacional, as normas que regulam a propriedade industrial, tendo em vista a sua função social, econômica, jurídica e técnica, bem como pronunciar-se quanto à conveniência de assinatura, ratificação e denúncia de convenções, tratados, convênios e acordos sobre propriedade industrial".

O INPI é, agora, não só o executor da política nacional de propriedade industrial, como, também, passa a participar na forma-

23. Lei 9.279, art. 199. A exceção é a reprodução de armas, brasões ou distintivos oficiais nacionais, estrangeiros ou internacionais prevista no art. 191.

24. Lei 9.279, art. 44.

25. Ob. cit., p. 149.

26. O INPI veio substituir o antigo DNPI — Departamento Nacional de Propriedade Industrial, cujo funcionamento foi regulamentado em 1933 pelo Decreto 22.989. Este, por sua vez, tomou o lugar da Diretoria-Geral da Propriedade Industrial do Ministério da Agricultura, Indústria e Comércio, nascida com a publicação do Decreto 16.264, de 19.12.23, que instituiu aquele que o autor chama de Regulamento de 1923.

ção da política externa do Brasil, naquilo que diz respeito à propriedade industrial, ajudando simultaneamente na adoção de rumos para a legislação nacional.

O Decreto-lei 68.104, de 22.1.71, regulamenta a Lei 5.648 e, em seu art. 18, define a competência da Secretaria de Patentes do Instituto: "Art. 18. À Secretaria de Patentes compete, sem prejuízo de outras atribuições, examinar e decidir os pedidos de privilégio".

Como autarquia federal, os atos do INPI são eminentemente administrativos. Isso fica evidente da leitura de Meirelles:[27] "A Administração Pública realiza sua função executiva por meio de atos jurídicos que recebem a denominação especial de atos administrativos (...). Além das autoridades públicas propriamente ditas, podem os dirigentes das autarquias (...) praticar atos que, por sua afetação pública, se equiparam aos atos administrativos típicos".

Portanto, em seguida examina-se o ato administrativo, o gênero do qual a concessão de um pedido de patente é espécie. Dar-se-á especial atenção à caracterização do ato administrativo, pois estas qualidades, que também serão colocadas a título de introdução, contribuirão fundamentalmente para a compreensão da concessão, como veremos adiante.

3.3 O ato administrativo

Ato administrativo, segundo Meirelles,[28] é "toda manifestação unilateral de vontade da Administração Pública, que agindo nessa qualidade, tenha por fim imediato adquirir, resguardar, transferir, modificar, extinguir e declarar direitos, ou impor obrigações aos administrados ou a si própria".

Cretella Júnior[29] não diverge e define o ato administrativo como sendo "a manifestação de vontade do Estado, por seus representantes, no exercício regular de suas funções, ou por qualquer outra pessoa que detenha, nas mãos, fração de poder reconhecido pelo Estado, que tem por finalidade imediata criar, reconhecer, modificar, resguardar ou extinguir situações jurídicas subjetivas, em matéria administrativa".

Destes autores fica evidente tratar-se o ato administrativo de ato manifesto da vontade da Administração Pública, ato, este, que afeta diretamente direitos dos administrados ou a si própria.

Di Petro[30] utiliza a teoria dos atos funcionais ao apresentar duas definições para o ato administrativo. A primeira usa o critério formal ou subjetivo: "ato administrativo é o que ditam os órgãos administrativos; ficam excluídos os atos provenientes dos órgãos legislativo e judicial, ainda que tenham a mesma natureza daqueles; e ficam incluídos todos os atos da Administração, pelo só fato de serem emanados de órgãos administrativos (...)".

Já, pelo critério material ou objetivo, o ato administrativo seria, segundo a autora, "somente aquele praticado no exercício concreto da função administrativa, seja ele editado pelos órgãos administrativos ou pelos órgãos judiciais e legislativos".

Di Pietro[31] cita também Celso Antônio Bandeira de Mello, para quem o ato administrativo é "a declaração do Estado, ou de quem lhe faça as vezes, expedida em nível inferior à lei — a título de cumpri-la — sob regime de direito público e sujeita a controle de legitimidade por órgão jurisdicional".

27. Hely Lopes Meirelles, *Direito Administrativo Brasileiro*, 20ª ed., Malheiros Editores, 1995, p. 131.

28. Ob. cit., p. 133.

29. Cf. Maria Sylvia Zanella Di Pietro, *Direito Administrativo*, 6ª ed., Ed. Atlas, 1996, p. 161.

30. Ob. cit., p. 159.

31. Ob. cit., p. 161.

3.3.1 Atributos do ato administrativo

Sendo um ato administrativo, a concessão de uma patente de invenção pelo INPI deve gozar das características inerentes a este tipo de ato. Di Pietro[32] relaciona quatro qualidades que, afirma, distinguem o ato administrativo do ato privado:

a) Presunção de legitimidade — O ato da Administração, até que se prove que não, é emitido de acordo com a lei. Assim, deve ser cumprido enquanto não invalidado e só pode ser examinado pelo Judiciário por provocação de um interessado.

b) Imperatividade — O ato administrativo deve ser respeitado por terceiros, mesmo que dele discordem, enquanto não declarado inválido.

A autora afirma que a imperatividade só existe nos atos que impõem obrigações. Para ela, para o "ato que confere direitos solicitados pelo administrado" ou para o "ato apenas enunciativo" a imperatividade não existiria.

Mas, como vimos, a concessão de uma patente, além de conferir direitos e enunciar a existência de um direito prévio também, evidentemente, impõe obrigações ao instituir um direito real. Parece que encontramos aqui um ato não previsto pela professora ao examinar a imperatividade.

c) Auto-executoriedade — Por esse atributo, a Administração mesma pode fazer valer o ato por meios coercitivos próprios, sem a necessidade de intervenção do Judiciário.

Não parece, porém, que essa seja uma característica da concessão de patentes de invenção. A garantia de respeito aos direitos oriundos do privilégio de invenção, sempre que estes forem violados, deve ser obtida junto ao Judiciário.[33]

32. Ob. cit., p. 166.

33. V. *supra*, item 3.1.

d) Tipicidade — A tipicidade, exigida com base no princípio da legalidade, impede a produção pela Administração de atos inominados que afetem direitos dos administrados sem a devida previsão legal.

A tipicidade manifesta-se pela previsão legal do ato administrativo em todos ou alguns dos seus elementos. Estes elementos são examinados a seguir.

3.3.2 Requisitos do ato administrativo

A enumeração que Di Pietro[34] faz dos elementos do ato administrativo não é diversa da de Cretella Jr.[35] ou da de Meirelles:[36] competência (que ela prefere chamar de sujeito), objeto, finalidade, motivo e forma.

A doutrina usa, porém, duas denominações para os elementos. Chama-os requisitos quando examina a esfera de validade do ato administrativo. Denomina-os elementos quando estuda a sua esfera de existência.

Mas, qualquer que seja a ótica, eles compõem as cinco condições que devem ser cumpridas para que o ato possa validamente se realizar.

a) Sujeito — O agente do ato deve ter competência legal para praticá-lo. A competência para "executar, no âmbito nacional, as normas que regulam a propriedade industrial, tendo em vista a sua função social, econômica, jurídica e técnica", é dada ao INPI, como já visto, pela Lei 5.648.

b) Objeto — O objeto é o efeito jurídico que ato produz. Como todo ato jurídico, o ato administrativo, para ser válido, deve ter objeto lícito, possível e moral.

34. Ob. cit., p. 168. A autora informa, porém, que a doutrina diverge quanto ao número e aos nomes destes elementos.

35. Cf. Di Pietro, ob. cit., p. 168.

36. Ob. cit., p. 134.

É fácil concordar com a posição de Pontes de Miranda[37] no sentido de que, no caso da concessão, os efeitos do ato são dois:

• a declaração da existência do direito natural do inventor, chamado por ele de direito formativo gerador; e

• a constituição de um outro direito, o direito de propriedade sobre um bem móvel imaterial, o privilégio.

Di Pietro fala, ainda, em objeto acidental, que englobaria cláusulas acessórias, como, por exemplo, o termo[38] que incide sobre o direito de propriedade do inventor ou, pelo menos, sobre a sua exigibilidade. Cita também a condição e o modo.

c) Finalidade — A finalidade é o efeito jurídico mediato do ato. *A finalidade de um ato administrativo deve ser conforme à prevista em lei, de outra forma haverá desvio de poder.*

A concessão de uma patente e os outros atos da competência do INPI têm por finalidade[39] "a proteção dos direitos relativos à propriedade industrial, considerado o seu interesse social e o desenvolvimento econômico e tecnológico do país".

d) Motivo — Também partícipe da formação da vontade do agente, o motivo difere da finalidade por preceder o ato, enquanto esta o sucede. O motivo é, assim, o pressuposto que fundamenta o ato.

No caso da concessão, o motivo se compõe de um pressuposto de direito, que são as condições de privilegiabilidade estampadas na lei, e de um pressuposto de fato, que é a concorrência destas condições para a mesma situação.

Na opinião da doutrina,[40] a motivação fática, se declinada pelo agente, vincula o ato à verdade destes motivos, mesmo que não seja necessária ao aperfeiçoamento deste: é a chamada Teoria dos Motivos Determinantes.

e) Forma — O ato administrativo é, normalmente, ato escrito, visando à facilidade de seu controle. Exceções devem ser expressamente previstas.

Os atos do INPI são normalmente publicados no órgão oficial[41] e, também normalmente, só têm efeito após esta publicação. Excetuados estão: aqueles dispensados de publicação por força da própria lei, as decisões administrativas comunicadas por via postal ou por meio de ciência do interessado no processo e pareceres e despachos internos que independem do conhecimento das partes, provavelmente por serem de cunho normativo.

3.3.3 A vinculação e a discricionariedade no ato administrativo

Apesar de alcançar tanto os atos vinculados quanto os discricionários, a definição de Bandeira de Mello para o ato administrativo, citada acima,[42] ao apontar a submissão deste à lei, mostra o tipo de poder de que o INPI dispõe no cumprimento de suas atribuições.

No momento da concessão de uma patente o INPI nada mais faz do que verificar se as condições legais para o reconhecimento do direito subjetivo do inventor estão presentes. Pela definição de Meirelles,[43] fica claro que se trata de ato em

37. Ob. cit., p. 270.

38. Lei 9.279, art. 40.

39. Lei 9.279, art. 2º; repetindo a CF, art. 5º, XXIX.

40. V. Meirelles, ob. cit., p. 137, e Di Pietro, ob. cit., p. 175.

41. V. art. 226 da Lei 9.279. A *RPI — Revista da Propriedade Industrial*, Seção de Patentes e Seção de Marcas, é publicada semanalmente pelo INPI e distribuída todas as terças-feiras. O INPI também distribui, já há alguns anos, a *RPI* na forma de disquete, ressalvando, entretanto, a sua responsabilidade pela informação nele contida.

42. V. *supra*, p. 23.

43. Ob. cit., p. 101.

que a Administração faz uso do poder vinculado: "Poder vinculado ou regrado é aquele que o Direito Positivo — a lei — confere à Administração Pública para a prática de ato de sua competência, determinando os elementos e requisitos necessários à sua formalização".

O autor, em seguida, nos diz o que é o poder discricionário: "Poder discricionário é o que o Direito concede à Administração Pública, de modo implícito ou explícito, para a prática de atos administrativos com liberdade na escolha de sua conveniência, oportunidade e conteúdo".

Assim, se na concessão a Administração Pública simplesmente se vê obrigada a declarar a existência do direito do inventor, de acordo com os critérios legais, sem que lhe seja dado discutir da conveniência, da oportunidade ou do conteúdo dessa declaração, então esse é, sem dúvida, um ato vinculado.

3.3.4 A concessão da carta-patente

Sob os aspectos formal e material, a concessão de uma carta-patente é um ato administrativo. Trata-se de ato vinculado, já que cabe ao administrador tão-somente a constatação das condições legais de patenteabilidade[44] para declarar a existência do direito do inventor e providenciar a emissão da carta-patente. O seu convencimento é bastante para a constituição do direito.

Uma das polêmicas a respeito da natureza da concessão de patentes é justamente saber se o julgamento das condições de patenteabilidade não seria de alguma forma um ato jurisdicional. Gama Cerqueira[45] rebate essa hipótese. Segundo ele: "Os órgãos administrativos, em suas funções jurisdicionais não aplicam propriamente o Direito, limitando-se, dentro de suas atribuições, a decidir conforme a lei as pretensões dos particulares".

Em verdade, para o autor, a Administração não pode ir além da verificação dos requisitos legais de patenteabilidade. Não lhe é dado sequer decidir quanto à legitimidade da autoria pretendida por cada postulante.

Segundo Gama Cerqueira,[46] comentando os atos do antigo Departamento Nacional da Propriedade Industrial, as funções da Administração eram judiciais por natureza, ou materialmente judiciais, mas, técnica e formalmente, eram administrativas. As suas decisões. "a) não eram conclusivas para o Judiciário, mesmo tratando de assuntos de ordem técnica; b) não faziam coisa julgada mesmo na esfera administrativa, diríamos, se fosse permitida tal expressão nessa matéria; conseqüentemente; c) sofriam, sem exceção, o contraste do Poder Judiciário e estavam sujeitas a revisão judicial; d) eram irrevogáveis pela própria autoridade administrativa, podendo apenas ser reformadas por meio de recurso hierárquico".

A nova lei contribui na eliminação da hipótese de conter a concessão elementos de ato jurisdicional, ao eliminar do procedimento de concessão o "contencioso administrativo" a que davam vez as oposições que podiam ser oferecidas por terceiros no curso do exame de cada pedido de patente.

Concluindo, podemos já responder a uma das questões previamente formuladas. A concessão de uma patente consiste em ato administrativo vinculado cuja realização depende da verificação dos elementos e requisitos determinados em lei para tanto. O fato de que o administrador deve formular um juízo quanto à verificação de tais requisitos não transforma o ato de concessão de uma patente em ato discricionário.

44. Não é uniforme o uso de um sistema de exame prévio para a concessão de patentes de invenção, onde as condições de privilegiabilidade são examinadas pela Administração.

45. Ob. cit., p. 154.

46. Ob. cit., p. 156.

A introdução de uma condição considerada como de caráter subjetivo no rol dos requisitos legais também não abala essa característica de vinculação. Ao avaliar os requisitos legais, sejam eles objetivos ou subjetivos, o administrador deve se pautar principalmente pela finalidade estabelecida em lei para a concessão de uma patente. Na espécie, esta finalidade é, como vimos, "a proteção dos direitos relativos à propriedade industrial, considerado o seu interesse social e o desenvolvimento econômico e tecnológico do país". A comprovação de que o ato foi praticado com qualquer outra finalidade implica desvio de poder e conseqüente declaração de sua nulidade.

Mas, mesmo sendo a concessão ato vinculado, o certo é que durante tal procedimento a autoridade pública deve formular um juízo quanto à satisfação dos requisitos legais de patenteabilidade, de forma a se certificar da validade das reivindicações feitas pelo requerente do privilégio. Passemos, assim, à terceira parte desta monografia, onde são examinadas as condições legais de patenteabilidade, com ênfase sobre a atividade inventiva, recentemente introduzida.

4. Os critérios para a concessão de uma patente

Como já vimos no começo deste trabalho, a nova lei introduz um terceiro requisito de patenteabilidade. Passam, assim, a ser três as condições legais a que deve atender uma determinada invenção para fazer jus à proteção: *suscetibilidade de aplicação industrial, novidade* e *atividade inventiva.*

Estes requisitos já estavam presentes, mesmo que não tão claramente, no Estatuto dos Monopólios: "Provided alsoe and be it declared and enacted, that any declaration before mencioned shall not extend to any letters patents and graunts of privilege for the tearme of fowerteen yeares or under, hereafter to be made of the sole working or makinge of any manner of new manufactures within this Realme, to the true and first inventor of such manufactures, which others at the tyme of makinge suche letter patents and grants shall not use (...)".

Tínhamos já então o *inventor* de *novas manufaturas* como detentor do direito à patente ou privilégio. O Alvará de 1809,[47] por sua vez, falava em "inventores, e introdutores, de alguma nova máquina". A verdade é que tais elementos vêm-se repetindo, de uma forma ou de outra, em grande parte das legislações, desde a primeira vez em que foram positivados.

Repare-se, no entanto, que nos primórdios do instituto a aplicação industrial estava associada a manufaturas ou máquinas, e a atividade inventiva consubstanciava-se na figura do inventor. Quanto à novidade, ainda não ganhara o alcance com que é hoje definida.

A verdade é que, com o passar dos séculos, e principalmente no decorrer do atual, o espectro do conhecimento humano cresceu de forma exponencial; o crescimento trouxe a diversificação.

As características de uma seqüência de código genético ou de um programa de computador, para citar só dois exemplos, não os classificam *prima facie* como um tipo de manufatura ou de máquina com clara aplicação industrial.

O progresso das formas de divulgação e comunicação, por sua vez, afetou o conceito de novidade, que hoje é normalmente aferida com base no conhecimento mundial.

Quanto ao inventor, a evolução dos conceitos mostrou que era preciso caracterizá-lo, e que essa caracterização está necessariamente associada à atividade inventiva que ele praticou, ou seja, ao ato de inventar.

47. V. *supra*, item 2.2.

O direito também evoluiu e se adaptou às novas necessidades introduzidas pelo progresso humano, de modo que hoje, em relação à sua forma primordial, estão alterados consideravelmente os requisitos de patenteabilidade. Entretanto, por conta de sua objetividade, estão já de certa forma sedimentados os dois primeiros dos conceitos abaixo expostos. O terceiro, a atividade inventiva, é, na sua natureza, considerado como extremamente subjetivo. Entretanto, ele se constitui na verdadeira essência da proteção patentária e, paulatinamente, vem sendo positivado em muitos países, tendência agora consolidada pelo tratado do GATT-TRIPS.

4.1 A suscetibilidade de aplicação industrial

Intimamente ligada ao conceito de utilidade — o próprio NAFTA[48] estipula-as expressões sinônimas —, a suscetibilidade de aplicação industrial está relacionada à própria origem dos privilégios de invenção, ou seja, ao interesse dos governantes em incentivar a indústria.

O direito do inventor, como o direito do autor, é um direito sobre um bem imaterial, mas deste difere principalmente pelo seu objeto. A invenção, tanto quanto o poema ou a pintura, é criação do espírito humano. No entanto, aquela se caracteriza por ter aplicação industrial; os últimos, não.

Esta diferença é apontada por Gama Cerqueira[49] quando nos mostra que "criações intelectuais puramente científicas, literárias e artísticas"[50] não são patenteáveis.

Já, Vander Haghen[51] prefere identificar o critério pela oposição do domínio da técnica ao domínio da arte e das ciências puras.

Até hoje, os ingleses utilizam a terminologia *a manner of manufacture*[52] para apreciar o que para nós é a aplicação industrial. Entretanto, já é pacífico nas cortes inglesas, e no mundo todo, que o termo "manufatura", geralmente associado a um bem ou produto, pode ser estendido também aos processos.

Nos Estados Unidos da América o conceito é mais amplo, centrando-se na utilidade, termo também empregado por nós no Regulamento de 1923.[53] Walkler *et al*[54] nos mostram quão genérica é a definição: "To possess utility, a thing or a process must be capable of producing a result, and that result must be a good result".

É o seguinte o conteúdo do código americano:[55] "Whoever invents or discovers any new and useful process, machine, manufacture, or composition of matter, or any new and useful improvement thereof, may obtain a patent therefor, subject to the conditions and requirements of this title".

Chavanne *et al*[56] nos mostram a minúcia com que a França aborda a matéria; lá, o

48. *North America Free Trade Agreement*, art. 1.709.1

49. Ob. cit., p. 340.

50. Na verdade, existem determinadas criações que dão utilização industrial à estética. São os desenhos e modelos industriais, que a nova lei exclui do sistema patentário para transformar em simples registros de desenhos industriais (Lei 9.279/96, arts. 94 e ss.). Os desenhos industriais representam, de acordo com a lei, uma "forma plástica ornamental de um objeto, ou o conjunto ornamental de linhas e cores que possa ser aplicado a um produto". Eram um tipo de patente atípica concedido no país, que agora adere à corrente majoritária que os considera como um mero registro; os Estados Unidos a designam *design patent*.

51. Cf. Gama Cerqueira, ob. cit., 1982, p. 340, rodapé.

52. V. Guy Aldous. Douglas Falconer, William Aldous, *Terrell on the Law of Patents*, 11ª ed., London, Sweet & Maxwell, 1965, p. 11.

53. V. Gama Cerqueira, ob. cit., 1982, p. 339.

54. Albert H.Walker, ed. revisada por John H. Hilliard e Eugene Eblé, *Walker on Patents*, 5ª ed., Baker, Voorhis and Company, 1917.

55. *U.S. Patent Act* — USC 35 § 101.

56. Albert Chavanne e Jean-Jacques Burst, *Droit de la Propriété Industrielle*, Précis Dalloz, 1976, pp. 11-13.

caráter industrial de uma invenção deve se refletir no seu objeto, na sua aplicação e no seu resultado. Os autores explicam:

"Elle est considérée comme étant industrielle dans son objet lorsqu'elle se situe dans le domaine de l'industrie, c'est-à-dire de l'utile, par opposition au domaine de l'art, de l'esthétique".

"Une invention est industrielle dans son application lorsqu'elle est susceptible d'une réalisation industrielle.

"Le résultat industriel que doit procurer une invention est essentiellement constitué par l'effet téchnique que produit un moyen déterminé dans la fonction qui lui est assignée."

No Brasil, a nova lei[57] estabelece a forma de identificação da *invenção suscetível de aplicação industrial: é aquela que pode ser utilizada ou produzida em qualquer tipo de indústria.*

É, contudo, preciso ressaltar que *o termo "indústria", conforme preceitua a Convenção de Paris, em seu art. 1.3, deve ser tomado na sua acepção mais ampla, alcançando também o comércio, as indústrias agrícolas e extrativas e todos os produtos manufaturados ou naturais.* A própria Convenção exemplifica, enumerando: vinhos, cereais, tabaco em folha, frutas, animais, minérios, águas minerais, cervejas, flores, farinhas, dentre outros.

Sumarizando, o requisito da suscetibilidade de aplicação industrial está intimamente relacionado à motivação dos primeiros governantes para estimular a indústria, que, desde sua instalação, se mostrou eminentemente útil à sociedade, na medida em que trazia a todos um melhor padrão de vida. A principal conseqüência do requisito está em excluir da patenteabilidade aquelas criações intelectuais que, por não serem técnicas, não tenham aplicação na indústria, como, por exemplo, as residentes no domínio das artes. O termo "indústria" deve ser tomado na sua acepção ampla, incluindo também as indústrias agrícola e extrativa.

4.2 *A novidade*

O conceito lato de novidade chega a ser trivial: novo é tudo aquilo que previamente não existia. Porém, ao examinarmos os primórdios do instituto da patente de invenção, vimos que, àquela época, a novidade não era necessariamente tomada de forma absoluta, podendo assumir um aspecto local, ou seja: novo, sim, mas no país.

Atualmente, no entanto, este critério deve ser avaliado em termos mundiais, sendo apreciado em relação ao corpo de conhecimento denominado "estado da técnica". Por esse motivo, é necessário, preliminarmente, examinar tal conceito antes de adentrar a análise específica dessa condição de privilegiabilidade.

A Inglaterra,[58] que concede a patente ao primeiro depositante de um pedido, considera como pertencente ao estado da técnica tudo aquilo conhecido ou usado no país no momento do primeiro depósito,[59] tenha sido ele feito lá ou em outro país.

Nos Estados Unidos[60] o estado da técnica abrange tudo conhecido ou usado

57. "Art. 15. A invenção e o modelo de utilidade são suscetíveis de aplicação industrial quando possam ser utilizados ou produzidos em qualquer tipo de indústria." Não é substancialmente diferente da definição legal anterior, Lei 5.772, art. 6º, § 3º: "Uma invenção é considerada suscetível de aplicação industrial quando possa ser fabricada ou utilizada industrialmente".

58. V. Aldous *et Al.* ob. cit., p. 104.

59. Em verdade, a Seção 32(1)(e) do Código inglês não fala em data de depósito, mas em data de prioridade. À frente, tomar-se-á contato com o sistema de prioridades que será descrito rapidamente ainda no presente tópico. A data de depósito substitui a data da prioridade, para todos os efeitos, quando um pedido é original, não derivando de um outro pedido, cuja data seria a data de prioridade.

60. V. *U.S. Patent Act* — USC 35 § 102. Os Estados Unidos da América utilizam um sistema pelo qual é considerado inventor aquele que efe-

no país, tudo o que foi patenteado e tudo o que foi descrito em publicações impressas no país ou no estrangeiro até o momento da realização da invenção.

Na França: o conceito é muito abrangente, como nos faz ver Mathély:[61] "Ce qui est rendu accessible au public, par tout moyen, en un temps et un lieu quelconques, par une personne quelconque".

A nova lei[62] *conceitua o estado da técnica como "tudo aquilo tornado acessível ao público antes da data de depósito do pedido de patente, por descrição escrita ou oral, por uso ou qualquer outro meio, no Brasil ou no exterior (...)"*. Também considerado, mas exclusivamente para aferição de novidade, deve ser o pedido de patente feito no Brasil[63] anteriormente ao pedido em exame, mesmo que ainda não divulgado.

A própria lei, no entanto, passa a ressalvar, em seu art. 12, a divulgação da invenção feita durante os 12 meses precedentes ao depósito pelo inventor ou por outras pessoas que através deste tiveram acesso à informação. É o chamado "período de graça", já tradicionalmente concedido nos Estados Unidos da América e ora introduzido na nossa legislação.

Também ressalvada, com respeito ao estado da técnica, é a divulgação feita no curso do período coberto por um eventual direito de prioridade. O direito de prioridade é um instituto que visa precipuamente a permitir o depósito de uma mesma patente em outros países, além daquele em que foi depositado o pedido original.

A prioridade garante ao inventor um determinado período (um ano, de acordo com o disposto na Convenção de Paris[64]) dentro do qual ele tem, sobre qualquer outra pessoa, preferência na proteção à sua invenção, ou seja, o depósito feito por outra pessoa de um pedido relativo à mesma invenção, em outro país onde vigore o direito de prioridade, fica prejudicado caso o detentor deste direito opte por pedir proteção dentro do ano de que dispõe.

Deste modo, existe novidade quando o inventor de alguma forma acrescenta ao acervo de saber da humanidade; este saber está contido no chamado estado da técnica. Não há, portanto, maior dificuldade na aferição do requisito da novidade, que depende tão-somente da perfeita identificação do estado da técnica com relação ao assunto da invenção.

No seu cotidiano, a equipe de examinadores do INPI, para determinar o estado da técnica e identificar possíveis anterioridades, faz uso do acervo de documentos contidos no Banco de Patentes daquele Instituto, o qual dispõe de diversas coleções de patentes concedidas e pedidos de patente depositados em diversos países.

Além desse valioso instrumento, o examinador pode usar a faculdade que a lei[65] põe à sua disposição e exigir que o requerente apresente quaisquer objeções e resultados das buscas e do exame realizados em outros países, de modo a se louvar em possíveis anterioridades previamente identificadas.

tivamente primeiro criou a invenção. Diversamente, a esmagadora maioria dos países adota o sistema que consagra a proteção para o *primeiro a depositar* o pedido de patente em possível detrimento do direito daquele que efetivamente teria *primeiro inventado* o objeto do pedido. Esta opção, que se justifica pela dificuldade da prova, recebe ainda suporte do princípio de que "o direito não ajuda a quem dorme".

61. Ob. cit., p. 144.

62. A definição legal para o estado da técnica encontra-se nos §§ do art. 11 da Lei 9.279.

63. A lei também considera, no § 3º do art. 11, o caso de pedidos de patente internacionais, feitos nos termos do PCT — Tratado de Cooperação em Matéria de Patentes, que admite o depósito em outro país com a designação do Brasil. O pedido internacional deve posteriormente prosseguir na sua fase nacional, idêntica no processamento à dos pedidos feitos originalmente aqui.

64. Art. 4.

65. Lei 9.279, art. 34, I.

Por fim, é dada a quaisquer interessados a possibilidade de, até o final do exame, apresentar subsídios ao mesmo, na forma de documentos e informações.[66]

Podemos, assim, concluir que a alegação da falta de novidade pode ser oposta à concessão de uma patente de invenção, mas depende, para tal, da produção de prova que evidencie que a invenção havia sido de alguma forma divulgada no país ou no exterior, estando já integrada ao estado da técnica. A novidade diz-se absoluta ou relativa, esta última qualificando aquelas situações de salvaguarda nas quais, apesar de já divulgada, a matéria do pedido continua sob o abrigo da proteção legal por conta do chamado "período de graça" ou do depósito de um pedido prioritário.

4.3 A atividade inventiva

Mathély[67] nos mostra que, na França, o critério da atividade inventiva só foi adotado legalmente em 1968, muito recentemente se levarmos em conta a antigüidade do instituto das patentes. Essa reforma, que, segundo ele, foi de importância capital e de amplas conseqüências, teria tido dois principais motivos: a unificação do direito e o reconhecimento pelo legislador da tendência geral da doutrina.

Não são diversas as razões que influenciaram o Brasil a, neste final de século, tomar o mesmo caminho que a França. Recentemente, o TRIPS originou intenso movimento de uniformização de legislação. Os 124 países-membros da Organização Mundial do Comércio, dentre eles o Brasil, ao nela ingressarem se comprometeram, por meio do TRIPS, a modificar suas legislações com base em critérios nele previstos.

A nossa doutrina, liderada por Pontes de Miranda e Gama Cerqueira, cujas posições serão expostas abaixo, já de longa data vinha-se manifestando no sentido da importância de se valorar a atividade inventiva.

O próprio INPI, órgão executor da política nacional nesta área, na minuta das "Diretrizes de Análise da Patentes"[68] já incluía a atividade inventiva no rol dos requisitos para o patenteamento. Expressamente introduzido pela nova lei, o requisito já vinha sendo aplicado de forma mitigada e transversa pelos examinadores de patentes do INPI, que se escudavam no art. 9º, letra "e",[69] do antigo Código para fazê-lo.

O critério da atividade inventiva jamais havia sido explicitamente exigido em nosso direito como condição legal de privilegiabilidade. Mas já de há muito tempo nossa doutrina reconhece que o que a lei protege é a *invenção* nova e suscetível de aplicação industrial.

A exigência da existência de uma real invenção que justifique a proteção está calcada na própria natureza do direito do inventor. Este só é reconhecido pela sociedade porque vai proporcionar-lhe um indiscutível benefício, principalmente a partir do momento em que a invenção cair em domínio público e puder ser executada por qualquer um.

Além disso, por dar origem a um direito de monopólio, a invenção não pode consistir em coisa já de conhecimento geral e, portanto, em domínio público. Se tal ocorresse, estaria criada uma situação de profunda injustiça, com repercussões nocivas até para a liberdade de trabalho,[70] e não se poderia concordar com a manutenção do instituto dos privilégios de invenção. A existência de invenção é, portanto, indispensável à consolidação do direito e à sua proteção.

66. Lei 9.279, art. 31.

67. Ob. cit., p. 151.

68. Esta publicação, anterior à nova lei, jamais ganhou eficácia como norma, provavelmente em face das reformas que ora se apresentam com a introdução da nova legislação. Entretanto, a minuta foi distribuída para ampla discussão entre a Administração Pública e os interessados, dentre eles a Associação Brasileira da Propriedade Industrial-ABPI.

69. V. *supra*, item 1.5.

70. V. Gama Cerqueira, ob. cit., p. 219.

4.3.1 Definição de atividade inventiva

A jurisprudência e a doutrina estrangeiras fartamente afirmam que a atividade inventiva é de conceituação extremamente difícil. Em diversas decisões o Judiciário de outros países[71] já se referiu a essa condição de privilegiabilidade como aquela "coisa impalpável", tal é a perplexidade que causa a necessidade de sua identificação.

No entanto, a legitimidade da exigência legal é virtualmente inafastável, pois *o que a lei protege é a invenção, e esta será sempre e incontestavelmente resultado da prática de atividade inventiva.*

Mas, não há, no Brasil e, ao que parece, em outros países, uma definição legal para o que efetivamente seja a invenção. Gama Cerqueira[72] não via esse fato com estranheza pois, para ele, trata-se de um conceito mais técnico do que jurídico. O autor cita ainda Bonnet, que corrobora esse entendimento. Na opinião de ambos, a lei deve-se informar do conceito em outras esferas que não a sua, nos mundos da ciência, da técnica e da doutrina, já que *omnis definitio in iure periculosa.*

Gama Cerqueira discorda de todas as definições que cita para a invenção, dizendo-as incompletas ou tendenciosas. É que, para o autor, a invenção se consubstancia não na coisa inventada, mas sim no ato de inventar, pois as invenções não trazem estampado nenhum aspecto intrínseco que as caracterize como tais.

Assim, *a existência da invenção deve ser comprovada não pela existência de algo novo, mas pela constatação da prática de um ato que represente atividade inventiva.* Ou seja, não se pode identificar uma invenção pelo seu objeto, e sim pela forma como este se originou. Walker[73] já assim pensava: "It follows that patents are grantable for things invented, and not for things otherwise produced, (...). The courts have, therefore declared that not all improvement is invention, and entitled to protection as such, but to be thus entitled, a thing must be the product of some exercise of the inventive faculties".

Gama Cerqueira[74] também admitia a dificuldade do conceito, e chegou mesmo a afirmar que se deveria prescindir de qualquer definição teórica. Entretanto, alguns parágrafos depois e sem declarar sua intenção, o especialista nos brinda com uma definição de sua lavra, pela qual invenção é a "criação da inteligência humana, que se utiliza das forças naturais para a solução efetiva de um problema que visa à satisfação de necessidades práticas ou de ordem técnica do homem, (...)".

Mas, apesar desta e de outras definições, tudo e todos indicam que devemos, por enquanto, nos contentar em determinar a forma como a atividade inventiva pode ser indiretamente identificada, ao invés de tentar defini-la.

4.3.2 Identificação da atividade inventiva

Com efeito, a experiência mostra que, apesar de ser desejável uma definição para a atividade inventiva, o reconhecimento do direito do inventor pelo Estado depende somente de se conseguir identificar, mes-

71. John Bochnovic nos dá três exemplos. J. Maclean em *Crosley Radio v. C.G.E.* (1935) Ex.C.R. 190-197; o Ministro da Suprema Corte Americana, Mr. *Justice* Brown, em *McClain v. Ortmayer* 141 U.S. 419, 427 (1891); e também o Juiz da Corte de Apelações da Segunda Região americana, *Judge* Learned Hand no caso *Harries v. Air King*, que disse tratar-se de "as fugitive, impalpable, wayward and vague phantom as exists in the whole paraphernalia of legal concepts". V. também Axel Casalonga, *The Concept of Inventive Step in the European Patent Convention*, v. 10, IIC Studies, Munique, Max Planck Institute for Foreign and International Patent, Copyright and Competition Law, Verlag Chemie, 1979, p. 412, rodapé, onde cita diversas decisões européias em que aparecem afirmações do mesmo teor.

72. Ob. cit., pp. 211 e ss.

73. Ob. cit., p. 21.

74. Ob. cit., p. 218.

mo que indiretamente, a prática desse tipo de atividade.

A principal conseqüência prática do requisito é evitar a cópia disfarçada, aquela pela qual uma pessoa, fazendo pequenas alterações ou adaptações, requer proteção para uma coisa já previamente pertencente ao estado da técnica.

Talvez por esse motivo, a idéia que atualmente se universaliza, e agora se concretiza em nosso direito, consiste em que *há atividade inventiva quando a invenção não decorre de maneira óbvia do estado da técnica ao ser examinada por um técnico no assunto*.

A opinião de Pontes de Miranda[75] era já substancialmente a mesma: "O que importa é que a atividade inventiva ultrapasse o que o técnico da especialidade podia, tal como estava a técnica no momento, achar. O que todos os técnicos da especialidade, no momento, podiam achar não é invenção: não inventa o que diz ter inventado o que qualquer técnico da especialidade acharia. Porque tal achado estaria dentro da técnica do momento, sem qualquer *quid novum*".

Essa idéia gira em torno de três elementos básicos:

- a obviedade ou evidência;
- o estado da técnica e
- o técnico no assunto.

a) A obviedade ou evidência — O cerne da questão da atividade inventiva reside no conceito de obviedade. *Não se inventa o que é evidente, ou óbvio, pois o que é evidente pode ser visto por qualquer um, está ao alcance de todos.*

O conceito de evidência é, antes de tudo, um conceito extrajurídico; o *Novo Dicionário Aurélio* di-la o "caráter de objeto de conhecimento que não comporte nenhuma dúvida quanto à sua verdade ou falsidade. [A evidência acompanha os diversos tipos de assentimento, ligando-se contudo, de maneira mais completa, à certeza]".

Mathély[76] também recorre ao dicionário para nos mostrar que a evidência é "la clarté qui rend quelque chose visible".

Carreira Alvim, ao tratar da prova e dos fatos que dela prescindem, conceitua o que seja fato evidente:[77] "Fatos evidentes, ditos também intuitivos, são aqueles que se impõem ao raciocínio como decorrência natural de outros (Lopes da Costa). Assim, se um homem fala e se move, não há necessidade de provar que está vivo; se alguém encontra um corpo putrefeito, é evidente que se trata de um cadáver (Lopes da Costa). Provar o evidente é algo não apenas supérfluo, senão estúpido, ao menos para o direito".

A idéia de que o que é óbvio não comporta atividade inventiva se originou na Inglaterra a partir daquela que é hoje notoriamente conhecida como a "pergunta de Cripps" — *Cripps question.*[78] Stafford Cripps, advogado dos recorrentes no caso *Sharp & Dohme v. Boots Pure Drugs*, formulou-a da seguinte forma: "The real question is: was it for all practical purposes obvious to any skilled chemist in the state of chemical knowledge existing at the date of the patent which consists of the chemical literature available (...) and his general chemical knowledge, that he could manufacture valuable therapeutic agents by making the higher alkyl resorcinols (...)?".

Mas, principalmente quando tratamos de patentes de invenção, o que é óbvio para um pode não ser para outro. Afinal, quando se trata de compreender matéria eminentemente técnica, o leigo está sempre em desvantagem em relação ao entendido no assunto. O técnico, porém, é caracterizado como tal por ter conhecimento na matéria,

75. Ob. cit., p. 273.

76. Ob. cit., p. 156.

77. V. José Eduardo Carreira Alvim, *Elementos de Teoria Geral do Processo*, 2ª edição, Editora Forense, 1993, p. 330.

78. V. Bochnovic, ob. cit., p. 60.

o que nos leva ao segundo elemento do critério, o estado da técnica.

b) Estado da técnica — Tanto novidade quanto atividade inventiva são indícios diretos da importância que determinada invenção tem para a sociedade; e mais: ambas são avaliadas com base no novo nível de conhecimento alcançado com a introdução da invenção. Mas pode haver novidade sem que haja atividade inventiva.

O exame deve considerar, preliminarmente, se a invenção traz uma efetiva inovação, para só em seguida tentar qualificar tal inovação de modo a avaliar se ela é ou não resultante de atividade inventiva. Destarte, a atividade inventiva é um requisito que vem qualificar a novidade, um requisito complementar.

O conceito de estado da técnica, na forma como já abordado quando tratamos da novidade, se aplica de igual maneira à atividade inventiva, ou seja, as mesmas fontes usadas para determinar se há novidade na invenção são aquelas em que o técnico no assunto deve basear sua opinião para avaliar a atividade inventiva.

Entretanto, já vimos que, como também ocorre, por exemplo, no âmbito da Convenção Européia,[79] a nossa lei adiciona ao estado da técnica, exclusivamente para aferição da novidade, o conteúdo de pedidos de patente já depositados mas não ainda publicados, desde que um dia venham a sê-lo.

Outrossim, como bem ressalta Mathély,[80] no caso da novidade a comparação deve ser operada entre o objeto do pedido e cada elemento componente do estado da técnica que possa ser considerado como uma anterioridade em relação ao mesmo. Já, na avaliação da atividade inventiva deve-se tomar o estado da técnica em seu conjunto.

Outro ponto muito importante é que a comparação com o estado da técnica deve levar em conta a situação à data do depósito e, portanto, deve ser feita com a abstração de todos os componentes nele introduzidos desde então. Esta análise admite-se bastante delicada, principalmente porque no estado da técnica se incluem os fatos notórios ou ditos de conhecimento geral, e a disseminação destes precisará ser talvez estabelecida à época do depósito.

c) O técnico no assunto — O terceiro elemento na identificação da atividade inventiva corresponde ao técnico no assunto.[81] Na França, a lei de 1968, que introduziu a condição da atividade inventiva, não falava especificamente no técnico no assunto.

Mathély,[82] que é quem nos dá a este respeito talvez a melhor análise, nos alerta para esta omissão, ressaltando a lei americana que adota a posição geral da doutrina de que a avaliação da invenção em face do estado da técnica deve ser feita por um técnico no assunto, ou na especialidade, como preferiu Pontes de Miranda.

A imensa especialização de alguns campos da ciência faz com que determinados assuntos escapem completamente à possibilidade de avaliação por leigos na matéria. Sendo assim, *ao avaliar se uma invenção preenche ou não o requisito da atividade inventiva, tanto a Administração quanto o Judiciário devem se louvar na opinião de uma pessoa com experiência e conhecimento na especialidade da invenção*.

Ainda para Mathély, o técnico encarregado do exame não deve ser nem ignorante no assunto nem, no outro extremo, o pesquisador qualificado. *Deve ser aquele com os conhecimentos normais da técnica*

79. V. Casalonga, ob. cit., p. 417.

80. Ob. cit., p. 157.

81. Em francês, *l'homme de métier*, em inglês; *man skilled in the art*.

82. Ob. cit., p. 157.

em questão o homem de conhecimento médio.

Carreira Alvim[83] nos reporta a opinião de Calamandrei, para quem o fato notório é aquele cuja existência é conhecida pelo indivíduo de *cultura média*. Decerto, é possível entrever um paralelo entre as situações e a equanimidade da solução em ambas adotada.[84]

Cabe aqui um parêntesis importante. O exame do pedido de patente de invenção prévio à sua concessão não é obrigatório. Existem países, como a Holanda, que acaba de revisar sua legislação,[85] que o dispensam.

Gama Cerqueira[86] nos mostra que o principal requisito para o bom funcionamento do regime de exame prévio é um bom corpo de examinadores. Podemos agora entender o motivo. Para bem avaliar o requisito da atividade inventiva e, em suma, a existência de uma invenção a Administração deve manter um corpo de examinadores composto por técnicos nos diferentes assuntos que podem ser objeto de patentes de invenção.

O Judiciário, nas perícias que determinar ao longo do procedimento probatório, também certamente deverá levar em conta esse critério legal, para só considerar pareceres de técnicos qualificados.

d) Critérios adicionais — Mas, mesmo assegurados os elementos necessários à correta identificação da atividade inventiva, o critério continua sendo de caráter extremamente subjetivo. Por conta disso, a doutrina indica critérios auxiliares, indiciários do cumprimento do requisito. Casalonga[87] nos aponta alguns desses critérios.

Para ele, o primeiro ponto a considerar seria a prévia existência de uma necessidade há muito tempo insatisfeita. Aquele que, apesar das dificuldades, apresenta a solução, provavelmente fá-lo-á exercendo atividade inventiva. Mas não se pode dizer que o critério seja conclusivo, pois o problema pode existir por muito tempo sem que ninguém realmente o enfrente.

Segundo o autor, a dificuldade da resolução do problema solucionado pela invenção pode ser demonstrada *a contrario sensu*, caso posteriormente se comprove que a invenção tem uma aplicação de alcance muito maior do que originalmente se pretendia.

Também, se a invenção quebra preconceitos técnicos, isto é, idéias, conceitos e usos disseminados na comunidade tecnocientífica mas nunca comprovados empiricamente, então também é possível que aí esteja presente atividade inventiva. Ou seja, caso o resultado da invenção seja inesperado, então isso pode ser indicativo de atividade inventiva.

Um derradeiro ponto levantado pelo autor é a possibilidade de um avanço notável na técnica da invenção em decorrência de sua introdução. Ou seja, se diferenças em produtividade ou eficiência fora do normal são obtidas pelo uso da invenção, então tem-se um novo indício de atividade inventiva.

Bochnovic[88] nos mostra que o sucesso comercial também é um outro indício normalmente considerado em alguns países, como a Inglaterra e o Canadá. Afinal, se a invenção é bem aceita pela sociedade, fica

83. Ob. cit., p. 333.

84. Albert Einstein, ainda jovem, em 1902, tornou-se examinador do Escritório Suíço de Patentes em Berna. Não se pode deixar de indagar se o cientista algum dia indeferiu um pedido de patente de invenção por ser óbvio. A atual tendência da doutrina consideraria tal situação inadmissível.

85. A nova lei holandesa entrou em vigor em abril de 1995 e seu principal efeito foi terminar com o procedimento de exame prévio na concessão de patentes. A repartição holandesa pretende assim diminuir o prazo de concessão de uma patente para 18 meses (v. Ladas e Parry, *Information Letter*, Netherlands, April 1995).

86. Ob. cit., p. 379.

87. Ob. cit., p. 426.

88. Ob. cit., p. 73

demonstrada a sua utilidade, e, conseqüentemente, a sua realidade.

Nos dias de hoje, porém, o sucesso comercial pode ser, em grande parte, resultado de um bom plano de comercialização com grande peso na propaganda e em uma distribuição eficiente do produto, sem que obrigatoriamente este seja resultado de uma real invenção.

Importante ressaltar, no que concerne a estes critérios adicionais, é que, tratando-se de provas indiretas da existência de atividade inventiva, só têm valor ponderável quando avaliados em seu conjunto.

e) A teoria da equivalência — Esta teoria é normalmente usada para verificar a contrafação de produtos patenteados, mas também pode ser aplicada com igual sucesso para verificar a inexistência de atividade inventiva.

Por essa teoria, *dois produtos ou processos podem ser considerados como equivalentes se eles realizam a mesma função, da mesma forma, obtendo o mesmo resultado.*[89] Sendo equivalentes, as diferenças em forma, material ou tamanho podem ser consideradas como irrelevantes no que tange à contrafação e, da mesma forma, à atividade inventiva.

A Suprema Corte americana tentou definir a forma de aplicação desta doutrina ao julgar o caso *Graver Tank and Manufacturing Co. v. Linde Air Products Co.*: "(a) Policies behind the doctrine of equivalents: To prevent the situation where a copyist benefits from the patented invention by making insignificant changes to the invention to escape the limitations of the claims, and thereby elude infringement liability".

É de se notar a similaridade entre o conceito de equivalência e o introduzido pelo art. 9º, letra "e", da antiga lei, onde também se tem por escopo evitar que meras mudanças de forma, tamanho ou material, ou simples justaposições de elementos conhecidos, sejam consideradas como invenções autônomas sem que seja constatado qualquer efeito técnico novo.

5. Conclusão

A introdução em nosso ordenamento jurídico da atividade inventiva no rol de requisitos legais de patenteabilidade vem adequar o nosso direito positivo ao pensamento da corrente majoritária da doutrina que entende que esta é a melhor maneira de comprovar a existência de uma invenção patenteável.

Um outro motivo determinante dessa mudança se encontra em disposições concretas prescritas pelo tratado GATT-TRIPS no que concerne aos requisitos de privilegiabilidade.

A doutrina, de uma forma geral, atribui ao requisito da atividade inventiva um caráter acentuadamente subjetivo, o que justificou o exame aqui feito do ato administrativo de concessão de uma patente de invenção, visando a avaliar as possíveis implicações da nova lei.

Concluiu-se que, sendo um ato administrativo vinculado, sujeito, portanto, às condições e requisitos expressos em lei para a sua realização, a concessão de uma patente de invenção deve sempre se pautar pela finalidade prevista em lei para tal ato; e, sendo assim, a avaliação de qualquer requisito legal, por mais subjetivo que seja, não lhe subtrai o caráter de vinculação. O desrespeito à finalidade, porém, implica desvio de poder, dando azo à anulação do ato administrativo.

Em seguida, as condições legais de patenteabilidade foram examinadas individualmente. A suscetibilidade de aplicação industrial e a novidade são, como vimos, velhas conhecidas do nosso direito, e a nova

89. Bill Schuurman, *Equivalence*, trabalho exposto no *Third Open Forum* da *The International Federation of Intellectual Property Attorneys — FICPI*, outubro, 1996.

lei não fez, em respeito a elas, grandes mudanças. Sendo digna de nota, apenas, a concessão de um "período de graça" de um ano ao inventor, dentro do qual a divulgação da invenção não prejudica a novidade.

Quanto à atividade inventiva, viu-se que está intimamente ligada à existência da própria invenção. Foi apresentada apenas uma definição para a mesma, dada a grande dificuldade da doutrina em conceituá-la. Constatou-se que a tendência geral é a de identificar a existência desse requisito de forma indireta.

A lei estipula que *há atividade inventiva quando a invenção não decorre de maneira óbvia do estado da técnica ao ser examinada por um técnico no assunto*.

O estado da técnica é composto por todo o conhecimento disponível sobre o assunto da invenção. A pessoa indicada pela lei para fazer a avaliação da invenção, em face do estado da técnica, é, logicamente, o técnico no assunto. Este deve ter como característica principal a posse de um conhecimento médio da matéria.

Mas o conceito de obviedade é essencialmente um conceito relativo, que muda de pessoa, para pessoa, e, por conta disso, a doutrina e a jurisprudência apontam outros critérios que podem servir para confirmar a existência do requisito.

Assim, a existência de um problema ou necessidade que por muito tempo se desejou solucionar ou atender, a utilidade de alcance comprovadamente maior do que aquele inicialmente pretendido, a demolição de preconceitos técnicos por muito tempo existentes e um avanço anormal na técnica em questão são indícios que podem ser examinados em conjunto e em paralelo ao critério legal para a constatação da existência de atividade inventiva.

Também examinada foi a teoria da equivalência, pela qual a comunhão de função, forma e resultado acarreta que dois produtos ou processos devem ser considerados como equivalentes. A equivalência implica que a segunda invenção carece de atividade inventiva quando se leva em conta a primeira.

A apreciação da atividade inventiva, na forma como hoje expressa na lei, ainda não foi realizada pelos nossos tribunais; no entanto, a doutrina internacional e a nacional já deram a ela muita atenção, e certamente vão embasar as futuras decisões exaradas pelas nossas Cortes.

A jurisprudência estrangeira terá mais valor na apreciação da matéria na medida em que a tendência de padronização das legislações progrida pela unificação de conceitos e procedimentos.

Bibliografia

ALDOUS, Guy, FALCONER, Douglas, e ALDOUS, William. *Terrell on the Law of Patents*, 11ª ed., London, Sweet & Maxwell, 1966.

ALVIM, José Eduardo Carreira. *Elementos de Teoria Geral do Processo*. 2ª ed., Rio, Forense, 1993.

BOCHNOVIC, John. *The Inventive Step* IIC Studies — Studies in Industrial Property and Copyright Law. v. 6, Munique, Max Planck Institute for Foreign and International Patent, Copyright and Competition Law, Verlag Chemie, 1992.

CASALONGA, Axel. The Concept of Inventive Step in the European Patent Convention. IIC Studies. Munique, Max Planck Institute for Foreign and International Patent, Copyright and Competition Law, Verlag Chemie, 1979.

CERQUEIRA, João da Gama. *Tratado da Propriedade Industrial*. 1ª ed. Rio Forense, 1946; 2ª ed., São Paulo, Ed. RT, 1982.

CHAVANNE, Albert, e BURST, Jean-Jacques. *Droit de la Propriété Industrielle*, Paris, Précis Dalloz, 1976.

DI PIETRO, Maria Sylvia Zanella. *Direito Administrativo*. 6ª ed., São Paulo, Atlas, 1996.

FRANCESCHELLI, Remo. *Tratatto di Diritto industriale*. Milão, Dott. A. Giuffrè Editore, 1973.

FURTADO, Lucas Rocha. *Sistema de Propriedade Industrial no Direito Brasileiro — Comentários à Nova Legislação sobra Marcas e Patentes*. Editora Brasília Jurídica, 1996.

LEONARDOS, Gustavo Starling. "A data de aplicação no Brasil do Acordo sobre Aspectos dos Direitos de Propriedade Intelectual Relacionados ao Comércio" — TRIPS, *RT*-721, Nov. 1996, p. 30.

MATHÉLY, Paul. "Le droit français des brevets d'invention", *Journal des Notaires et des Avocats*, 1974.

MEIRELLES, Hely Lopes. *Direito Administrativo Brasileiro*, 20ª ed., São Paulo, Malheiros Editores, 1995.

MELLO, Celso Duvivier de Albuquerque. *Curso de Direito Internacional Público*, 9ª ed., Livraria e Editora Renovar, 1992.

MIRANDA, Pontes de. *Tratado de Direito Privado — Parte Especial.* 4ª ed., t. 16. São Paulo. Ed. RT, 1983

POUILLET, Eugène. *Traité Téorique et Pratique des Brevets d'Invention et de la Contrefaçon.* 2ª ed., Paris, Imprimerie et Librairie Générale de Jurispridence, 1879.

SCHUURMAN, Bill. *Equivalence*. Trabalho exposto no "Third Open Forum" da "The International Federation of Intellectual Property Attorneys — FICPI", Outubro, 1996.

WALKER, Albert H., HILLIARD, John H., e EBLÉ, Eugene. *Walker on Patents*, 5ª ed., Baker, Voorhis and Company, 1917.

Internet[90]

Artigos

BERG, Lori M. "The north american free trade agreement & protection of intellectual property: a converging view" *Journal of Transnational Law & Policy*, 1996 (http://law.fsu.edu/transnat/issues/5:1/berg.html#FNT*).

Entes Internacionais e Governamentais

Organisation Mondiale de la Propriété Intellectuelle (OMPI) (http://www.wipo.org/fre/index.htm).

The United Kingdom Patent Office (http://www.netwales.co.uk/ptoffice/five.htm).

United States Patent and Trademark Office (http://www.uspto.gov/).

U.S. House of Representatives — Internet Law Library — Intellectual Property Patents (http://law.house.gov/105.htm).

Outras fontes

Ladas & Parry (http://www.ladas.com).

KuesterLaw Technology Law Resource — Patent Copyright Trademark (http://www.kuesterlaw.com)

GATT Implementing Legislation and the Patent Act (http://www.popham.com/practice/ip/gatt.html).

WashLaw WEB — Washburn University School of Law (http://lawlib .wuacc.edu/washlaw/)

Legal Information Institute — Cornell University Law School (http://www.law.cornell.edu:80/topics/patent.html)

90. Diversas das referências a respeito dos tratados e da legislação internacional foram extraídas de documentos pesquisados na INTERNET. Infelizmente, a volatilidade da informação na *World Wide Web*, representa uma vantagem e um problema. A informação obtida é, normalmente, bastante atual; entretanto, é provável que, com o passar do tempo, alguns dos endereços aqui citados se tornem inválidos ou simplesmente deixem de fornecer a informação referida.

Doutrina

DA OBRIGATORIEDADE POR PARTE DO ADQUIRENTE DO CONTROLE DE SOCIEDADE POR AÇÕES DE CAPITAL ABERTO DE FAZER SIMULTÂNEA OFERTA PÚBLICA, EM IGUAIS CONDIÇÕES, AOS ACIONISTAS MINORITÁRIOS — ART. 254 DA LEI 6.404/76 E RESOLUÇÃO CMN 401/76 — É EFETIVO MECANISMO DE PROTEÇÃO AOS MINORITÁRIOS?

ROBERTA NIOAC PRADO

1. Introdução. 2. Do surgimento do art. 254 da Lei 6.404/76. 3. A Resolução 401/76 do Conselho Monetário Nacional. 4. Da efetiva proteção aos acionistas minoritários: 4.1 Da não extensão aos preferencialistas sem direito de voto e da dúvida quanto aos possuidores de voto restrito — 4.2 Da não extensão às companhias fechadas — 4.3 Transferência indireta de controle — 4.4 Acordo de acionistas. 5. Alguns julgados da Comissão de Valores Mobiliários envolvendo alienação de controle de companhias abertas. 6. Direito comparado: 6.1 Direito americano — 6.2 Direito francês. 7. Conclusão. 8. Bibliografia.

1. Introdução

O presente trabalho tem por escopo analisar se a obrigatoriedade, por parte do adquirente do controle acionário de sociedade por ações de capital aberto, de fazer simultânea oferta pública aos acionistas minoritários, detentores de ações votantes, em igualdade de tratamento — preço e condições — conforme o disposto no art. 254 da Lei 6.404/76, regulamentado pela Resolução 401/76, é mecanismo efetivo de proteção aos minoritários.

Antes de adentrarmos a questão propriamente dita, é mister se faça uma diferenciação entre este tipo de oferta pública prevista no art. 254 da Lei das Sociedades por Ações com a oferta pública constante do art. 257 da mesma lei.

A primeira tem como pressuposto legal a alienação do bloco de controle de companhia aberta. Seu caráter é obrigatório, ou seja, conforme dispõe a Resolução 401/76, em seu item I, é condição da alienação de controle que o adquirente se obrigue a fazer oferta pública aos minoritários, devendo constar inclusive do instrumento de alienação cláusula, suspensiva ou resolutiva, neste sentido.

O intuito desta oferta pública é o de assegurar tratamento igualitário aos minoritários e controladores, estendendo aos primeiros as mesmas condições de alienação de suas ações contratadas com o detentor do poder de controle da companhia.

Esta disposição está embasada pelo fato de que, ao menos em princípio, o poder de controle possui valor superior ao da soma de cada ação se individualmente considerada e, ainda, de que este valor deve pertencer a todos os acionistas portadores de ações de mesma classe, e não apenas aos que formaram o bloco de controle.

Já a oferta pública constante do art. 257 da Lei 6.404/76 é equivalente ao *take over* previsto na legislação americana. Seu pressuposto legal é o apelo ao público que faz aquele que deseja adquirir o controle de determinada companhia aberta, como meio de atingir seu objetivo.

A pessoa ou grupo de pessoas, físicas ou jurídicas, que tenciona adquirir o controle de sociedade por ações de capital aberto pode valer-se desta forma ou de qualquer outra não vedada por lei, donde concluímos não possuir este tipo de oferta caráter obrigatório.

Logo, o objetivo desta disposição legal, de caráter facultativo, é o de proporcionar aos interessados em adquirir controle de companhia que esteja pulverizado no mercado uma opção distinta daquela em que há necessidade de contratação direta com os controladores de fato e, ainda, de simultaneamente garantir os investidores contra ofertas inidôneas, proporcionando-lhes um maior acesso às informações referentes à transação.

Ao traçar um paralelo entre estes dois tipos de oferta pública, assim manifestou-se José Alexandre Tavares Guerreiro:[1] "Trata-se, ao nosso ver, de modalidade especial de oferta pública, cujo objetivo se diferencia substancialmente daquela regulada no art. 257 da referida lei. Não se tem em mira, aqui, a aquisição de controle, mas a proteção patrimonial dos acionistas minoritários, que não sejam parte no negócio traslativo do controle e que devem ter a oportunidade de transferir suas ações pelo mesmo preço e nas mesmas condições aplicáveis ao alienante do controle. Em suma, a oferta pública de que cuida o art. 254 constitui instrumento para assegurar aos minoritários o tratamento igualitário desejado e imposto pelo legislador".

Neste sentido, assim também manifestou-se a CVM, quanto a oferta pública contida no art. 254:[2]

"a) seu *pressuposto legal* é a existência de uma alienação de controle de companhia aberta;

"b) tem *caráter obrigatório*, isto é, ocorrendo o pressuposto legal, o adquirente do controle tem, compulsoriamente, de fazer oferta ao público;

"c) tem por *objetivo* assegurar aos minoritários *tratamento igualitário* em relação ao tratamento dado ao controlador;

"d) a *filosofia* que embasa a regulação é o reconhecimento do princípio de que o valor do controle pertence a todos os acionistas" (grifos deles).

E, no que diz respeito à oferta pública constante do art. 257:

"a) seu *pressuposto legal* é o recurso ao *apelo público*, como meio para atingir o objetivo;

"b) tem *caráter voluntário*, não sendo vedados outros meios para a consecução do fim colimado;

"c) objetiva a *obtenção do controle* de uma companhia aberta;

"d) a *filosofia* que embasa a regulação do instituto é a *garantia* do investidor contra ofertas inidôneas e quanto ao *acesso às informações* necessárias à sua tomada de decisão" (grifos deles).

1. Em "Alienação de controle de companhia aberta: o papel das instituições financeiras", *RDM*, ano XVII, 30/116, São Paulo, Ed. RT, SP, 1978.

2. Estudos da Superintendência Jurídica da CVM, pp. 32-33, publicado em agosto de 1979, sob o título: "Oferta pública de aquisição de controle — Arts. 257 e seguintes da Lei 6.404/76".

Não abordarei nesta monografia a oferta pública de aquisição de controle constante do art. 257 da Lei das Sociedades por ações, versando este trabalho apenas o que for referente à oferta pública que visa a dar tratamento igualitário aos acionistas minoritários quando da alienação de controle de companhia aberta, suas características, extensão e efetiva proteção.

2. *Do surgimento do art. 254 da Lei 6.404/76*

O art. 254 da Lei 6.404/76, atualmente em vigor, não constava do projeto inicial da referida lei. Ele surge em meio a uma onda de fusões e incorporações de instituições financeiras incentivadas pelo Governo Federal, entre os anos de 1967 e 1973.

Isto se dava em razão da política que vinha sendo adotada no país desde os anos 50, conforme se explica a seguir: "A partir da década de 50, a política adotada pelo Governo Federal, de limitar a expansão das agências bancárias e estimular a concentração dos bancos comerciais (reduzindo seu número e criando instituições de maior porte), teve como conseqüência o aumento do valor dos blocos de controle dos bancos comerciais: impedidos de expandir suas redes de agências pela obtenção de novas autorizações outorgadas pela autoridade administrativa, os bancos passaram a buscar seu crescimento através de fusões e, mais comumente, da incorporação de outros bancos".[3]

Essas aquisições intentavam, pois, a expansão de instituições financeiras mediante a incorporação de outros bancos, para posterior utilização de suas cartas-patentes. Nessa transação considerava-se como principal valor da negociação a quantidade de autorizações para abrir agências bancárias, as referidas cartas-patentes, que possuíssem os bancos a serem incorporados. Nesse contexto, confundia-se o valor do poder de controle com o valor dos intangíveis da companhia.

Como conseqüência, os minoritários acabavam por ficar de mãos atadas frente aos novos controladores, que praticamente nada pagavam por suas ações, uma vez que no preço da aquisição do bloco de controle da empresa incluía-se o valor de tais intangíveis que não eram repassados aos minoritários quando da substituição de suas ações por novas ações da incorporadora, eis que o valor dos mesmos já havia sido pago aos controladores da incorporada.

À época as fusões e incorporações eram reguladas pelo Decreto 2.627/40, legislação, esta, que disciplinava as sociedades por ações. Referida norma legal, entretanto, mais voltada para a proteção dos credores das empresas, não dispunha de muitos mecanismos de proteção aos minoritários e, sendo assim, não regulava, por exemplo, as cessões de controle, as quais vinham reiteradamente gerando operações danosas ao mercado e aos investidores.

Assim como atualmente, naquela época a concentração empresarial fundava-se no fato de que a grande maioria das empresas brasileiras eram controladas por detentores de ao menos 50% mais uma ação votante, ou seja, controle majoritário. Desta forma, os procedimentos que visavam à concentração eram quase na totalidade das vezes precedidos de negociações privadas entre o antigo controlador majoritário e o interessado em adquiri-lo.[4]

3. José Luiz Bulhões Pedreira, em parecer exarado para o Unibanco — União de Bancos Brasileiros S/A, *Alienação de Controle para Incorporação de Banco Comercial. Interpretação dos Artigos 254 e 255 da Lei das Sociedades por Ações*, p. 21, 11 de janeiro de 1982.

4. Na síntese do breve histórico aqui apresentado foram consultadas as seguintes obras: Modesto Carvalhosa, *A Nova Lei das Sociedades Anônimas — seu modelo econômico*, Ed. Paz e Terra, 1976, pp. 118 e ss; Guilherme Döring Cunha Pereira, *Alienação do Poder de Controle Acionário*, ed. Saraiva, 1995, pp. 149 e ss., bem como as informações obtidas em entrevista com o Dr. Washington Leopoldi, à época Consultor Jurídico da Bovespa, e que partici-

O caso que se tornou mais conhecido e que gerou maior indignação no mercado foi o que envolveu uma transação de incorporação de instituição financeira da qual a Santa Casa de Misericórdia de São Paulo era acionista minoritária.

O grupo controlador do banco que visava a incorporar referida instituição financeira, de posse de informação privilegiada, dirigiu-se à Santa Casa e, em negociação direta, fora do pregão, comprou suas ações por preço relativamente superior ao da cotação em Bolsa.

Na semana seguinte alienou à instituição financeira incorporadora o bloco de controle juntamente com as demais ações adquiridas, por preço 12 vezes superior ao pago, preço, esse, previamente contratado e não divulgado ao mercado, causando, assim, patente prejuízo aos investidores que ingenuamente haviam alienado suas ações, em razão de desconhecerem os verdadeiros interesses em jogo.

Visando a superar distorções como esta, membros do Legislativo e a Bovespa (Bolsa de Valores de São Paulo) apresentaram reiterados projetos de lei.[5]

O primeiro deles foi proposto em 1972 por Herbert Levy, então deputado federal. Ocorre que o projeto apresentado à Câmara não dispunha qual deveria ser o mecanismo utilizado para alcançar-se a referida proteção aos minoritários quando a empresa tivesse seu controle alienado. Seu texto era o que segue: "Na transferência de controle acionário, por venda, os acionistas minoritários nas sociedades anônimas de capital aberto receberão por suas ações preço igual ao estabelecido para as ações do grupo ou grupos majoritários".[6]

Com a intenção de preencher essa lacuna, no ano de 1973 apresentou a Bovespa à Câmara novo projeto que previa como mecanismo para assegurar o tratamento igualitário aos minoritários a oferta pública de aquisição das ações destes, em igualdade de condições, quando da alienação onerosa de controle acionário.

No ano de 1974 o então Presidente da República, General Ernesto Geisel, declarara publicamente a sua intenção de remodelar, no sentido de fortalecer, o mercado de capitais, sendo que uma das prerrogativas para que se alcançasse referido fim seria a inserção na nova legislação de mecanismos de proteção efetiva aos minoritários.

A exposição de motivos CDE-14, de 25 de junho de 1974, elaborada pelos Ministros da Fazenda e do Planejamento e enviada ao Presidente da República, não continha outra filosofia senão a de proteger os minoritários frente aos controladores, dispondo o seguinte: "A lei estabelecerá mecanismos que impeçam que cada ação do majoritário possua um valor potencial muito superior ao de cada ação do minoritário".

Dentro deste contexto veio a público o então Ministro da Economia, Mário Henrique Simonsen, e declarou que, conforme as diretrizes do Governo, um dos mecanismos que seriam adotados na nova legislação iria prever uma forma de se estender aos minoritários os benefícios auferidos pelos controladores quando da alienação de controle de companhia aberta. Esta era a clara ideologia do II PND, que, ao estabelecer a filosofia a ser adotada para a nova Lei das Sociedades por Ações, determinou que se deveria : "(...) evitar que cada ação do majoritário possua valor de mercado superior a cada ação do minoritário".[7]

Tudo conspirava no sentido de que o Governo já estava decidido a introduzir na legislação encomendada aos juristas José

pou de todo o trâmite legal de aprovação do projeto de lei que inseriu o vigente art. 254 na atual Lei das Sociedades por Ações.

5. Consultar ainda, além dos textos já referidos, *Oferta Pública de Aquisição de Ações*, Modesto Carvalhosa, Rio de Janeiro, ed. IBMEC, 1979, pp. 113 e ss.

6. Cit. em Modesto Carvalhosa, ob. cit. p. 114.

7. Texto citado contido na p. 119 da publicação oficial.

Luiz Bulhões Pedreira e Alfredo Lamy Filho o mecanismo da oferta pública na alienação de controle acionário, como forma de proteção aos minoritários detentores de ações votantes.

Ocorre que, sem maiores explicações, em 2 de agosto de 1976 o Presidente da República encaminhou ao Congresso Nacional a exposição de motivos da nova lei, atual 6.404/76, consubstanciada na Mensagem 204, cuja orientação era completamente diversa da adotada e divulgada até então pelo Governo e por seus assessores.

Em seu item "d" referida mensagem declarava que, uma vez que os controladores possuíam responsabilidades próprias definadas na lei, das quais os minoritários não partilhavam, seria incoerente que não se atribuísse um valor econômico ao bloco acionário que garantisse o poder de controle da companhia, bem como seria da mesma forma incoerente estender aos minoritários esses benefícios econômicos.

Houve uma grande pressão sobre o Governo advinda das Câmaras Legislativas, que não acataram essa orientação contida na Mensagem 204, que foi liderada em especial pelos deputados Cunha Bueno, Alberto Hoffman e Herbert Levy — que já havia apresentado aquele primeiro projeto de lei que visava à proteção aos minoritários — e duas novas emendas foram propostas.

Entretanto, de todas, a que vingou foi a emenda n. 26, de autoria do então senador Otto Lehman, conhecida como "emenda Lehman", que, contra a vontade dos autores do projeto de lei, e por pressão dos líderes do Legislativo, foi votada pelo Congresso Nacional, sancionada pelo Presidente da República, passando a viger no corpo legal da atual Lei das Sociedades por Ações no art. 254.[8]

Antes de adentrar o tema propriamente dito, qual seja, da efetiva proteção que este dispositivo proporciona ou não aos minoritários, se faz necessária uma breve consideração a respeito do entendimento que se deva dar quanto à extensão do "poder de controle" contido no dispositivo supramencionado.

O poder de controle de uma companhia, de maneira geral, pode manifestar-se de várias formas. A CVM, em Estudo,[9] elencou algumas das formas em que se manifesta o controle nas sociedades, quais sejam: "O exercício do controle na sociedade pode originar-se quer da participação no capital, quer da efetiva direção da companhia, de vez que não se exige seja o administrador acionista. O poder de controle pode ainda se manifestar em várias outras situações fáticas como, por exemplo, na hipótese de credores de vultosas quantias exercerem influência na própria administração da vida societária".

Esta última manifestação pela CVM elencada, além de se dar "de fato", é ainda externa à sociedade.

O prof. Fábio Konder Comparato[10] faz, brilhantemente, distinção entre o controle interno — aquele em que seu titular atua dentro da sociedade, e através dos

8. Com a seguinte redação:

"Art. 254. A alienação do controle da companhia aberta dependerá de prévia autorização da Comissão de Valores Mobiliários.

"§ 1º. A Comissão de Valores Mobiliários deve zelar para que seja assegurado tratamento igualitário aos acionistas minoritários, mediante simultânea oferta pública para aquisição de ações.

"§ 2º. Se o número de ações ofertadas, incluindo as dos controladores ou majoritários, ultrapassar o máximo previsto na oferta, será obrigatório o rateio, na forma prevista no instrumento da oferta pública.

"§ 3º. Compete ao Conselho Monetário Nacional estabelecer normas a serem observadas na oferta pública relativa à alienação do controle de companhia aberta."

9. Estudos da Superintendência Jurídica da CVM, p. 2, publicado em agosto de 1979, com o título: "Oferta pública de aquisição de controle — art. 257 e seguintes da Lei 6.404/76".

10. *O Poder de Controle na Sociedade Anônima*, 2ª ed., Ed. RT, SP, 1977, pp. 33 e ss.

próprios mecanismos societários, por exemplo, nas decisões assembleares — e o externo — exercido por pessoa ou grupo não integrante da sociedade ou de qualquer órgão seu. Sempre ressaltando, entretanto, que o sentido fundamental do poder de controle é o da dominação soberana, não importando se exercido de fato ou de direito, interna ou externamente à sociedade.

Para nós, por ora, interessa apenas o conceito de poder de controle contido na Resolução 401/76 do Conselho Monetário Nacional, o qual analisaremos a seguir.

3. *A Resolução 401/76 do Conselho Monetário Nacional*

A Resolução 401/76 do Conselho Monetário Nacional, em seus itens II, III e IV, acabou, ao regular a disposição contida no art. 254 da Lei 6.404/76, por conceituar o poder de controle para efeito da aplicação de referido artigo, sendo ele:

1) aquele definido pelo art. 116 da Lei 6.404/76 (item II);

2) aquele que nasce de acordo de acionistas (art. 118 da Lei 6.404/76) (item III);

3) e, por último, o controle minoritário, "exercido por pessoa ou grupo de pessoas vinculadas por acordo de acionistas, ou sob controle comum, que é titular de ações que lhe asseguram a maioria absoluta dos votos dos acionistas presentes nas três últimas assembléias gerais da companhia" (item IV).

Nesta última hipótese a resolução contempla o poder de controle exercido de fato, desde que este tenha se manifestado pelo prazo de três anos consecutivos.

É interessante observar, entretanto, que, muito embora a Resolução 401/76 não tenha estendido a aplicação do art. 254 a alguns casos de alienação de controle, por exemplo ao delimitar que deva ser o mesmo dirigido apenas aos acionistas minoritários detentores de ações votantes, excluindo, pois, os preferencialistas sem direito de voto, e talvez os com voto restrito, entendeu por bem estender as hipóteses de controle previstas no art. 116 da Lei das Sociedades por Ações, que definem o controle para efeito de aplicação daquela lei.

Neste sentido os profs. Calixto Salomão Filho e Mário Stella Richter, em estudo publicado na *Revista de Direito Mercantil*, ao tratarem da oferta pública prevista no art. 254, assim entenderam o escopo da Resolução 401/76:[11] "A regulamentação da oferta pública de aquisição de controle deve também ser analisada dentro de seu contexto juspolítico. Como é sabido, a Res. 401 surgiu em meio a grande controvérsia com relação à conveniência de impor oferta pública aos adquirentes de controle. Ao conturbado processo de aprovação legislativa do art. 254, *caput* e § 1º que acabou prevendo a obrigatoriedade da oferta pública, de acordo com a Emenda Lehmann e contrariamente ao Projeto do Executivo, seguindo-se a sua regulamentação administrativa. Através dela procurou-se restringir ao máximo o alcance do referido artigo".

E, mais adiante: "(...) A própria Res. 401 amplia a *fattispecie* 'controle' prevista na lei societária, nela incluindo o caso de sócio não majoritário que exercitou o poder majoritário de voto nas últimas três Assembléias em função da ausência dos acionistas (n. IV)".

Desta forma, conforme veremos mais adiante, esta disposição legal, que possuía, ao menos em princípio, o escopo de proteger minoritários quando houvesse alienação de controle de sociedade de capital aberto, acabou por criar uma série de problemas e por protegê-los muito restritamente.

11. "Interesse social e poderes dos administradores na alienação de controle", *RDM* 89/68, ano XXXII, 1993.

4. Da efetiva proteção aos acionistas minoritários

4.1. Da não extensão aos preferencialistas sem direito de voto e da dúvida quanto aos possuidores de voto restrito

Muito embora a própria Resolução 401/76 tenha expressamente determinado que a extensão da oferta pública deve-se dar apenas às ações com direito de voto de propriedade dos demais acionistas, excluindo, pois, os preferencialistas sem direito de voto e deixando uma dúvida quanto aos de voto restrito, é interessante que se faça uma análise das justificativas que embasam esta exclusão, bem como da posição de alguns juristas e doutrinadores frente a esta disposição legal.

Em princípio, o que fundamentalmente justifica a disposição legal contida no art. 254 da lei em questão é o fato de que o bloco de ações que proporciona a seus detentores o exercício do poder de controle possui valor superior àquele individual de cada ação.

Ainda que quanto à natureza jurídica do controle societário haja uma profunda e extensa discussão doutrinária, é pacífico tanto na doutrina como na jurisprudência que esse *plus* de valor contido no bloco de controle existe e é incluído no preço quando de sua alienação.

Os próprios redatores da Lei 6.404/76, os profs. Alfredo Lamy Filho e Bulhões Pedreira, ao tratarem do poder de controle na exposição de motivos daquela lei, a já citada Mensagem 204, assim entenderam: "Toda economia de mercado atribui valor econômico ao controle da companhia, independentemente do valor das ações que o asseguram; o valor das ações resulta dos direitos, que conferem, de participação do poder de determinar o destino da empresa, escolher seus administradores e definir suas políticas".

Neste sentido também posicionou-se, entre outros autores, o prof. Mauro Rodrigues Penteado:[12] "O poder de controle acionário, é escusado dizer, tem significativo valor econômico, que é melhormente verificado quando de sua alienação. Antes da promulgação da Lei 6.404/76 esse valor era auferido apenas pelo titular do poder de controle e a solução continuaria a mesma, caso vingasse o texto do Projeto do referido diploma legal".

Conforme veremos mais adiante, houve uma grande discrepância no que diz respeito ao entendimento de doutrinadores ao analisar a emenda Lehman, que acabou por consolidar-se no art. 254 da Lei das Sociedades por Ações.

Alguns entenderam que não caberia aplicar esse mecanismo de proteção aos minoritários preferencialistas, uma vez que não possuíam eles qualquer relação com o controle da companhia, não tendo, pois, qualquer direito, patrimonial ou não, quando houvesse alienação do controle da sociedade da qual fossem acionistas.

Neste sentido, defendem estes a posição de que o *plus* que se paga pelo bloco de controle refere-se exclusivamente ao desalojamento de uma administração que dá a possibilidade que surge aos novos controladores de conduzirem os negócios da companhia de forma a gerar mais lucros. Esta filosofia está embasada pela Escola de Chicago, hoje dominante nos Estados Unidos, cuja linha mais liberal superou a da Escola de Harvard, entendendo que o próprio mercado se protege de eventuais abusos e se acomoda via preço.

Outros autores, entretanto, entenderam que para efeito de proteção de minoritários seria claro que se deveria estender a oferta aos preferencialistas, mesmo porque os minoritários ordinários não possuem o poder de controle. Ou seja, ou protege-se o

12. "Apontamentos sobre a alienação do controle de companhias abertas", *RDM* 76/17, ano XXVIII, 1989.

minoritário *lato sensu*, aquele que não tem como vetar as decisões da maioria, ou a lei não alcança seu objetivo, qual seja, de efetiva proteção.

Esta corrente funda-se no princípio de que o que se deve proteger é o direito de saída, em justas condições, dos minoritários quando mudam as bases de controle da empresa. O que deve ser considerado, pois, é permitir que o acionista saia do quadro societário uma vez que não concorde com a nova administração, recebendo por suas ações o valor real das mesmas, incluídos aí as perspectivas de lucro, o valor dos intangíveis e tudo o que estiver agregado ao valor que significar possuir o controle da empresa.

Outros autores, ainda, entendem que, quando há uma alienação de controle e os adquirentes pagam por esse bloco um valor mais elevado, estão incluídos neste valor não só o poder de direcionar a companhia como, também, intangíveis e outros ativos que pertencem não só aos controladores mas também a todos aqueles que participam da sociedade, portanto a todos os minoritários, votantes ou não.

Neste sentido, entendem que a capacidade que a empresa possui de produzir lucros é preexistente às novas diretrizes que vierem a ser tomadas pelos novos controladores; logo, este valor deve ser dividido entre todos os acionistas, independentemente de possuírem voto ou não.

Há ainda uma última posição a ser considerada, que se refere ao que será feito da companhia após a mudança do controle. Sendo a mesma extinta após a alienação, por exemplo ao ser incorporada a outra empresa, ocorrerá uma agregação dos valores de ambas que possibilitará a geração de maiores lucros, e, neste sentido, entendem alguns, seria correto que esse valor a mais fosse distribuído entre todos os seus acionistas.

Podemos perceber, conforme já exposto no item 2, *supra*, que todo o cerne da questão diz respeito à confusão que pode ocorrer quando há uma alienação de controle entre o que deve ser considerado para efeitos patrimoniais como "valor de controle", "valor de intangível", e, ainda, se a confiança depositada nos controladores alienantes, pelos minoritários, deve ser considerada para efeito de proteção. Ou seja, se, havendo troca de controladores e os minoritários não confiarem na nova administração, se deve proporcionar-lhes algum mecanismo de saída da empresa.

A seguir transcreverei trechos de textos e pareceres exarados por doutrinadores e juristas, em sentidos diversos.

De acordo com a primeira corrente doutrinária, assim manifestou-se o prof. Arnoldo Wald:[13] "(...) o legislador se refere sempre aos acionistas majoritários, e minoritários que só podem ser os titulares das ações com voto, pois os preferenciais sem direito de voto não podem ser caracterizados como tendo uma posição política na sociedade".

E, após citar uma série de jurisprudências e de manifestações doutrinarias, conclui o autor: "A apresentação cansativa de exaustivas citações que acabamos de fazer com a única finalidade de comprovar o consenso que existe entre a lei, a jurisprudência e a doutrina na matéria, para comprovar que se reconhece de modo manso e pacífico que as ações preferenciais não se incluem na oferta pública de aquisição de controle e que o art. 255 oferece uma alternativa mais benéfica para o adquirente do controle acionário, ao permitir a substituição da oferta pública pelo rateio (...). "*Na realidade, o privilégio econômico dado à ação preferencial não deixa de ser uma forma de compensação pelo fato de não participar do poder político representado pelo controle da empresa. (...). Não há assim qualquer dúvida possível quanto ao fato de não se considerar as ações prefe-*

13. "Do descabimento da oferta pública de compra em relação às ações preferenciais", *RDM* 45/9, ano XXI, 1982.

renciais, sem direito de voto, como participando do controle da companhia, que é definido, na atual lei societária" (grifei).

Adotando a segunda corrente doutrinária, Nélson Cândido Motta assim manifestou-se:[14] "Os abalos e os efeitos que poderiam derivar das inovações ampliadas pela emenda Lehman (convertida no atual art. 254) foram amortecidos e controlados pelo Conselho Monetário Nacional, através da Resolução 401/76, mediante a utilização exorbitante — ainda que moderadora — do poder regulamentar, exercido no caso com o evidente propósito de limitar e circunscrever a órbita de atuação daquela norma legal. Visando restringir — talvez até para viabilizar — nos negócios de alienação de controle de sociedades abertas comuns a regra de tratamento igualitário aos sócios não controladores, a Resolução 401 desfigurou e distorceu o verdadeiro sentido da expressão 'acionistas minoritários', que, para o efeito da oferta pública prevista no art. 254, passou a abranger apenas as ações com direito de voto. Registre-se, a propósito, que, ao referir-se às ações dos controladores ou majoritários, o § 2º do art. 254 remarcou a sinonímia entre as duas expressões e, portanto, deixou claro que, correlativamente, hão de ser também entendidas como sinônimas, na interpretação gramatical da lei, as expressões 'não controladores' e 'minoritários'. *Admitir que as ações preferenciais, porque não votam, tenham menos direitos — salvo os direitos políticos — do que as ações ordinárias equivale a reconhecer que o direito de voto possa ser causa de desigualdade entre acionistas, quer em relação ao patrimônio da sociedade, quer em relação ao tratamento que a lei manda dispensar a todos, indistintamente, nos casos de alienação de controle de companhia aberta* (...). O ato administrativo que pretenda converter o direito de voto numa qualificação privilegiada (para efeito de acesso aos procedimentos legais de proteção da minoria) corre o risco de ser averbado de arbitrário, injurídico e ilegal" (grifei).

Por derradeiro, o autor Luiz Leonardo Cantidiano faz a diferenciação quanto à proteção que se deva dar aos minoritários no que diz respeito ao intuito da alienação do controle. Para ele, se a alienação implicar apenas novos administradores, não sofreriam, em tese, quaisquer minoritários, algum tipo de prejuízo, descabendo, portanto, a extensão da oferta pública a qualquer deles, ordinários ou preferenciais. Mas, na hipótese de o novo controlador visar à extinção da companhia, aí, sim, a oferta deveria ser estendida para todos os minoritários, pois todos eles estariam em situação na qual poderiam sofrer prejuízos; vejamos:[15] "Hipótese bem diversa é aquela em que o adquirente do controle tem em vista, uma vez consumada a operação, a extinção da sociedade controlada, mediante incorporação, fusão ou cisão integral. *Em tal situação, em que a extinção da companhia é uma pré-condição da transferência do controle, o negócio repercute necessária e inevitavelmente na esfera do interesse jurídico e patrimonial de todos os acionistas, e não apenas daqueles que integram a mesma espécie da classe do acionista controlador*" (grifei).

Resta ainda uma lacuna, legal e doutrinária, no que diz respeito às ações preferenciais com voto restrito.

Neste caso, seria, no meu entender, necessário que se procedesse a um exame caso a caso. Dependendo das restrições de voto que possuíssem as ações preferenciais, caberia ou não a extensão da oferta. Isto na hipótese de considerarmos a corrente que entende que a oferta pública deve estender-se apenas àqueles que possuem ações votantes, por serem os únicos com relação direta de controle.

14. "Alienação de controle de instituições financeiras. Acionistas minoritários. Notas para uma interpretação sistemática da Lei das S/A", *RDM* 46/41, ano XXI, 1982.

15. "Alienação e aquisição de controle", *RDM* 59/62, ano XXIV, 1985.

Nesta esteira de raciocínio poderíamos concluir que em uma companhia na qual o direito de voto dos preferencialistas se restringisse, por exemplo, à escolha da auditoria contábil da empresa, como mecanismo de controlar as informações aos mesmos oferecidas, não deteriam estes qualquer parcela do controle administrativo propriamente dito e tampouco teriam influência na gestão da empresa, não devendo, portanto, ser a oferta estendida aos mesmos.

Faz-se necessária, por fim, uma breve referência a acórdão proferido em 14 de setembro de 1993 pelo STJ.[16]

Versou referida ação sobre uma alienação de controle acionário de instituição financeira que visava a posterior incorporação. Entenderam os Ministros julgadores que já no início do processo de incorporação das empresas, ou seja, quando da transferência do controle, estariam não só as ações ordinárias como também as ações preferenciais sujeitas à oferta pública de aquisição.

Tal decisão fundamentou-se no art. 255 da Lei 6.404/76, que, muito embora seja semelhante ao art. 254, cuida especificamente das companhias abertas que dependam da autorização do Governo para funcionar.

De qualquer forma, o acórdão em questão é bastante inovador na jurisprudência brasileira, vez que esta, amparada pela doutrina majoritária e pela CVM, sempre manifestou-se no sentido de que seria impossível se estender a oferta pública aos preferencialistas no momento da transferência do controle.

Para determinar a extensão da oferta aos acionistas detentores de ações preferenciais o acórdão levou em consideração, basicamente, os fatos de que, em primeiro lugar, a posterior incorporação da instituição financeira era sabida, e, por conseguinte, no valor do controle encontrava-se inserido o valor de sua carta-patente, valor, este, que, indiscutivelmente, fazia parte do acervo da companhia e pertencia a todos os seus acionistas, independentemente de classe.

Em que pesem essas razões específicas — *in casu*, a extinção da empresa e de sua personalidade jurídica no momento da incorporação — criou o acórdão, sem dúvida, um precedente para que se vislumbre a possibilidade de se estender a oferta pública aos preferencialistas mesmo que não se trate de companhia que dependa do Governo para funcionar, e ainda, não obrigatoriamente a mudança no poder de controle implique posterior extinção da empresa. Neste sentido assim pronunciou-se o prof. Calixto Salomão Filho ao comentar o v. acórdão:[17] "Inserir a sociedade em uma outra estrutura empresarial, ainda que com a manutenção da personalidade jurídica, faz supor uma possível alteração da perspectiva de lucro do acionista. Quando essa inserção é acompanhada de uma mudança do direcionamento empresarial, essa perspectiva é ainda mais presente. E os preferencialistas, muito mais que os próprios detentores de ações ordinárias, são capitalistas por excelência. Não é possível alterar a organização empresarial à qual aderiram em função de determinada expectativa de lucro sem atingir gravemente seus interesses. *Nesse sentido, eles são titulares não apenas do acervo empresarial, mas também da organização empresarial, tanto quanto os demais acionistas com direito de voto, devendo receber o co-respectivo pelo seu valor quando da alienação de controle*" (grifei).

E, mais adiante: "De outro lado, não parece haver motivo sistemático para a aplicação dessa solução apenas a instituições financeiras. A não inclusão dos preferencialistas na oferta pública no caso de alie-

16. STJ, REsp 34.834-5-PR 3ª T., rel. Min. Waldemar Zveiter, v.u., *RDM* 95/91-96, ano XXXIII, 1994, com comentário do prof. Calixto Salomão Filho.

17. Em comentário ao acórdão supracitado, p. 99.

nação que contenha os dois requisitos descritos acima (coincidência controle-valores imateriais e alienação da organização empresarial) parece ser totalmente contrária aos objetivos que guiaram a própria elaboração do art. 255 (ainda que, repita-se, ele faça referência expressa apenas às alienações de controle de instituições financeiras), qualquer que seja a atividade da companhia aberta. O fato de ser instituição financeira torna essa distorção apenas mais aparente".[18]

4.2. *Da não extensão às companhias fechadas*

Diante de todas as delimitações de aplicação do art. 254 da lei, não se pode concluir com tranqüilidade que seu escopo principal seja o de efetivamente proteger minoritários.

Se o legislador de fato visava a proteger os minoritários, por que não estendeu este dispositivo às companhias fechadas, nas quais a saída do minoritário do quadro societário das empresas é bem mais complicadas?

É bem verdade que o estatuto social da companhia fechada pode fazer previsão expressa nesse sentido, mas também é verdade que o estatuto social da companhia aberta também pode. E me parece não haver dúvida de que pela simples razão de não contarem os acionistas de companhia fechada com o expediente de se retirarem da companhia via Bolsa de Valores sua saída do quadro societário da empresa torna-se bem mais complexa, necessitando estes, ao menos em tese, de mais proteção neste sentido.

Na mesma esteira deste entendimento vários autores manifestaram-se a respeito. Vejamos o que disse o prof. Mauro Rodrigues Penteado:[19] "(...) para as companhias fechadas, a operação circunscreve-se a um negócio privado entre cedente e cessionário, sem beneficiar os acionistas minoritários, ao passo que nas companhias abertas é exigida a realização de oferta pública de aquisição de ações, de sorte a propiciar aos acionistas não controladores tratamento igualitário ao recebido pelo detentor do controle (art. 254). Essa forma dicotômica — que soa injustificável, uma vez que nas companhias fechadas os acionistas minoritários encontram maiores dificuldades para vender as suas ações, a preços eqüitativos — (...)".

E, ainda, o prof. Luiz Leonardo Cantidiano:[20] "Problema maior ocorre, no entanto, na companhia fechada, em que o acionista minoritário, se discordar da venda do controle, fica impedido de se desfazer das suas ações. Parece que ele, acionista da companhia fechada, mereceria muito mais a proteção da lei".

Não podemos culpar a Resolução 401/76 no que diz respeito à não extensão da oferta aos minoritários de companhia fechada, uma vez que não possui o Conselho Monetário Nacional, ao editar normas regulamentares a serem aplicadas pela Comissão de Valores Mobiliários, competência para legislar sobre companhias fechadas. Entretanto, no meu entender, a Emenda Lehman, ao invés de ter sido tão tópica e casuísta, deveria ter feito referência expressa neste sentido, vez que a Lei das Sociedades por Ações regula tanto as companhias fechadas como as abertas.

4.3 Transferência indireta de controle

Outra questão que gerou dúvidas e controvérsias diz respeito aos casos de alienação indireta de controle.

Imaginemos o seguinte caso.

A sociedade "A", de capital aberto, é controlada pela sociedade "B", que detém

18. Idem, p. 103.

19. "Apontamentos sobre a alienação do controle de companhias abertas", *RDM* 76/17, ano XXVIII, 1989.

20. "Alienação e aquisição de controle", *RDM* 59/60, ano XXIV, 1985.

51% de suas ações votantes. "B", por sua vez, tem como sócios "X", possuidor de 51% das ações votantes, e "Y", detentor de 49% de suas ações votantes.

Em um determinado momento "X" aliena todas as suas ações a "Z", que passa a ser o controlador de "B". Devemos entender que houve alienação de controle, devendo o adquirente "Z" estender a oferta pública de aquisição de ações aos minoritários de "A"?

Entendeu a CVM no Parecer 86/82, que sim. Neste sentido também manifestou-se Luiz Leonardo Cantidiano:[21] "Outra questão a ser colocada está relacionada à transferência do controle indireto de uma companhia, através da venda do controle de sua controladora. Aí, também, parece ser indiscutível que, mediante a operação de transferência do controle acionário da sociedade *holding*, o que se pretende é a alienação do controle da sociedade que esta controlava".

E prossegue o mesmo autor: "Se a companhia aberta comum é controlada por uma *holding* fechada, e esta tem o seu controle alienado, deve ser observada a regra do art. 254 da lei? Após inúmeras discussões, a CVM, por decisão de seu colegiado, conclui que dita regra é aplicável não só na alienação direta do controle, mas também quando ocorre alienação indireta, sob o fundamento de que é irrefutável, do ponto de vista econômico, que a alienação do poder de comando da sociedade controladora atinge, por via indireta, a transferência do controle da companhia controlada".

4.4 *Acordo de acionistas*

Em relação às mudanças de controle que se derem internamente a acordos de acionistas, o entendimento da Comissão de Valores Mobiliários foi o de que não caberia extensão da oferta se a sociedade permanecesse controlada pelo acordo. Ou seja, não considerou o controlador como sendo um ou outro signatário do acordo, e sim o acordo como um todo.

Imaginemos o seguinte caso: a companhia "A" é controlada por acordo de acionistas no qual são signatários três sócios, "X", "Y" e "Z", sendo que cada qual possui 20% do seu capital votante, estando os 40% restantes pulverizados no mercado.

Cada qual, individualmente, não controla a companhia, mas, em razão do acordo, juntos detêm 60% das ações votantes da companhia, ou seja, o controle da mesma. Entretanto, se "Y" alienar a "Z" a sua participação, este último, independentemente de qualquer acordo de acionistas, poderá passar a ser o controlador da empresa.

Se, entretanto, mesmo em razão desta alienação, os termos do acordo permanecerem em vigor, ou seja, o controle não passar a ser exercido apenas por "Z", que sozinho o detém, e sim por todos os signatários do acordo, conforme já vinham exercendo-o antes desta alienação, entendeu a CVM que não houve troca de controle e que não seria necessário "Z" fazer oferta pública a todos os minoritários votantes.

5. *Alguns julgados da Comissão de Valores Mobiliários envolvendo alienação de controle de companhias abertas*

Parecer CVM/SJU-58/78, Ementa: "Somente a alienação de controle através de venda ou permuta de ações cujo(s) titular(es) esteja(m) no efetivo exercício do controle enseja oferta pública aos minoritários, nos termos da Resolução 401/76".

Ocorreu, no caso em questão, o seguinte: uma pessoa física, embora não possuísse a maioria do capital social votante, 50% mais uma ação votante, exercia de fato o controle da empresa. Houve uma série de acontecimentos, vindo este controlador, de fato, a adquirir novo bloco de ações que

21. Ob. cit., p. 60.

lhe permitiam continuar exercendo o controle daquela companhia, porém de direito, ou seja, com 50% mais uma ação do capital votante.

"A", então, controlava de fato uma companhia. Referida companhia possuía como controladora, de direito, uma sociedade limitada que era detentora da maioria de seu capital votante, muito embora não usasse de seu poder para controlá-la.

Essa sociedade limitada foi em um determinado momento extinta, tendo sido seu acervo distribuído de acordo com os quinhões possuídos por seus sócios.

"B", então, que era controlador desta sociedade limitada, passou a ser o maior acionista da companhia. Neste momento "B" alienou o bloco de ações que possuía para "A", controlador de fato da companhia, que passou a ter também o controle de direito, majoritário, da companhia.

No caso, houve duas trocas de controle: a primeira quando da extinção da sociedade limitada que tinha o controle da companhia, muito embora não o exercesse, na qual o controle passou a ser de seu sócio majoritário "B"; e a segunda quando "B" alienou sua participação para "A", sócio controlador de fato da companhia.

Entendeu a CVM, aliás com muita propriedade ao meu ver, que, mesmo ocorrendo todas estas mudanças, "A" sempre esteve no controle, apenas que em um primeiro momento de fato, e em seguida de fato e de direito. Portanto não caberia, nesse caso, a aplicação do art. 254 da Lei 6.404/76 e da Resolução CMN 401/76. Houve um investidor que reclamou dessa transação à CVM mas esta declarou, em parecer, que ele não teria direito à extensão da oferta.

Desta mesma forma entendeu a CVM recentemente ao manifestar-se sobre a privatização da Vale do Rio Doce.

A Vale é uma empresa estatal, controlada pelo Governo Federal, que detém 75% de suas ações votantes, estando os outros 25% pulverizados no mercado.

A privatização desta empresa está esquematizada da seguinte forma: em um primeiro momento o Governo Federal alienará 45% de suas ações a uma *holding*, que passará, então, a controlar de fato a estatal, mantendo o primeiro, em mãos, os 30% restantes das ações votantes.

Em um segundo momento o Governo alienará novo bloco de ações à mesma *holding*, que passará, então, a deter o controle majoritário, ou seja, 50% mais uma ação votante pelo menos.

Entendeu a CVM, naquele mesma esteira de raciocínio, que o momento de se estender a oferta pública aos minoritários votantes será quando da compra do primeiro bloco de ações, qual seja, 45% destas, e quando da segunda compra não, uma vez que não haverá troca de controle naquele momento, eis que a *holding* já estará exercendo o controle de fato da companhia.

Parecer CVM/SJU-09/83, Ementa: "O instrumento de oferta pública para aquisição de ações emitidas por companhia aberta, cujo objetivo é estender aos acionistas minoritários as mesmas condições da aquisição do controle da companhia, deve atender aos dispositivos da Lei 6.404/76, de 15 de novembro de 1976, e da Resolução 401, de 22 de dezembro de 1976 do Conselho Monetário Nacional. É de se proceder à verificação do cálculo do preço pago aos minoritários, para que estes recebam tratamento igualitário".

Este parecer refere-se ao contrato de cessão e transferência de ações que compunham o controle acionário da Banylsa Tecelagem do Brasil S/A, firmado na data de 15 de março de 1982.

A alienação de controle foi contratada sob condição suspensiva de que o adquirente estendesse a oferta pública de aquisição a todos os detentores de ações ordinárias da empresa.

O que me pareceu interessante neste parecer é o fato de que através dele visou a CVM a proteger o mercado como um todo através da regra de tratamento igualitário constante do art. 254 da Lei das Sociedades por Ações, e não os minoritários propriamente ditos.

No instrumento de alienação de controle ficou acordado entre o alienante e o adquirente que o preço a ser pago pelas ações seria o de Cr$ 1,442 por ação.

Entretanto, os controladores receberiam uma parte deste valor à vista e o restante em 3 lotes de 20 promissórias, vencendo a última 6 meses após o primeiro recebimento. Os minoritários, por sua vez, receberiam o valor integral à vista.

Entendeu a CVM que isto não estaria correto, e que, portanto, se deveria efetuar cálculo deflacionando as parcelas a serem recebidas pelos minoritários, para que se chegasse ao valor exato que desembolsariam os adquirentes.

Questionou a CVM, pois, o tratamento igualitário, valendo-se do princípio contido no dispositivo legal, qual seja, de que o tratamento igualitário significa que tanto os minoritários quanto os controladores devem receber o mesmo preço, e nas mesmas condições, não devendo ocorrer vantagem para nenhum dos lados.

Parecer CVM/SJU-79/83, Ementa: "A inexistência do pagamento de ágio na venda do bloco de controle não afasta a obrigatoriedade do igual tratamento aos minoritários, previsto no art. 254 da Lei 6.404/76, mediante o lançamento de oferta pública, pelo mesmo preço obtido pelos controladores cedentes".

Neste parecer manifestou-se a CVM no sentido de analisar os princípios que levaram o legislador a determinar a obrigatoriedade da oferta pública aos minoritários quando houver transferência de controle de companhia.

Ou seja, tendo em vista que o controle possui valor econômico que pode ser destacado das ações que o asseguram, buscou o legislador, através deste dispositivo, garantir as mesmas vantagens aos minoritários que auferissem os controladores.

Por disposição legal cabe à CVM autorizar a negociação, zelando pelo tratamento igualitário dos minoritários, que devem receber valor idêntico aos controladores, não importando, para efeitos legais, se esse valor é maior ou menor que o patrimonial ou de Bolsa.

No caso concreto há um controle interno minoritário exercido em conjunto. Os 40% das ações com direito de voto transacionados representam nesta companhia o controle, devendo, pois, ser enquadrada no item IV da Resolução 401/76, que contempla a alienação de controle exercida por minoria.

Há ainda outro ponto importante que diz respeito ao fato de estar a companhia deficitária e o preço das ações envolvidas na negociação não ter alcançado nem 5% do valor patrimonial das mesmas. Entretanto, o fato de não haver um ágio de controle, que implica sobrepreço pago em relação ao valor das ações, não retira a obrigatoriedade da oferta pública, segundo o que entendeu a CVM.

Isto porque entendeu a CVM que o direito dos minoritários de alienarem suas ações nas mesmas condições que os controladores é direito conferido expressamente por lei, ainda que se trate de companhia deficitária, e que, *in casu,* a oferta pública justifica-se inclusive pela perda de liquidez das ações no mercado.

Ou seja, ainda que o controle tenha sido alienado sem ágio, era vantajoso para todos os minoritários alienarem suas ações devido à falta de liquidez destas no mercado, em razão de estar a companhia deficitária e suas ações sem liquidez.

Parecer CVM/SJU-63/83, Ementa: "A oferta pública de compra de ações dos acionistas minoritários deve ser feita, de acordo com a lei societária, simultaneamente à compra das ações dos acionistas controladores. Toda vez que decorrer um prazo entre a contratação da compra e a efetivação do pagamento, a época adequada para a extensão da oferta pública de compra das ações dos minoritários é a da contratação, e não a do pagamento".

Referido parecer versa sobre situação bastante similar ao que acontece atualmente no caso referente à privatização da Vale do Rio Doce, conforme visto no primeiro parecer aqui citado. Vejamos o que ocorreu *in casu*.

A empresa interessada em adquirir o controle da outra empresa fez oferta pública a todos os acionistas detentores de ações ordinárias nos seguintes termos: adquiriria ¼ da totalidade das ações votantes da companhia, de todos os interessados em aliená-las, minoritários ou não — essa seria a forma de rateio —, e os ¾ restantes seriam adquiridos em três anos, por preço previamente estabelecido.

Entendeu a CVM que sempre que houver lapso de tempo entre a contratação e a efetivação do pagamento, como ocorre *in casu*, deve a oferta pública ser realizada no momento em que há a transferência jurídica do controle, ou seja, no momento da contratação, e não do pagamento.

A transferência de controle desta empresa envolveu acordo de acionistas. Firmaram os antigos controladores, com os novos controladores, acordo de acionistas que transferia o poder dos primeiros aos segundos, muito embora estes últimos só fossem adquirir a maioria das ações votante em dois anos, quando comprassem os ¾ restantes.

Isto significa que, muito embora os adquirentes só fossem ter o controle respaldados pela propriedade legítima da maioria das ações votantes, ou seja, controle majoritário de direito que iria ser adquirido dois anos após terem iniciado as negociações, o controle foi de fato aos mesmos transferido no momento em que firmaram acordo de acionistas com os alienantes, no momento inicial das negociações, quando adquiriram ¼ de todas as ações votantes da companhia, e neste momento é que deveriam ter realizado a oferta pública, e não ao final da operação, como fizeram.

6. Direito comparado

6.1 Direito americano

No Direito americano não há disposição legal expressa no sentido de obrigar os adquirentes de controle societário a realizar oferta pública em iguais condições aos minoritários.

Em que pese a ter parte da doutrina e da jurisprudência americanas se posicionado no sentido de que quando houver alienação de controle da companhia aberta deva-se proteger, ou ao menos se considerar, os interesses dos minoritários, as disposições legais expressas são apenas em sentido amplo e conceitual, e encontram-se contidas nas normas de *disclosure* e *insider trading* (informação privilegiada) — art. 16(b) do *Securities Exchange Act* de 1934 (SEA) e a conhecida regra 10b(5), promulgada pela *Securities Exchange Commission*.

Sendo assim, em princípio, são os controladores livres para alienar suas ações desde que não firam nem prejudiquem interesses dos minoritários, tampouco valham-se de fraude ou de meios fraudulentos ou, ainda, de informação privilegiada, e, finalmente, conduzam a operação dentro das regras de informação (*disclosure*) e transparência e conforme os princípios gerais de lealdade e boa-fé.[22]

É nesta esteira de entendimento que vêm reiteradamente decidindo os Tribunais americanos, conforme se observa em trecho a seguir transcrito, extraído de sentença proferida no caso *Zetlin v. Hanson Holdings, Inc.* "(...) it has long been settled law that, absent looting of corporation assets, conversion of a corporate opportunity, fraud or other acts of bad faith, a

22. Quanto à evolução da doutrina e jurisprudência no Direito americano v. também: *Alienação do Poder de Controle Acionário*, Guilherme Döring Cunha Pereira, ed. Saraiva, 1995, pp. 120 e ss., e "A oferta pública, a igualdade dos acionistas e o Direito Comparado", Arnoldo Wald, *RDM* 43/15-18, 1981.

controlling shareholder is free to sell, and a purchaser is free to buy, that controlling interest at a premium price". E, mais adiante: "The premium is the added amount an investor is willing to pay for the privilege of directly influencing the corporation's affairs".[23]

Doutrinariamente, a questão da oferta pública no Direito americano surgiu no ano de 1965, quando o célebre jurista americano William D. Andrews escreveu o artigo "The stockholder's right to equal opportunity in the sale of shares".[24]

Defendia o autor a tese de que todos os acionistas detentores de ações de mesma espécie e classe deveriam possuir a mesma oportunidade de aliená-las. Ainda nessa época a doutrina dominante, sintetizada pelo autor, entendia que o poder de controle pertencia à companhia, e não aos controladores propriamente ditos. E que todos os benefícios econômicos auferidos pelos controladores, quando da alienação do controle desta, deveriam ser estendidos aos minoritários.

Neste sentido, assim manifestou-se:[25] "I propose to consider the sale-of-control problem from the point of view of the proposition that a controling stockholder should not be free to sell, at least to an outsider, expect pursuant to a purchase offer made equally available to other stockholders; or, put in the affirmative, that one of the rights of the minority stockholders is to have an equal opportunity with all other stockholders to participate ratably in any sale of shares pursuant to a favorable offer for the purchase of controlling shares in their corporation"[26] (grifei).

Dez anos antes, em 1955, a sentença proferida no caso *Perlman v. Feldman*, inovando a jurisprudência, determinou que o *premium* recebido pelos controladores/administradores quando da alienação do controle da *Newport Steel Corporation* para a *Wilport Company* deveria ser estendido a todos os minoritários da *Newport*.[27]

Basearam seu entendimento na tese desenvolvida por Berle e Means no sentido de que a alienação de controle de uma empresa era na verdade a alienação de um bem social, e que, portanto, o valor do ágio pago pelo bloco de controle era de propriedade do todos os acionistas da empresa. Referida sentença fundou-se, ainda, no princípio de que, sendo os controladores administradores de bens alheios, fiduciários pois, não podiam apropriar-se desse ágio em prejuízo nem da sociedade nem dos minoritários. *In casu*, entenderam os julgadores (vencedores) que houve prejuízo a ambos, companhia e minoritários.

Vale ressaltar, entretanto, que esta é uma das poucas, se não a única decisão proferida por Corte superior americana neste sentido. Ou seja, de resolver a lide determinando a extensão do benefício auferido pelos administradores aos minoritários.

23. Trecho de decisão proferida em 1979 pela *Court of Appeals* de Nova York, no caso *Zetlin v. Hanson Holdings, Inc.* 48 NY 2d 684, 421 NYS 2d. 877, 397 N.E. 2d. 387, in Cary e Eisenberg, *Corporations, Cases and Materials*, Nova York, ed. The Foundation Press, 1988, p. 656.

24. Publicado na *Harvard Law Review* 78/505-563, 1965. Neste mesmo entendimento v. também "Toward undistorced choice an equal treatment in corporate takeovers", Lucian Arye Bebhuk, *Harvard Law Review* 98/695-1808, 1985.

25. Esse entendimento vem sendo especialmente desenvolvido com maior profundidade desde a publicação da obra de Berle e Means, em 1932, *Sociedade por Ações e Propriedade Privada*, que faz clara distinção entre a propriedade e o poder. Por esta razão, entenderam referidos autores que a alienação do controle implicava a alienação de bem da sociedade, e que, portanto, quem deveria receber o ágio contido no bloco de controle deveria ser a sociedade, e não os controladores. No Brasil a evolução dessa consciência jurídica de proteção dos minoritários foi objeto de aprofundado estudo do prof. Fábio Konder Comparato, ob. cit., pp. 217 e ss.

26. William D. Andrews, in ob. cit., p. 506.

27. Perlman *et al.*, Plaintiffs-Appellants, v. C. Russell Feldmann, Newport Steel Corporation, 219 F.2d 173; 50 A.L.R. 2d 1134, argued in 1954, decided in 1955.

É importante ainda que se coloque que esse acórdão contou com o voto vencido do v. Juiz Swan, que assim se manifestou: "The power to control the management of a corporate, that is, to elect directors to manage its affairs, is an inseparable incident to the ownership of a majority stock, (...) Concededly a majority or dominant shareholder is ordinarily privileged to sell his stock at the best price obtainable from the purchaser. In so doing he acts on his own behalf, not as an agent of the corporation. If he knows or has reason to believe that the purchaser intends to exercice to the detriment of the corporation the power of management acquired by the purchase, such knowledge or reasonable suspicion will *terminate the dominant shareholders's privilege to sell and will create a duty not to transfer the power of management to such purchaser*"(grifei).[28]

Isso significa que, no entender do ilustre Juiz Swan, pode e deve o controlador buscar obter na alienação de seu bloco acionário o melhor preço e o maior ágio possível, sem que isso necessariamente implique perda ou dever de dividir essa soma com os minoritários. E, ainda, que o dever de fidúcia se dá no sentido de não poder o controlador alienar o controle quando tiver conhecimento ou suspeita de que os adquirentes o usarão em detrimento da companhia e/ou dos minoritários.

Atualmente, conforme já dito anteriormente, as alienações de controle fundamentam-se nas normas de *disclosure* e *insider trading*, mencionadas no início deste item. E a jurisprudência vem decidindo reiteradamente no sentido de que os controladores são livres para alienar com ágio o bloco de ações que possuem desde que não pratiquem atos fraudulentos e dentro dos princípios de boa-fé, conforme sentença proferida no já citado caso *Zetlin v. Hanson Holdings, Inc.*[29]

28. In acórdão cit.

29. V. ainda: *Barnes v. Brown*, 80 NY 527; *Levy v. American Beverage Corp.*, 265 App Div 208; *Essex Universal Corp. v. Yates*, 305 F2d 572

É claro que qualquer sistema legal, por mais adequado que seja, permite que dúvidas e controvérsias, bem como fraudes e manipulações, surjam. Nos Estados Unidos vários autores vêm manifestando discordância quanto às lacunas advindas desse tipo de sistema fundado quase que exclusivamente em princípios. A norma de *full and fair disclosure* muitas vezes resta insuficiente, especialmente quando há intenção por parte dos envolvidos em fraudá-la.[30]

Atualmente, o que vem ocorrendo, em resposta a esse tipo de sistema, é a adoção nos contratos societários de cláusulas específicas de proteção das partes, que prevêem, por exemplo, a saída dos acionistas que por razões estratégicas não queiram permanecer sócios da empresa em casos de alienação de controle. É notadamente desta forma as companhias têm resolvido as questões referentes à proteção de minoritários, controladores e administradores.

A seguir transcreverei, exemplificativamente, algumas cláusulas de *Tag-along*, *Drag-along* e *Look Back Provision* constantes em contratos de empresas americanas, para em seguida analisá-las:

"1. *Tag-along provision*: During, but only during, the period of time prior to the giving of any notice by either party of its election to exercise a PUT or a CALL, the following Tag-along provision shall be apllicable.

"(a) Should 'A' corporation sell a portion of its interests 'B' S.A. to an unrelated person or entity that reduces the ownership of "A" corporation and 'A' family members to below seventy-five percent (75%) of the

30. Neste sentido. v. artigo recentemente publicado: "Substance of securities litigation — Asymetric information in mergers and the profits of deceit", E. C. Lashbrooke Jr., *Securities Law Review* v. 28/591-629, Nova York, ed. Clark Boardman Callaghan, 1996. V. também: "Bidder overpayment in takeovers", Bernard S. Block, *Securities Law Review*, v. 22/381-444, Nova York, ed. Clark Boardman Callaghan, 1990.

'B' S.A., then 'C' S.A. shall have the right to participate in and be included in such sale in the same relative proportion as 'A' corporation and at the same price and terms as are applicable to 'A' corporation. In the event 'A' corporation sells all or substantially all of its interest in the 'B' S.A. in an arm's length trasaction with a non-related party, 'A' corporation may require "C" S.A. to join in such transaction and sell all of its interest in the 'B' S.A. under the same terms and provisions as are applicable to 'A' corporation.

"(b) Should the shareholders in 'A' corporation sell a controlling interest in 'A' corporation to an unrelated person or entity, "C" S.A. shall have the right to rewuire that its *pro rata* portion (*i.e.*, if 'A' corporation shareholders sell 60% of 'A' corporation, 'C' S.A. may sell 60% of its interest in the "B" S.A.) be included in the sale at the same price and terms as are applicable to 'A' corporation, fairly allocated as to 'A' corporation's 'B' S.A. interest. If the shareholders in 'A' corporation sell all or substantially all of their interests in 'A' corporatiom to an unrelated person or entity, both 'A' corporation and 'C' S.A. shall have the right to require that 'C' S.A.'s entire price to be based solely upon the portion of the purchase price applicable to 'A' corporation's interest in the 'B' S.A., fairly allocated."

"2. *Tag-along*: 'Alfa' Brasil and 'Alfa' USA (Alfas) may freely dispose their quotas, whitout being blinded to the provisions set forth in Clause 4.3 above. If any of the 'Alfas' decide to transfer any of its quotas, whitout causing a sale of the control of the Company, to any person who is neither a colligated company or an affiliated of any of the 'Alfas', the other quotaholders may tag-along with such sale, in a *pro rata* basis, being the buying party obligated to acqyuire the quotas wich any of the quotaholders may want to dispose, at the same price, terms and conditions as offered to the quotas of any of the 'Alfas'.

Estas duas cláusulas de *tag along* supratranscritas prevêem a seguinte situação: uma empresa "X" possui dois sócios, um majoritário e outro minoritário, que passaremos a denominar, respectivamente, de "A" e "B".

Em determinadas situações, previamente previstas, como, por exemplo, no caso de "A" alienar sua participação acionária a terceiro, o sócio "B" terá o direito de também alienar a sua participação, em quantidade proporcional, nas mesmas condições que as oferecidas a "A". Esta previsão contratual é bastante similar ao nosso art. 254 da Lei 6.404/76.

Uma vez que nos Estados Unidos, diferentemente do que ocorre no Brasil, a grande maioria das ações colocadas no mercado são ordinárias, torna-se mais difícil que se estipulem cláusulas como estas em companhias abertas. Isto porque a empresa teria que dar publicidade ao contrato firmado entre os acionistas e, ao menos em tese, faria com que a captação de recursos no mercado se tornasse mais difícil, uma vez que haveria privilégios distintos para ações da mesma classe.

Outra disposição bastante comum em contratos firmados por acionisas de empresas americanas são as *Drag-along*. Vejamos um exemplo desta cláusula:

(*Drag along*) Any of the 'Alfas' may decide to transfer their quotas, causing a sale of the control of Company, in whole or in part, to any person who is not either a coligated company or an affiliated of any of the 'Alfas'. In such case, the remaining quotaholders shall also sell their quotas, on a *pro rata* basis, to the same buyer, for the same prices and conditions as set forth by the terms of the sale, provided that this value is no lower then ... (*e.g.* the value of the company according to a Balance Sheet drawn up specially for this purpose)".

Diferentemente da cláusula de *Tag-along*, que dá o direito ao acionista minoritário de alienar sua participação acionária nas mesmas condições oferecidas ao controlador, esta cláusula cria a obrigação do minoritário de aliená-la desde que o preço alcance o valor previamente estabelecido entre as partes.

Esta cláusula, na verdade, não visa exatamente à proteção do minoritário que não queira mais permanecer na empresa de sair, e sim tornar possível a alienação do controle a terceiro que não queira ter aquele minoritário como sócio. Logo, esta cláusula não é exatamente uma cláusula de saída, e sim uma cláusula que visa a facilitar a alienação de controle em determinados casos.

Por último, vejamos um exemplo de cláusula denominada de *Look-Back Provision*: "1. Look-Back Provision. If, during a two (2) years period fllowing the notice of election to exercise a CALL by 'A' corporation, all or substantially all of the assets of the 'x' interprise, or all or substantially all of the interests in the 'x' interprise, or all or substantially all of the common capital stock of 'A' corporation, are sold in an arm's length transation with a non-related party, or the ownership of the 'X' interprise or 'A' corporation becomes publicly held pursuant to a public offering then in such event 'C' S.A. shall be entitled to receive from either the 'X' interprise or 'A' corporation an amount equal to the excess of (1) the amount 'C' S.A. would have received pursuant to such sale or public offernig had the CALL not been exercised by 'A' corporation over (2) the amount actually paid to 'C' S.A., pursuant to the exercise of the CALL including all amounts paid and be paid to 'C' S.A. pursuant to the Agreement on Non-Competition, Consulting and Technology entered into in connection with the exercise of the CALL".

No Direito americano temos as chamadas *PUT* and *CALL* em uma empresa. Valendo-se delas os acionistas fazem propostas de compra firme, *CALL*; ou de venda firme de ações, *PUT*.

A cláusula de *Look-Back Provision* só se aplica às *CALLS*. Isto porque em um *PUT*, a iniciativa de vender é do minoritário. Já em um *CALL*, o que ocorre é o seguinte: "A", acionista controlador da empresa "X", chama "B", acionista minoritário desta empresa, e se obriga a comprar as ações deste último pelo preço de, por exemplo, U$ 10.00 o lote de 1.000.

Tendo em vista o que dispõe esta cláusula de *Look-Back Provision*, o que vai ocorrer é que, se, em um período de tempo inferior a dois anos, "A" vier a alienar a terceiro, por preço maior que U$ 10.00, qualquer quantidade de ações, representando o controle ou não, "B" terá o direito de receber a diferença entre esses dois valores.

Esta também não é exatamente uma cláusula de saída de minoritário, sendo apenas mais um instrumento de proteção que pode ser utilizado pelos mesmos.

O intuito de acrescer a este trabalho cláusulas contratuais como a supracolocada, é o de mostrar que em muitos casos é mais interessante que as partes contratem livremente, independentemente de qualquer obrigatoriedade de lei, o que lhes parecer mais adequado.

São tantas as possibilidades e situações que podem surgir que, ao meu ver, não tem a legislação condições de cobrir todas elas. Entendo, pois, que a solução adotada no Direito americano, qual seja, a de legislar fundando-se em princípios e deixar para a doutrina e jurisprudência a análise e decisão casuísta, é mais apropriada à realidade. Mesmo porque, conforme pudemos perceber, o próprio mercado encontra formas de se proteger.

6.2 Direito francês

Conforme veremos mais adiante, no Direito francês, assim como no Direito brasileiro, há disposições legais expressas no sentido de tornar a oferta pública obrigatória nos casos de alienação de controle de sociedade aberta.

A regulamentação da oferta pública obrigatória no Direito francês se deu *post facto*, ou seja, resultou de alienações de controle que foram se dando ao longo do tempo vindo, efetivamente, a causar problemas a investidores e empresários.[31]

Em 28 de setembro de 1967 foi promulgada a *Ordinance* 67-833 que criou a Comissão das Operações de Bolsa — COB — *Commission des Opérations de Bourse*, à imagem e semelhança da SEC — *Securities and Exchange Commission*, americana.

Esta Comissão tinha o escopo de regular e controlar o mercado de valores mobiliários, criando normas de *disclosure* e de proteção dos investidores.

Em 1973 a *AFB — Association Française des Banques* — baixou pela primeira vez normas determinando que quando houvesse transferência de controle acionário de uma instituição financeira, com alienante identificado, os minoritários deveriam alienar suas ações, obrigatoriamente, junto com o bloco de controle, pelo mesmo preço e condições. Esta determinação foi bastante similar às cláusulas de *tag-along* previstas em alguns contratos americanos, analisadas no item *supra*.

Assim surgiu a primeira oferta pública obrigatória na França. Os minoritários, entretanto, permaneceram sem proteção quando o adquirente fizesse uma tomada hostil de controle, sem prévia contratação com os controladores.

Em 12 de julho de 1985 foi promulgada a Lei 85-705, que determinou que cada vez que um investidor, pessoa física ou jurídica, detivesse mais que 5%, 10%, 20%, 33,33% e 50% do capital da empresa deveria divulgar ao mercado esse fato, bem como se tinha a intenção de adquirir o controle de uma sociedade.[32]

Até então a maior preocupação dos agentes reguladores do mercado francês, inspirados no modelo americano, era a de divulgar informações ao mercado, e a regulamentação da oferta pública quando da transferência de controle acionário propriamente dita era ainda esparsa e pouco abrangente.

Em 1988 houve um movimento no mercado que criticou fortemente o fato de tomadas de controle hostis não serem reguladas pela lei e deixarem muitas vezes os minoritários e os antigos controladores da empresa em situação complicada.

Esse movimento teve como base uma transferência de controle que se operou no grupo LVMH — *Moet Hennessy Louis Vuitton* — no início de 1988, concluindo-se no final de 1989 quando a empresa *Arnault and Guiness*, após exercer o controle de fato da empresa em questão por mais de um ano, adquiriu novo bloco de ações no mercado que lhe proporcionou o controle majoritário, de direito, que lhe deu segurança para alterar em seguida uma série de acordos que havia firmado com os ex-controladores e que permaneceram em vigor durante o tempo que exerceram o controle da empresa apenas de fato, mas respaldados pelos antigos controladores.

Uma vez que esta tomada de controle foi-se dando aos poucos, via simultâneas compras de ações em Bolsa, e sem prévia contratação com os antigos controladores, não foram os novos controladores compelidos a realizar oferta pública de aquisição de ações, deixando os antigos e os minoritários em geral em situação muito pouco confortável.

Sendo assim, e tendo como pano de fundo a reação de controladores e investi-

31. V. *The Frenc Stock Exchange — A Practical Guide for Investors and Advisers*, Thierry Schoen, França, ed. Wiley & Sons, 1995.

32. No Brasil a Instrução 69/87, que disciplina a divulgação de informação na aquisição de ações com direito a voto de companhia aberta, dispõe que todo aquele que adquirir, direta ou indiretamente, volume em ações ou de direitos de subscrever ações que corresponda a 10% ou mais do capital votante de companhia aberta deverá divulgar esse fato ao mercado — art. 1º e incisos. Neste sentido v. ainda "A divulgação de informações na aquisição do bloco substancial de valores mobiliários", Arnoldo Wald, *RDM* 42/9-16, 1981.

dores que exigiam maior proteção, nasceu a Lei 89-531, em 2 de agosto de 1989, dando competência ao Conselho das Bolsas de Valores para regular as ofertas públicas.

Pela primeira vez, em razão de lei, aquele que adquirisse mais de 1/3 das ações votantes de uma empresa, de qualquer modo, estaria obrigado a fazer oferta pública de compra dos 2/3 restantes pela chamada *garantie de cours*.

Esta lei que surgiu em 1989 reforçou, ainda, a obrigatoriedade dos acionistas de comunicar ao mercado, automaticamente, toda vez que detivessem aquelas porcentagens de capital, quais sejam, 5%, 10%, 20%, 33,33% e 50%, ampliando essa determinação também ao bloco de 66,66%, sob pena de perderem pelo prazo de dois anos seus direitos de voto caso não o fizessem.

A norma de se fazer oferta pública aos 2/3 de ações votantes por aquele que passasse a deter 1/3 desta classe de ações foi novamente alterada em maio de 1992 através de comunicação feita pela Comissão das Bolsas de Valores, que determinou que a oferta de compra deveria dirigir-se a todas as ações, votantes ou não, e não mais apenas aos 2/3 de ações ordinárias.

Atualmente a regulamentação expedida pela Comissão das Bolsas de Valores do dispositivo que determina a obrigatoriedade do adquirente do controle da sociedade aberta de fazer oferta pública aos demais acionistas da companhia, votantes ou não, já consolidado, encontra-se contida no regulamento 89-03.[33]

Apenas como referência vale ressaltar, em breve comentário, o fato de que na Itália a questão da oferta pública é abordada de forma bastante similar à França. Em brilhante estudo, Mario Stella Richter Jr., analisando o poder de controle de uma maneira geral, dedicou alguns capítulos à oferta pública obrigatória.[34] Em suma, no ponto de vista do autor, é necessário que sempre que houver transferência de controle seja o minoritário protegido.

7. Conclusão

A filosofia da legislação brasileira no que diz respeito à oferta pública obrigatória contida no art. 254 da Lei 6.404/76, que, ao menos em tese, visa a proteger minoritários quando há troca de controle da companhia, situa-se entre as filosofias americana e francesa, conforme pudemos notar.

33. Capítulo 2 — "Les offers publiques d'achat ou d'echange de titres de capital — Procédure normale: "Art. 5-2-2. L'offre publique doit viser la totalité des titres de capital et des titres donnant accés au capital ou aux droits de vote de la societé émettrice".

Capítulo 4 — "Les offers publiques d'achat ou d'échange de titres de capital — Le dépôt obligatoire d'un projet d'offre publique:

"Art. 5-4-1 — Lorsqu'une personne physique ou morale, agissant seule ou de concert, vient à détenir plus du tiers des titres de capital ou plus de tiers des droits de vote d'une societé française dont les titres sont inscrits à la cote officielle ou à la cote du second marché, elle est tenue, à son initiative, de informer immédiatement le Conseil et de déposer un project d'offre publique visant la totalité des titres de capital et des titres donnant accès au capital ou aux droits de vote, et libellé à des conditions telles qu'il puisse être déclare recevable par le Conseil.

"Le projet d'offre publique ne peut comporter aucune clause prévoyant la présentation nécessaire d'un nombre minimal de titres pour que l'offre ait une suite positive."

E, por fim: "Art. 6-bis — (...) Les conditions dans lesquelles le projet d'aquisition d'un bloc de titres conférant la majorité du capital ou des droits de vote d'une societé inscrite à la cote officielle, à la cote du second marché ou dont les titres sont négociés sur le marché hors cote d'une bourse de valeurs, oblige le ou les acquéreus à acheter en bourse au cours ou au prix auquel la cession du bloc est réalisée, les titres qui leur sont alors présentés; (...)".

34. "*Trasferimento del Controllo*" *e rapporti tra Soci*, Milão, Dott. A. Giuffrè Editore, 1996. V., especialmente: capítulo 2, itens 7 — "Il "premio": promessa", e 14 — "Il premio come problema giuridico" (pp. 101 e 124), capítulo 3, itens 10 — "Le ragioni delle offerte pubbliche di acquisto obbligatorie", e 11 — "Offerte pubbliche di acquisto obbligatorie ed 'eguaglianza' degli azionisti" (pp. 214 e 227); e, capítulo 4, item 3 — "'Transferimento del controllo' e principio di eguaglianza" (p. 240).

A lei americana nada dispõe neste sentido, deixando nas mãos de empresários e investidores a opção de, dentro de um sistema jurídico fundado em normas de *disclosure* e *insider trading*, contratar, ou não, formas de oferta pública de compra de ações ou de obrigatoriedade de os minoritários venderem junto a sua participação acionária quando da alienação do controle da companhia.

Entretanto é interessante observar que as cláusulas de *Tag-along* e *Drag-along* constantes em alguns contratos de empresas americanas dizem respeito quase que exclusivamente às sociedades fechadas. Sua proteção circunscreve-se aos alienantes e aos adquirentes do controle e àqueles minoritários signatários do contrato que porventura não se interessarem em permanecer sócios de uma sociedade cujas bases administrativas e de controle se tenham alterado.

Em relação às companhias abertas prevalecem as normas de *disclosure* — transparência e divulgação de informações ao mercado — e, ainda, as normas de proibição de que negócios sejam realizados e benefícios financeiros auferidos em razão de informação privilegiada — *insider trading* —, restando nas mãos da doutrina e especialmente da jurisprudência a análise e decisão de cada caso.

Já, na França a história empresarial das mudanças de controle ocorridas ao longo do tempo que efetivamente causaram prejuízos a controladores e investidores fez com que o próprio mercado demandasse uma regulação mais específica e ampla, que atualmente obriga os adquirentes do controle a fazer oferta pública a todos os acionistas da empresa que tenha seu controle transferido.

Esta disposição, no meu entender, completamente radical, por um lado protege o mercado da forma mais ampla possível, uma vez que propicia a saída de todos aqueles que não quiserem mais permanecer em uma companhia cujo controle se tenha alterado. Por outro lado, entretanto, praticamente inviabiliza a mudança de controle, que por vezes é necessária, uma vez que exige do interessado em adquiri-lo um aporte muito alto de investimento.

Disso podem decorrer situações de difícil solução, vindo, inclusive, a prejudicar a empresa e, por conseqüência, os minoritários. Suponha-se que não haja nenhum interessado em adquirir o controle de companhia aberta que disponha de recursos suficientes para realizar a oferta pública obrigatória. Suponha-se ainda que a troca do controle seja necessária para que a companhia possa seguir operando com lucros no mercado. A inviabilização da troca, que seria necessária, tendo em vista a dissociação da legislação com a realidade, viria de encontro às necessidades latentes da empresa, e, portanto, prejudicaria todos os seus acionistas, inclusive os minoritários, que a legislação quis proteger.

No Brasil, também, no meu ver, a legislação é bastante falha. Se, por um lado, conforme pudemos perceber, não protege efetivamente minoritários, por outro, cria uma série de burocracias e dificuldades quando da alienação de controle, que na grande parte das vezes cai no vazio de fundamentos e princípios jurídicos.

No meu entender, ou a legislação não deve dispor nada a respeito, como ocorre nos Estados Unidos, deixando a solução nas mãos da liberdade de contratar dentro de um sistema jurídico muito mais fundado em princípios do que casuísta, ou regular a matéria de forma a efetivamente alcançar seus objetivos, no caso proteger investidores, empresários e a própria empresa.

Nesta segunda hipótese é necessário que a lei faça previsões específicas para cada situação distinta.

Em primeiro lugar, por todo o exposto no item 4.2, *supra*, que trata da não extensão da oferta pública na legislação brasileira às companhias fechadas, entendo que deveria a lei que cuida da matéria determinar expressamente que a oferta pública se estendesse a estas companhias.

Em seguida seria necessário que se considerassem os diferentes objetivos dos adquirentes do poder de controle da companhia aberta.

Significando a alienação uma simples mudança de controlador, não entendo que deva haver oferta pública a nenhum acionista, seja ele ordinário ou preferencial.

Ao meu ver, neste caso, o valor que se agrega ao bloco de ações que determinam o controle da empresa diz respeito exclusivamente à possibilidade que esse bloco proporciona àqueles que o detém de alterar a administração, de forma a dinamizá-la e fazer com que a empresa gere maiores lucros, ou seja, o desalojamento e a implantação de uma nova administração, e tudo que disto decorre.

Os adquirentes do controle pagam um preço no qual está embutido o valor deste poder, e os alienantes recebem pelas ações e ainda pela propriedade do poder que estão perdendo, com tudo o que dele decorre, ou seja, maiores responsabilidades, deveres e benefícios.

Neste caso, pois, não caberia aos preferencialistas receber uma extensão deste valor, uma vez que nenhuma ligação possuem com o controle, e aos ordinários tampouco, eis que estes também não possuem efetivamente o controle, possuem apenas, e talvez, uma expectativa de obtê-lo.

Como forma de, nestes casos, proteger os minoritários, ordinários e preferenciais, de uma nova administração, talvez fosse o caso de se estudar uma previsão no sentido de proporcionar aos interessados o direito de recesso.

Referido direito, por um lado, onera a companhia, mas, por outro, facilita a troca de controle, uma vez que não aumenta a necessidade de maiores aportes de capital por parte dos adquirentes do controle.

Já, tratando-se de uma alienação de controle em que os adquirentes intencionem extinguir a companhia em um segundo momento, por exemplo incorporando-a em outra empresa, aí, sim, entendo que devam estes estender a oferta a todos os minoritários, inclusive aos preferencialistas sem voto. Inclusive para dinamizar o processo e evitar uma segunda etapa de direito de recesso.

Isto porque, neste caso, no preço pago pelo controle estará embutido não apenas o valor de controlar a empresa, mas principalmente todo o seu ativo. Ativo, este, que muitas vezes não se reflete nem no valor de Bolsa e nem mesmo no patrimonial das ações individualmente consideradas, um dos quais podemos citar como exemplo o valor do intangível da empresa que será agregado na incorporadora.

Neste caso, é justo e correto que todos os acionistas recebam por esse valor, aplicando-se o princípio da teoria institucional da empresa, qual seja, de que todos os que colaboraram com a sua criação e existência são proprietários e participantes de todo o seu acervo.

Este entendimento, inclusive, vai ao encontro do que dispõe a nossa legislação societária em seu art. 109, II, que, ao tratar dos direitos essenciais dos acionistas, determina que todo acionista, e não apenas os controladores, tem o direito de participar do acervo da companhia em caso de liquidação desta.

Em suma, no meu entender, ao menos o art. 254 da Lei 6.404/76 e a legislação que o regulamenta necessitam de uma profunda revisão para que possam alcançar seu objetivo, qual seja, o de efetivamente proteger os investidores do mercado de capitais.

8. Bibliografia

ANDREWS, William D. "The stockholder's right to equal opportunity in the sale of shares". *Harvard Law Review* 78/505-563, 1965.

BEBCHUK, Lucian Arye. "Toward undistorced choice and equal treatment in corporate takeovers". *Harvard Law Review* 98/1.695-1.808, 1985.

BLOCK, Bernard S. "Bidder overpayment in takeovers". *Securities Law Review*, Nova York, ed. Clark Boardman Callaghan, 22/381-444, 1990.

CANTIDIANO, Luiz Leonardo. "Alienação e aquisição de controle". *RDM* 59/56-67, ano XXIV, 1985.

CARVALHOSA, Modesto. *Oferta Pública de Aquisição de Ações*, Rio de Janeiro, ed. IBEMEC, 1979.

______. *A Nova Lei das Sociedades Anônimas — Seu Modelo Econômico*, ed. Paz e Terra, 1976.

COMPARATO, Fábio Konder. *O Poder de Controle na Sociedade Anônima*, Ed. RT, 2ª ed., São Paulo, 1977.

COSCAS, Gérard, FOSCHBACH, Thomas. *Code de la Bourse et des Sociétés Cotées — Commenté et Annoté*, 1ª ed., Paris, ed. Litec, 1995.

CVM — *Estudos da Superintendência Jurídica da CVM*. Publicado em 1979, sob o título: "Oferta pública de aquisição de controle — Arts. 257 e seguintes da Lei 6.404/76", pp. 1-245.

GUERREIRO, José Alexandre Tavares. "Alienação de controle de companhia aberta: o papel das instituições financeiras", *RDM* 30/115-119, ano XVII, 1978.

LAMY FILHO, Alfredo, e BULHÕES PEDREIRA, José Luiz. *A Lei das S/A*, Rio de Janeiro, ed. Renovar, 1992.

LASHBROOKE JR., E. C. "Substance of securities litigation — Asymetric information in mergers and the profits of deceit". *Securities Law Review*, 28/591-629. Nova York, ed. Clark Boardman Callaghan, 1996.

MOTTA, Nélson Cândido. "Alienação de controle de instituições financeiras. Acionistas minoritários. Notas para uma interpretação sistemática da Lei das S/A". *RDM* 46/33-50. Ano XXI, 1982.

"Pareceres" da Superintendência Jurídica da CVM 58/78, 86/82, 09/83, 79/83, 63/83.

PEDREIRA, José Luiz Bulhões. *Alienação de Controle para Incorporação de Banco Comercial. Interpretação dos Artigos 254 e 255 da Lei das Sociedades por Ações*. Parecer exarado a pedido do Unibanco — União de Bancos Brasileiros S/A, em 11 de janeiro de 1982.

PENTEADO, Mauro Rodrigues. "Apontamentos sobre a alienação do controle de companhias abertas". *RDM* 76/15-25. Ano XXVIII, 1989.

PEREIRA, Guilherme Döring Cunha. *Alienação do Poder de Controle Acionário*. São Paulo, ed. Saraiva, 1995.

POSER, Norman S. "Stock market manipulation and corporate control transation", *Securities Law Review*, 1988, ed. Clark Boardman Callaghan, 20/379. Nova York, 1988.

SALOMÃO FILHO, Calixto. Comentário ao acórdão proferido pelo STJ, REsp 34.834-5-PR, 3ª T., rel. Min. Waldemar Zveiter, j. 14.9.93, v.u., *RDM* 95/91-104, ano XXXIII, 1994.

SALOMÃO FILHO, Calixto, e RICHTER JR., Mário Stella, "Interesse social e poderes dos administradores na alienação de controle". *RDM* 89/65-78, ano XXXII, 1983.

SCHOEN, Thierry. *The French Stock Exchange — A Practical Guide for investors and Advisers*, Nova York, ed. John Wiley & Sons, 1995.

RICHTER JR., Mário Stella. *Trasferimento del Controllo e Rapporti tra Soci*, Milão, Ed. Dott. A. Giuffrè, 1996.

WALD, Arnoldo. "A divulgação de informações na aquisição do bloco substancial de valores mobiliários". *RDM* 42/9-16, ano XX, 1981.

______. "A oferta pública, a igualdade dos acionistas e o Direito Comparado". *RDM* 43/15-18, ano XX, 1981.

______. "Do descabimento da oferta pública de compra em relação às ações preferenciais". *RDM* 45/07-19, ano XXI, 1982.

Doutrina

A EXAUSTÃO DO DIREITO DE MARCAS NA UNIÃO EUROPÉIA E O MERCOSUL[1]

KARIN GRAU-KUNTZ
e
NEWTON SILVEIRA

1. Introdução. 2. A função econômica da marca. 3. O princípio da territorialidade da marca. 4. Outras funções da marca. 5. Da cessão e da licença de uso de marca. 6. Importações paralelas. 7. Teoria da exaustão. 8. O problema das importações paralelas na União Européia e a teoria da origem comum. 9. Importações paralelas e os Estados não-membros da UE. 10. Importações paralelas e os Tribunais brasileiros. 11. O problema das importações paralelas e a nova Lei de Propriedade Industrial. 12. O direito de marcas e o Mercosul.

1. Introdução

A propriedade da marca é um monopólio privado concedido pelo Estado, expressão de sua soberania. Como monopólio (propriedade), garante-se ao seu titular um direito de uso exclusivo, oponível *erga omnes*. Como expressão de soberania este direito só será reconhecido nos limites do território do Estado que o concedeu (princípio da territorialidade). Para obter a proteção da marca em outros territórios, o seu titular deverá requerê-la em cada um deles. Mesmo as convenções internacionais, que pretendem equiparar o estrangeiro, no que diz respeito ao exercício dos seus direitos de marca, ao nacional, mantêm a plena vigência das legislações nacionais e a territorialidade da proteção.

Daí afirmar-se que o direito de marcas, por sua natureza territorial, "facilita o fracionamento do direito em mãos de titulares diversos, notando-se um estímulo a que a marca seja cedida a quem a explora em cada país. (...). Tal fracionamento, por sua vez, cria dificuldades para a livre circulação das mercadorias, já que os direitos territoriais criam monopólios locais em mãos de terceiros (...)".[2]

A aceleração capitalista e especialmente a formação de blocos econômicos têm agravado o conflito entre os princípios da territorialidade da proteção da marca e da livre circulação de mercadorias. As questões sobre importações paralelas servem de exemplo.

O problema das importações paralelas pode ser formulado de maneira simples: poderá o titular de uma marca, alegando o seu direito de uso exclusivo, impedir a introdução não autorizada de produtos por ele mesmo produzidos, ou pro-

1. As traduções dos textos legais e decisões dos Tribunais citadas neste trabalho não são oficiais.

2. Silveira, Newton, *Licença de Uso de Marca e Outros Sinais Distintivos*, Ed. Saraiva, 1984.

duzidos e assinalados com a mesma marca por uma terceira empresa a ele jurídica ou economicamente vinculada, no território que lhe concedeu aquele direito de uso exclusivo?

A solução deste problema sugere dois caminhos distintos, dependendo dos vínculos econômicos entre o Estado do titular da marca e o Estado de onde se originam os produtos paralelamente importados. Em outras palavras, a solução será uma se o problema se apresenta entre Estados sem vínculos econômicos especiais entre si, e será outra se entre Estados-membros de um mercado econômico comum. A decisão entre permitir ou proibir as importações paralelas suscita inúmeras questões relativas à natureza do direito de marcas. Especialmente em nível de mercado econômico comum, os princípios e funções da marca deverão ser analisados e interpretados levando-se em conta o impacto do princípio da livre circulação de mercadorias sobre eles.

2. A *função econômica da marca*

As marcas exercem função muito importante em uma economia de mercado,[3] pressupondo "a existência, ao menos potencial, de produtos idênticos ou similares oferecidos perante o mesmo mercado, sendo, pois, um instrumento de concorrência e não de monopólio".[4]

Elas possibilitam ao empresário diferenciar, no comércio, o seu produto dos produtos oferecidos pelos seus concorrentes e, através delas, os consumidores podem distinguir uma mercadoria de determinada origem empresarial de outra. "Aquele que utiliza uma marca, atua concorrencialmente."[5] Desta sorte, exerce a marca papel fundamental para a transparência de mercado, viabilizando a concorrência leal.

Além disso, "enquanto as patentes recompensam a criatividade do inventor e estimulam o desenvolvimento científico, as marcas recompensam aquele produtor que continuamente fabrica produtos de alta qualidade estimulando, desta forma, o desenvolvimento econômico. Sem a proteção das marcas dar-se-ia pouco incentivo ao produtor para que desenvolvesse novos produtos ou mantivesse a qualidade de produtos já existentes".[6]

3. *O princípio da territorialidade da marca*

Na Europa do século passado e início deste século, a opinião dominante da doutrina, inspirada nos ensinamentos de Joseph Kohler, via no direito de marcas uma manifestação da personalidade de seu proprietário.[7] Como no direito ao nome ou à firma, o direito às marcas deveria ser reconhecido no mundo inteiro. Nesta idéia en-

3. Opinião contrária manifestou o Tribunal Europeu, na sentença proferida no caso *Sirena* em 1971 (in *GRUR* 1971, p. 279), onde entendeu-se ter o direito de marcas valor econômico menor do que os direitos de patente. O Advogado-Geral Dumelier de Lamotte afirmou em suas conclusões: "O interesse a que serve o direito de patentes é economicamente e humanitariamente merecedor de maior proteção do que o direito de marcas. (...). Do ponto de vista humanitário, a dívida que a sociedade tem com o 'inventor' da marca nominativa *Prep Good Morning* (um creme de barbear) não tem a mesma natureza daquela que a humanidade tem para com a pessoa que descobriu a penicilina". E a sentença, acatando tais argumentos, assim versou: "(...) além disso diferencia-se o direito de marcas de outros direitos de propriedade industrial pelo fato de os objetos de proteção destes últimos possuírem geralmente maior importância e merecerem maior proteção do que os direitos de marcas".

4. Silveira, Newton, ob. cit.

5. Baumbach/Hefermehl, ob. cit.

6. De acordo com as conclusões do Advogado-Geral Francis Jacobs no caso *Hag II*, item 18, in *GRUR* int. 1990, p. 965.

7. De acordo com Beier, Friedrich-Karl: "Territorialitaet des Markenrechts und internationaler Wirtschaftsverkehr", in *GRUR* Int., p. 8 e Hoth, Juergen, "Territoriale Grenzen des Schutzbereichs von Warenzeichnungen", in *GRUR* 1968, p. 64.

contramos exprimido o chamado "princípio da universalidade da marca".

O mesmo Joseph Kohler rejeitou, em 1910, a aplicação do mencionado princípio às marcas e, ao comentar a então vigente legislação sobre sinais distintivos, passou a falar em proteção "local" do direito de personalidade concedido ao titular da marca, limitada ao âmbito territorial.[8]

V. Hagens, discordando da concepção da universalidade da proteção, afirmou ser "impensável que um funcionário público alemão pudesse conceder um monopólio também para outros Estados soberanos".[9]

O princípio da territorialidade significa que a existência e a proteção de uma marca encontram-se limitadas ao território do Estado que a concedeu, ou seja, a proteção nacional e a internacional de um mesmo sinal são totalmente independentes, sendo irrelevante a coincidência de seus titulares ou não. Assim, a situação jurídica da marca no estrangeiro e o direito alienígena não afetam, pelo menos diretamente, o direito nacional ou as decisões nele calcadas.

4. Outras funções da marca

A finalidade da marca é identificar um produto diferenciando-o dos de outros fabricantes. Neste sentido fala-se em *função de origem da marca.* Para *o seu titular* a marca "(...) serve para identificar os produtos por ele produzidos como seus produtos para que se diferenciem dos produtos de seus concorrentes. Para o seu titular, a marca é um meio de classificação do produto de acordo com a sua origem. A função de distinção implica a função de origem".[10]

8. Hoth, Juergen, ob. cit.

9. Hoth, Juergen, ob. cit.

10. Baumbach/Hefermehl, *Warenzeichenrecht und Internationales Wettbewerbs und Zeicherecht*, 11. Auflage, Verlag C.H. Beck, Muenchen.

Para o consumidor é hoje geralmente indiferente se o produto da marca "X" é produzido por este ou aquele industrial, ou se este produto tem o mesmo fabricante que o produto assinalado com a marca "A". Neste sentido ela não mais cumpre sua função de origem em acepção estrita, a qual reportava à *assinatura* do industrial. Ela não fornece ao consumidor uma informação direta sobre a sua origem, mas indica a ele que os produtos provêm de uma empresa determinada, apesar de anônima. A função de origem da marca, em relação aos consumidores que adquirem o produto, deve ser entendida neste sentido.[11]

A marca ainda serve ao consumidor como um meio para identificar um produto de acordo com suas características individuais. O consumidor relaciona à marca características advindas de sua experiência pessoal com o produto, ou com aquelas prometidas pela publicidade. Ela garante que o produto foi produzido sob o controle de seu titular e, portanto, presume-se que possui uma qualidade constante. Esta é a chamada *função de garantia da marca.*[12]

Vale lembrar que a qualidade oferecida por um produto não é absoluta. Seu produtor tem a liberdade de modificá-la a qualquer momento, o que fará por sua conta e risco.

A *função de propaganda da marca* corresponde ao seu "efeito publicitário", ou seja, a marca representa o elo entre o produto e o consumidor exercendo, desta sorte, não apenas função de diferenciação e identificação em relação ao produto, mas também manifestando-se como força de atração e sugestão.

A proteção legal concedida à marca reporta à sua função de origem, ou seja, à

11. Baumbach/Hefermehl, ob. cit.

12. Para Baumbach/Hefermehl, ob. cit., a terminologia correta seria "função de confiança da marca". A constância nas características do produto marcado é uma "conclusão de probabilidade" (*Wahrscheilichkeitschluss*), que vale enquanto a confiança do consumidor não for decepcionada".

marca como indicativo de que o produto por ela assinalado origina-se de determinado fabricante. As funções de garantia e propaganda são funções derivadas da função de origem, o que equivale a dizer que a proteção daquelas duas funções reporta-se em primeiro plano ao titular da marca, não devendo ser confundida com a proteção reservada ao consumidor.

A tutela garantida às marcas produz efeitos que atingem de forma indireta os consumidores. Ao conceder ao seu titular proteção contra o risco de confusão entre sua marca e outra de concorrente, protege-se também o interesse do consumidor que não deve ser ludibriado. Porém, e apesar destes efeitos, o objeto do direito de marcas não é o consumidor, mas a marca. A proibição do uso de uma marca semelhante ou idêntica a outra anterior, capaz de gerar confusão, existe não em razão dos interesses do consumidor, que poderia confundir-se levando uma por outra, mas em razão dos interesses do proprietário da marca. Para tanto basta mencionar que é incabível a idéia de que um consumidor venha a valer-se do direito de marcas para defender-se de alguma lesão sofrida, por exemplo, por marca enganosa. Para tanto ele deverá valer-se da legislação pertinente.

5. *Da cessão e da licença de uso de marca*

No Brasil, a propriedade da marca é concedida através de seu registro no INPI. O direito de marca é direito patrimonial que pode ser objeto de negócios jurídicos de alienação ou de simples utilização. Tanto a legislação brasileira anterior (Lei 5.772/71) como a nova Lei de Propriedade Industrial, que entrou em vigor a partir de 15 de maio de 1997, possibilitam a cessão e a licença de uso da marca. A averbação dos contratos perante o INPI estende os efeitos *inter partes*, equiparado-os a direito real, oponíveis *erga omnes*.

Pela legislação brasileira de 1945, a marca só podia ser cedida junto com o gênero de comércio ou indústria a que se aplicasse. A cessão isolada da marca não era permitida. Ao contrário, ela deveria ser acompanhada dos valores que formam o ramo de indústria ou comércio exercido, de forma que este possibilitasse ao seu sucessor a sua continuação. Tais valores poderiam estar expressos em uma máquina especial, na fórmula de uma bebida, em uma patente, no *know-how* adquirido etc., dependendo de cada caso.[13]

De acordo com Gama Cerqueira,[14] "as razões em que se fundam as leis que vedam o tráfico da marca isoladamente não dizem respeito à sua natureza, nem à natureza do direito que sobre ela possui o seu titular. (...). O que justifica, a nosso ver, a proibição legal é a função objetiva das marcas, isto é, a função de distinguir os produtos diferenciando-os de outros de procedência diversa". E, citando Afonso Celso, prossegue: "a marca outra coisa não é senão acessório ou complemento do objeto que caracteriza; é um elemento de verdade e lealdade comercial, donde se segue que seria falsear-lhe a natureza e os fins tolerar-lhe o tráfico, independente dos produtos ou mercadorias para que foi apropriada. Se assim fora, deixaria de garantir aos consumidores que o gênero assinalado proveio de determinada origem, o que daria lugar a condenáveis especulações".

Na verdade, a Lei de Propriedade Industrial vigente no Brasil não mais condiciona a cessão da marca à simultânea transferência do gênero de indústria e comércio. A citação acima transcrita de Gama Cerqueira se referia ao Código de Propriedade Industrial de 1945 e, por desatenção de seus revisores, deixou de ser atualizada.

Sob licença de uso de marca entende-se a autorização para usar a marca da mes-

13. Baumbach/Hefermehl, ob. cit.

14. Gama Cerqueira, João da, *Tratado da Propriedade Industrial*, v. 2, Ed. RT.

ma forma, ou nas mesmas proporções, que o seu titular. O direito protegido permanece em sua substância com o seu titular, mas o seu uso transfere-se para o licenciado.[15] Para o direito de marcas, a expressão "licença de uso" significa que o licenciador abriu mão de fazer valer o seu direito de uso exclusivo em relação ao licenciado. Se ao licenciado ainda for permitido registrar a marca em seu nome, estará ele conquistando um direito próprio, apesar de a essência deste direito ainda continuar vinculada ao licenciador.

Gama Cerqueira[16] afirmava que a disposição que permite a "cessão" do uso da marca choca-se com o princípio da intransmissibilidade da marca independente do gênero de comércio e indústria para o qual tiver sido adotada. Baumbach/Hefermehl defendem que tal situação não fere aquele princípio, uma vez que o licenciador não transfere a titularidade da marca, mas apenas o seu uso. Argumentam também que o contrato de licença de uso de marca não fere a função de origem da marca. Dizem que a proteção garantida à marca contra o risco de confusão é uma proteção individual, afetando o interesse geral de forma meramente indireta. Assim, o direito subjetivo que cabe ao proprietário do sinal de não utilizá-lo como indicativo de origem não é prejudicado quando ele mesmo permite que uma outra pessoa o utilize. Neste sentido os produtos de um licenciado não são "produtos de um outro". Tendo em vista a estrutura do direito de marcas, onde os interesses do consumidor ocupam uma posição periférica em relação aos interesses do titular da marca, não se poderia afirmar que a utilização da marca para produtos produzidos pelo licenciado venha gerar danos relevantes ao seu proprietário pelo engano quanto à origem da marca.

Quanto à função de qualidade, a legislação brasileira previa, na forma do art. 90 da Lei 5.772/71, que o proprietário da marca assumisse a obrigação de exercer controle efetivo sobre as especificações, natureza e qualidade dos produtos assinalados. "Igualmente quando não haja patente, ou não tenha sido firmado contrato específico de fornecimento de tecnologia, mas a marca esteja sendo utilizada pelo seu titular para assinalar seus produtos, o contrato deverá prever que os produtos a serem fabricados pelo licenciado conterão idênticas especificações, natureza e qualidade."[17] A nova Lei de Propriedade Industrial assenta no art. 139 o mesmo entendimento.

6. *Importações paralelas*

A proteção concedida pelo direito à marca garante ao seu titular o poder de impedir as importações de produtos marcados com sinais confundíveis com aquele por ele utilizado para distinguir as suas mercadorias.

A questão das importações toma dimensão maior e mais complexa quando diz respeito a produtos originais, não alterados, cuja primeira colocação no mercado, feita pelo seu próprio titular, ocorreu no exterior e, posteriormente, este mesmo produto original foi reintroduzido por um terceiro no mercado nacional (importação paralela).

Ao mencionarmos "produtos originais", estamos nos referindo a produtos que indicam a mesma origem, reportando, desta sorte, ao mesmo produtor. Nesta situação a função de origem e o direito do titular da marca de proibir importações que firam o seu direito de uso exclusivo transformam-se em instrumentos de aplicação da política econômica adotada pelo Estado. A forma como os Tribunais europeus aplicaram estes dois princípios — ora estendendo um e conseqüentemente restringindo outro, ora restringindo este e ampliando o outro — para adaptá-los à necessidade de

15. Baumbach/Heffermehl, ob. cit.

16. Gama Cerqueira, João da, ob. cit.

17. Silveira, Newton, ob. cit.

garantir o princípio da livre circulação de mercadorias, fundamento básico de um mercado econômico comum, ilustra claramente a necessidade de adaptar o direito de marcas ao modelo econômico adotado pelo Estado. A questão das importações paralelas ganha em proporções conforme as relações econômicas entre os países aumentam.

7. *Teoria da exaustão*

A teoria da exaustão, construção jurisprudencial, existe muito mais em razão do livre comércio de produtos do que propriamente em razão da natureza da marca. Nas palavras de Alberto Bercovitz[18] é assim explicada: "La doctrina del agotamiento parte tradicionalmente y según resulta de su propia denominación de que una vez que se ha hecho uso de un derecho de propiedad industrial, al introducir en el mercado un producto protegido por él, ese derecho se ha agotado con referencia a ese producto, es decir, que ya no se pueden hacer valer facultades derivadas de ese derecho frente a quienes adquieran, usen o negocien con el producto en cuestión. O sea, que ese producto puede circular libremente en el mercado, sin que puedan afectarle las facultades que la ley confiere al titular del derecho de propiedad industrial que lo comercializó".

Se os efeitos da exaustão manifestam-se apenas no nível nacional, fala-se em exaustão nacional; se se manifestam em nível internacional, fala-se de exaustão internacional.

As palavras de Bercovitz descrevem a idéia de que o direito ao uso exclusivo da marca não é concedido sem limites, mas antes tendo por escopo aquilo que a marca pretende fomentar, a concorrência. A exaustão internacional, aplicação daquela idéia ajustada aos princípios de uma política econômica onde se incentiva a livre circulação de mercadorias, surgiu para solucionar os casos de importações paralelas. Assim, se os produtos marcados tratam-se de produtos originais (produzidos pelo próprio titular da marca ou por uma empresa jurídica ou economicamente a ele vinculada), o direito de uso exclusivo da marca de que o seu titular goza no território do Estado que o concedeu não poderá ser invocado para impedir as importações paralelas daqueles produtos.

Como já dissemos, a forma como cada Estado aplica o princípio da exaustão, se apenas a nível nacional (desta sorte não permitindo as importações paralelas) ou internacional (permitindo-as), diz respeito muito mais à política econômica adotada do que ao direito de marcas. A este último interessa averiguar se a marca cumpre as suas funções intrínsecas, ou não; o fato de o produto que cumpra aquelas funções ter sido produzido ou comercializado no território de um Estado, ou fora dele, vai além do seu âmbito de interesse. Já para a aplicação da política econômica adotada pelo Estado, mais ou menos protecionista, será relevante se o produto assinalado com esta marca "B" foi produzido, marcado ou comercializado no território nacional ou fora dele.

Ainda cabe mencionar que a expressão "exaustão dos direitos" não é a mais adequada. Tal teoria indica que o direito de uma empresa não é violado com a comercialização de um produto legalmente marcado e introduzido no mercado pela sua titular ou por uma empresa a ela jurídica ou economicamente vinculada. Isto não significa que a titular do direito de marca não possa fazer valer seus direitos contra, por exemplo, a comercialização de um produto ilegitimamente marcado ou modificado. A doutrina alemã defende que os termos "consumação" ou "consumo dos

18. Bercovitz, Alberto, "La Propriedad Industrial e Intelectual en el Derecho Comunitario", in *Tratado de Derecho Comunitario Europeo (Estudio Sistemático desde el Derecho Español)*, t. II, Editorial Civitas S.A., Madrid, 1986.

efeitos do direito de marcas" seriam mais adequados.[19]

8. *O problema das importações paralelas na União Européia e a teoria da origem comum*

Um dos objetivos básicos do Tratado de Roma, instrumento inicial que criou a União Européia, é a instauração de um mercado comum baseado em um regime de livre concorrência. Para tanto previu-se a supressão entre os Estados-membros dos direitos aduaneiros e das restrições quantitativas à entrada e saída de mercadorias. Quaisquer outras medidas de efeitos restritivos, e todas as medidas que possam colocar em perigo a concretização dos objetivos daquele Tratado, foram proibidas (art. 5º, inc. II). Porém, a subsistência dos direitos de propriedade industrial, regulados em cada Estado-membro por legislação própria (se bem que atualmente harmonizadas), encontra-se expressamente reconhecida no art. 36. Admite-se que a proteção dos mesmos possa justificar as proibições ou restrições à importação, exportação ou trânsito de mercadorias entre os Estados-membros.

A previsão de que cada Estado-membro mantenha sua legislação própria sobre propriedade industrial ainda se encontra no art. 222 do Tratado, onde se afirma que o regime de propriedade dos Estados-membros não será, de forma alguma, prejudicado. Não será porém tolerada a utilização dos direitos de propriedade industrial, exceção à liberdade de circulação, de maneira arbitrária e injustificada.

Para definir quais seriam as restrições permitidas e não permitidas, a jurisprudência européia partiu da diferenciação entre *existência* e *exercício* dos direitos de propriedade industrial. O Tratado de Roma não influenciaria a existência daqueles direitos nacionais, mas sim o seu exercício, não afetando sua *existência* enquanto o seu *exercício* exclusivo esteja justificado pela salvaguarda dos direitos que constituam seu *objeto específico*, mas podendo limitar o *exercício* abusivo dos mesmos quando se empenhem em fazer fracassar a eficácia de determinadas normas.

O conflito entre estes dois princípios antagônicos, livre circulação de mercadorias e direito de marcas, foi motivo, e ainda o é, de muitas controvérsias em questões de importações paralelas. Para solucioná-las os Tribunais criaram inicialmente a teoria da *origem comum dos produtos marcados*, pela qual o direito de marcas foi amplamente sacrificado em prol do princípio da livre circulação de mercadorias. Posteriormente reformularam sua posição, cedendo frente à necessidade de, mesmo em um regime de livre circulação de mercadorias, garantir pelo menos um grau mínimo do exercício de uso exclusivo da marca.

A teoria da origem comum foi desenvolvida alargando os efeitos do princípio da exaustão dos direitos de marca. De acordo com esta idéia, se o titular do sinal em um Estado-membro é também titular de sinais paralelos em outros Estados-membros, não poderá reprimir a introdução paralela de produtos marcados se ele mesmo, ou com sua autorização, os introduziu pela primeira vez no mercado. A princípio entendeu-se, para efeitos de exercício de direitos de marca, como *mesmo titular* todas as empresas de um grupo ou todas as empresas com vínculos jurídicos ou econômicos. Seguindo este raciocínio, uma vez introduzido um produto objeto de um direito de propriedade industrial no mercado de um Estado-membro, nem o titular do mesmo nem *nenhuma das empresas vinculadas jurídica ou economicamente* a ele poderiam exercitar direitos outorgados em outros Estados-membros, para este mesmo objeto, com o fim de fazer valer quaisquer reclamações relacionadas com tal importação.[20]

19. Baumbach/Heffermhel, ob.cit.

20. Ainda de acordo com Bercovitz, ob. cit.

Tornou-se porém problemático quando, para um mesmo objeto de direito de propriedade industrial, existam titulares *distintos* em diferentes Estados-membros. O caso *Hag*[21] nos serve de exemplo, e, para solucioná-lo, o Tribunal alargou a teoria da origem comum do produto, entendendo ser suficiente que em algum momento os direitos de propriedade industrial tenham tido o mesmo titular, mesmo que, depois, por ato voluntário ou não, tenham passado a pertencer a titulares distintos, sem nenhum nexo entre si.

Esta postura, alijamento do direito de marcas em prol da livre circulação de mercadorias, veio a ser derrubada, quatorze anos depois, com a sentença proferida no caso *Hag II.*[22]

Passemos às mencionadas sentenças.

A sociedade alemã *Hag* registrou na Alemanha, em 1907, a marca *Hag* para café descafeinado e, em 1908, a mesma marca na Bélgica e Luxemburgo. Em 1927 esta sociedade constituiu uma filial na Bélgica, à qual cedeu, em 1935, as marcas *Hag* belga e luxemburguesa. Em 1944 todas as ações da sociedade belga foram declaradas como propriedade inimiga e confiscadas. Em 1971 a sociedade belga *Hag* vendeu as suas marcas à sociedade *Van Zuylen Frères*, porém sem transmitir a empresa. A *Van Zuylen Frères* não fabricava o café descafeinado, mas o comprava da sociedade belga *Hag*. A empresa alemã *Hag*, que vendia o seu produto na Bélgica com o nome *Decofa*, passou, a partir de 1972, a vendê-lo em Luxemburgo sob sua marca *Hag*. A sociedade *Van Zuylen* alegou violação do seu direito nacional de marca. Entre estas duas empresas não havia nenhuma ligação econômica ou jurídica. Esta querela deu origem à sentença conhecida como *Hag*. Nela o Tribunal europeu entendeu por limitar os direitos de propriedade industrial em benefício do princípio da livre circulação, alegando:

"1. A proibição de venda de um produto guarnecido legitimamente em um Estado-membro com uma marca, a outro Estado-membro, fundamentando-se apenas no fato de existir naquele Estado-membro uma marca idêntica com a mesma origem, viola as disposições sobre a livre circulação de mercadorias no Mercado Comum. (...)".

Estava assim inaugurada a teoria da origem comum, complementada, dois anos depois, na decisão *Terrapin/Terranova.*[23]

Aquela decisão foi, tanto pela doutrina como pelos meios empresariais interessados, largamente criticada. Entendeu-se que tal postura ferira o conteúdo do direito de marcas criando um mecanismo que possibilitava a livre circulação de mercadorias mas que, em contrapartida, reduzia aquele direito a nada. Se a finalidade essencial da marca consiste em assegurar aos consumidores que todos os produtos distinguidos por ela têm a mesma origem empresarial, a decisão *Hag* teria privado as marcas de sua finalidade básica, que é a de distinguir produtos de empresas diferentes.

Em 1979, a sociedade belga *Van Zuylen et Frères* passou ao controle da sociedade suíça *Jacobs Suchard AG*, empresa de grande penetração no mercado de café alemão. A única coisa que a *Suchard* manteve da *Van Zuylen et Frères* foi a marca *Hag* para a comercialização de café liofilizado ou descafeinado. Tal comercialização iniciou-se no mercado belga e luxemburguês e, a partir de 1985, começou a ser procedida no mercado alemão. A *Hag* alemã se opôs à comercialização do produto, alegando que a marca *Hag* tornara-se marca conhecida na Alemanha, e que o café alemão liofilizado ou descafeinado era, por causa de um novo processo específico descoberto por esta empresa, de qualidade muito superior do que a do café comercializado pela *Hag* belga. Tal querela deu origem à sentença conhecida como *Hag II*, pela qual o Tribunal europeu viu-se força-

21. In *GRUR* Int. 1974, p. 338.

22. In *GRUR* Int. 1990, p. 960.

23. In *GRUR* Int. 1986, p. 407.

do a manifestar-se, após decorridos quatorze anos, novamente sobre a teoria da origem comum.[24]

As soluções propostas foram as seguintes:[25]

i) livre comércio em ambas as direções, implicando aplicação da teoria da origem comum, ou da coexistência absoluta das marcas "até seus últimos extremos", [26] defendida pela empresa titular da marca *Hag* belga;

ii) livre comércio em apenas uma direção ou "principio de coexistencia restringida o la aplicación de la doctrina del origem común de forma desigual",[27] defendida pela sociedade *Hag* alemã, pela Comissão da União Européia, governos alemão, holandês e espanhol. A questão aqui era decidir se a empresa alemã, vítima da medida de expropriação que deu origem à titularidade da marca *Hag* na Bélgica/Luxemburgo, deveria ser tratada da mesma forma que a empresa que adquiriu este direito via uma expropriação, ou seja, se ela deveria ser mais uma vez sacrificada;

iii) cada qual em seu território, ou "principio de exclusividad de cada una de las marcas en su territorio originario o la no aplicación de la doctrina del origen común en qualquier caso",[28] defendida pelo governo da Grã-Bretanha.

O Tribunal assim decidiu:

"Os arts. 30 e 36 do Tratado de Roma não colidem com as disposições legais nacionais que permitam a uma empresa, titular de um direito de marcas em um outro Estado-membro, opor-se à importação de outro Estado-membro, de produtos similares legalmente comercializados neste Estado-membro, com uma marca idêntica ou uma capaz de criar confusão com a marca protegida, incluindo o caso em que a marca, sob a qual foram importados os produtos em litígio, houvesse pertencido originariamente a uma filial da empresa, que se opõe às importações, e que depois da desapropriação desta filial foi adquirida por uma terceira empresa".

Para chegar a esta conclusão o Tribunal analisou a teoria da origem comum sob dois aspectos:

a) a sua conexão com o disposto no Tratado de Roma;

b) como afeta as funções ou elementos essenciais do direito de marcas.

O art. 36 do Tratado de Roma prevê que "las disposiciones de los artículos 30 a 34, ambos inclusive, no serán obstáculo para las prohibiciones o restricciones a la importación, exportación o tránsito justificadas por razones de (...) protección de la propiedad industrial y comercial. No obstante, tales prohibiciones o restricciones no deberán constituir un medio de discriminación arbitraria ni una restricción encubierta del comercio entre los Estados miembros". Ou seja, a livre circulação de mercadorias só poderá ser derrogada na medida em que proteja e garanta o *objeto específico* da propriedade industrial.

O objeto específico do direito de marcas "(...) é justamente assegurar ao titular do direito a utilização da marca para a primeira circulação do produto e igualmente protegê-lo contra os competidores que queiram abusar da posição e da reputação da marca, vendendo produtos indevidamente marcados com esta mesma marca. (...) a função essencial da marca consiste em ga-

24. Após a decisão *Terranova/Terrapin* o Tribunal europeu não mais se manifestou diretamente sobre a teoria da origem comum, mas pareceu combatê-la de modo velado, se não negar a sua aplicação para as patentes, como comenta Marco Arcala, ob. cit., na sentença *Pharmon v. Hoechst* de 1985. A questão aqui girou em torno da concessão de licença obrigatória para exploração de patente. O Tribunal entendeu que neste caso o direito da patente não se esgota por falta de consentimento do seu titular (Sentença in *GRUR* Int. 1985, p. 822)

25. Joilet, René, "Markenrecht und freier Warenverkehr: Abkehr von Hag I", in *GRUR* 1991, p. 177.

26. Marco Arcala, ob. cit.

27. Marco Arcala, ob. cit.

28. Marco Arcala, ob. cit.

rantir ao consumidor ou ao usuário final a identidade de origem dos produtos daqueles de outra procedência."[29]

A marca alemã e a marca belga, apesar de sua origem remota comum, enquanto cada qual em seu território, cumpriram sua função essencial. O Advogado-Geral Jacobs, em suas conclusões, no item 24, diz que a expropriação apenas dividiu a marca em duas, marcas estas que, dentro de seus territórios, cumpriam perfeitamente suas funções. O que veio a distorcer tais funções foi a decisão *Hag I*, que permitiu a coexistência de duas marcas idênticas em um mesmo território.

A marca, para que possa incentivar o correto funcionamento do mercado de livre concorrência e cumprir com a sua função econômica, deve permitir ao consumidor deduzir uma ligação entre a sua origem e a sua qualidade.

A importância do exercício do direito exclusivo da marca pelo seu titular exprime-se na idéia de que uma marca só poderá cumprir a sua função de garantia se for exclusiva. No momento em que seu titular está obrigado a dividi-la com um concorrente, perderá o controle sobre o *goodwill* a ela relacionado.

Como exposto, entendeu o Tribunal europeu que, neste caso, a função essencial da marca estaria comprometida se o seu titular não pudesse exercer seu direito exclusivo impedindo a importação de um produto de qualidade inferior, assinalado com marca suscetível de causar confusão com a sua, pois os consumidores não poderiam distinguir com certeza a origem do produto marcado e poderiam atribuir ao titular da marca a má qualidade de um produto pelo qual ele não é responsável. Neste caso, as disposições sobre livre circulação de mercadorias não impedem uma lei nacional de permitir ao titular da marca em um Estado-membro opor-se à importação paralela de produtos de outro Estado-membro, quando estes ostentem uma marca idêntica ou suscetível de confundir-se com aquela.

9. Importações paralelas e os Estados não-membros da UE

Na Alemanha, a tendência dos Tribunais foi sempre decidir pela não-proibição das importações paralelas,[30] inclusive para os produtos provenientes de um terceiro Estado não-membro da União Européia, mantendo esta postura também nos casos em que os produtos paralelamente importados apresentavam qualidade distinta dos produtos nacionais.[31]

29. Item 13 da decisão *Hag II*, in *GRUR* 1990, p. 961.

30. De acordo com Klaka, Rainer, "Erschoepfung und Verwirkung im Licht des Markenrechtsreformgesetzes", in *GRUR* 1994, pp. 321-330, no período que antecede a II Guerra Mundial são citadas como marcos as decisões *Água de Colônia* (1902); a decisão *Mariani* e a decisão *Hengstenberg*, onde é adotado o princípio da universalidade da marca. No período pós-guerra a decisão *Maja*, que inaugura a teoria da exaustão internacional do direito de marcas (1964); a decisão *Cinzano* (1973) que desconsidera a diferença de qualidade entre os produtos.

31. Na decisão no caso *Cinzano* a autora, filial alemã da *Cinzano* italiana, importava o *Cinzano Vermute* produzido na Itália, o engarrafava e distribuía na Alemanha. A ré, distribuidora de bebidas, passou a comercializar em território alemão o vermute *Cinzano* produzido na Espanha e na França, sob a mesma marca e trazendo no gargalo de cada garrafa um anel com os dizeres "vermute espanhol" (para o produzido, de acordo com a receita da matriz, pela filial *Cinzano* espanhola) e "vermute francês" (para o produzido, de acordo com a receita da *Cinzano* italiana, pela licenciada francesa). As características dos vermutes, já que produzidos com uvas de regiões diferentes, variavam e a autora alegou que a comercialização dos vermutes espanhol e francês induzia o consumidor a erro. Aquele que compra um vermute *Cinzano* teria determinadas expectativas, as quais o vermute espanhol e o francês não preenchem. O Tribunal defendeu explicitamente nesta decisão a função de origem da marca e, apesar de verificar que no comércio o nome *Cinzano* desperta a idéia daquele vermute produzido na Itália, entendeu serem os três vermutes em questão originais *Cinzano*, já que originam-se da mesma em-

Atualmente as proíbe, tendo em vista o art. 24 da Lei de Marcas de 1995, acompanhando o disposto na Diretiva para Harmonização do Direito de Marcas, onde se prevê a exaustão do direito de marca a nível comunitário.[32] Beier[33] critica a posição adotada pela União Européia, descrevendo-a como "política econômica pouco refletida, cobertura protecionista do Mercado Comum em relação ao mercado exterior".

A Espanha, de acordo com Rainer Klaka,[34] além de não ter conhecido na prática a aplicação da exaustão internacional do direito de marcas, conta, desde 1989, com uma Lei de Marcas, cujo art. 32, § 1, prevê expressamente a exaustão do direito apenas para aqueles produtos colocados no mercado *espanhol* pelo próprio titular da marca ou com sua autorização expressa.

A jurisprudência francesa e a italiana também não aplicavam anteriormente a exaustão internacional. Ambos os países adotaram, no início de 1991 e fins de 1992, respectivamente, novas leis sobre marcas adaptadas às disposições da Diretiva comunitária.

presa (como filial ou licenciada), a italiana *Cinzano & Cia. S.p.A.* Completa, ainda, decidindo que o fato de as garrafas trazerem no gargalo os dizeres indicando sua procedência bastaria para que o consumidor não fosse induzido a erro quanto às características do produto, já que é de fácil conclusão que um vermute espanhol ou francês tem sabor diferente de um vermute italiano (in *GRUR*, 1973, p. 468).

32. Assim dispõe o art. 7º da Diretiva para Harmonização do Direito de Marcas:

"(1) A marca não garante ao seu titular o direito de proibir um terceiro de utilizá-la para produtos com ela marcados que, por ele ou com a sua autorização, foram introduzidos na *Comunidade*.

"(2) O parágrafo 1 não é aplicado quando razões legítimas justifiquem que o titular da marca se oponha à comercialização continuada dos produtos, especialmente quando as suas condições, após a colocação no comércio, tenham se modificado ou deteriorado" (grifo nosso).

33. Beier, Friedrich-Karl, *GRUR* Int. 1989, p. 603.

34. *Klaka, Rainer*, in *GRUR* 1994, p. 322.

Na Dinamarca, onde o princípio da exaustão internacional era aplicado, a Lei de Marcas foi modificada em 1991, derrubando aquela aplicação.

Na Grã-Bretanha os Tribunais, seguindo o disposto na seção 4 (3) (a) do *Trade Marks Act*, tenderam, durante longo tempo, a negar proteção contra importações paralelas, quando a colocação dos produtos no mercado estrangeiro deu-se por uma empresa vinculada ao titular da marca britânico. O fundamento destas decisões não se baseava na teoria da exaustão, mas na idéia de que aqueles produtos eram produtos genuínos.[35] A decisão *Castrol-GTX*[36] tomou um outro caminho, mantido nas decisões seguintes. Passamos a comentar a decisão *Colgate II*,[37] que nos interessa especialmente uma vez que os produtos importados paralelamente eram fabricados pela empresa *Colgate* brasileira.

A *Colgate U.S.* e a *Colgate U.K.* foram a juízo protestar contra a importação de dentifrícios da marca *Colgate*, produzidos pela filial *Colgate* brasileira e importados pela Grã-Bretanha através de um distribuidor.

As pastas de dente produzidas pela empresa brasileira não tinham como finalidade a exportação para a Grã-Bretanha, ou seja, sua qualidade era inferior à qualidade das pastas produzidas pela *Colgate U.K.* De acordo com a alegação das autoras, o uso de marca idêntica (no caso *Colgate)* para produtos de qualidade inferior aos produzidos pela titular do registro na Grã-Bretanha induziria o consumidor a erro.

As ações de *passing-off* e de contrafação de marca foram julgadas procedentes em primeira instância. A Corte de Apela-

35. Kroher, Juergen, "Comentários à sentença *Castrol-GTX*", de 22 de abril de 1983 in *GRUR* Int. 1984, p. 362.

36. Sentença *Castrol-GTX*, Corte de Apelação, 22 de abril de 1983, in *GRUR* Int. 1984, p. 362.

37. Caso "*Colgate II*", decisão da Corte de Apelação de 20 de abril de 1989, in GRUR Int. 1991, pp. 50.

ção confirmou a sentença nos seguintes termos:

"1. A importação de produtos cujo sinal não induz a erro quanto à sua origem, uma vez que a mercadoria origina-se de um grupo de empresas estrangeiro, mas que do ponto de vista qualitativo não preenche as expectativas vinculadas à marca nacional, constitui uma violação de *passing-off*.

"2. Ao mesmo tempo constata-se uma contrafação de marca registrada pois, de acordo com a territorialidade do direito de marcas, a identificação do produto pelo grupo de empresas estrangeiro não é considerada como utilização da marca registrada na Grã-Bretanha, não levando a uma livre utilização da marca registrada, no sentido da seção 4 (3) (a) do *Trade Marks Act*."

O resumo das razões de julgamento apresentadas por *Lord Justice* Lloyd foram assim resumidas por Juergen Kroher:[38]

"*Passing-off*:

"— as mercadorias de qualidade inferior importadas, oferecidas com a mesma marca em embalagens semelhantes, são confundíveis com os produtos nacionais conhecidos e de alto valor;

"— como o prestígio da marca *Colgate* não diz respeito apenas à origem da marca, mas também à qualidade da mercadoria, o consumidor poderá ser induzido a erro e o prestígio das autoras prejudicado;

"— as autoras devem poder combater dentro do território nacional, apesar de a mercadoria estrangeira ter sido colocada no mercado estrangeiro por uma filial da autora britânica e com a concordância da também autora matriz americana, o prejuízo causado ao seu prestígio.

"Marca:

"— não se justifica o uso da marca em mercadorias importadas contra a vontade do titular da marca registrada;

"— a exaustão do direito de marcas de acordo com a seção 4 (3) (a) não é aplicada pois, na colocação da marca, procedida no estrangeiro pela filial brasileira, não se percebe nenhuma utilização da marca britânica;

"— uma concordância expressa ou tácita para o uso desta marca também não se deduz do contrato de licença da empresa matriz com a filial brasileira. Apesar de aquele contrato estar de acordo com o direito positivo brasileiro, que proíbe restrições às exportações nos contratos de licença, a titular da marca, não obstante todo o empreendido, pode proibir as exportações indesejadas."

Ainda nas palavras de Kroher, referindo-se àquele e a outro julgado[39] do Tribunal britânico, "observadas ambas as decisões, conclui-se que a oscilação do pêndulo no direito de marcas britânico favorece, atualmente, o titular de sua proteção".

10. Importações paralelas e os Tribunais brasileiros

O nosso direito pátrio, especificamente a Lei 5.772/71, não dispõe diretamente sobre o tema importações paralelas, mas a jurisprudência as tem proibido, valendo-se da garantia de exclusividade do uso da marca em todo o território nacional.

Algumas sentenças proferidas por nossos Tribunais têm sido mencionadas para apontar uma certa tendência da jurisprudência brasileira a adotar o princípio da exaustão dos direitos de marca em nível internacional. Passamos a analisar dois casos dentre aqueles que poderiam despertar esta idéia, para depois ater-nos às decisões mais recentes que, sem sombra de dúvida, tendem pela não aplicação do princípio da exaustão internacional.

38. Kroher, Juergen, "Comentários à sentença *Colgate II*, in *GRUR* Int. 1991, p. 53

39. Caso *Reckitt & Coman Products Ltd. v. Borden Inc.*

O caso *Barber Greene*,[40] como expresso no relatório da sentença de apelação, trata "(...) de uma ação ordinária para impedir o uso de marca de fábrica das autoras e que a ré vem fazendo uso em seus impressos e até em anúncios de propaganda, infringindo assim, flagrantemente, a norma editada no Código da Propriedade Industrial, art. 70.[41] Contestou somente uma das rés afirmando que apenas importa e vende os produtos da primeira autora, fabricados nos Estados Unidos, bem como de outros fabricantes de peças e acessórios para tratores, empregados, principalmente, em terraplanagem e pavimentação. Em seus impressos e anúncios menciona exatamente tais produtos de genuína procedência e não de sua fabricação ou confecção. Julgada improcedente a ação, apelaram as vencidas insistindo na sua procedência e procurando até modificar o fundamento da inicial afirmando que não se trataria propriamente de uma violação de sua marca de fábrica, mas de um abuso de seu nome de comércio (...)". O Tribunal manteve a decisão de primeira instância, argumentando:

"Desta (da primeira autora que tem sede no estrangeiro) importam os produtos e os vendem no mercado interno como genuínos, sem qualquer transgressão às normas do Código de Propriedade Industrial.

"(...)

"Ora, se as rés adquirem sem qualquer restrição tais produtos *da autora estrangeira*, evidente que terão de anunciá-los em sua propaganda comercial, através de seus impressos e anúncios.

"Esse procedimento não constitui violação ou contrafação de marca ou abuso de nome de comércio, tanto mais que não se trata de reprodução da marca da apelante ou do seu nome comercial" (o grifo é nosso).

Como já mencionamos, a marca cumpre uma função econômica. O monopólio de seu uso é concedido para possibilitar uma concorrência leal e premiar seu titular pelo seu esforço e trabalho, que nela se exteriorizam. Se à marca o legislador concedesse um direito absoluto, o seu titular poderia colocar seu produto marcado no mercado e impedir que, por exemplo, fosse feita uma revenda. Imagine-se o produtor do zíper que vende a sua mercadoria para uma indústria de confecções: se seu direito de marca fosse absoluto poderia ele impedir a venda do vestido onde se encontra costurado o seu zíper, ou ainda poderia cobrar *royalties* sobre cada revenda ou uso de seu produto. Ora, este direito absoluto vai de encontro com a própria razão de concessão do monopólio, que, repetindo mais uma vez, é a de possibilitar concorrência leal.

Como bem diz Joaquim Antônio D'Ângelo de Carvalho, ao tecer seus comentários à sentença em parte transcrita,[42] é "óbvio que tal exclusividade não pode chegar ao cúmulo de impedir a própria circulação da mercadoria assinalada com a marca registrada. Assim, se o artigo industrializado é identificado com a marca de indústria, nada impede que o comerciante, no atacado e no varejo, faça a promoção da marca de indústria, para melhor circulação da mercadoria. Em tal promoção, no ato de o comerciante anunciar a marca alheia, não há, em absoluto, qualquer apropriação do direito exclusivo deferido ao fabricante pelo registro da marca". E, ainda, mais adiante: "Seria absurdo que se exportasse ou vendesse uma certa mercadoria para um comerciante ou industrial, impedindo-os de assinalá-la com a característica que tem na origem." Isto é claro. Tal proibição implodiria o núcleo, a razão de existência da marca, que se exprime em ser um instrumento *de concorrência e não de monopólio*.

40. Apelação Cível n. 191-817 — TJSP, in *Revista de Direito Mercantil, Industrial, Econômico e Financeiro*, 6/89.

41. O mencionado art. 70 é o da legislação vigente na época da propositura da ação, Decreto-lei 254.

42. In *RDM* 6/89.

Na sentença não se questionou, em momento algum, o problema de importação paralela. A decisão limitou-se à extensão do monopólio concedido à marca pela legislação brasileira. Tal problema não toca na questão do princípio da territorialidade e a sua aplicação, ou não, frente à importação dos produtos originais *Barber-Greene* americanos. Depreender que tal sentença seria um exemplo de aplicação do princípio de exaustão internacional é ir muito além em suposições, estendendo o entendimento do Tribunal a questões que não foram objeto de julgamento.

Já no caso *Bolla*,[43] a autora, representante exclusiva no Brasil dos produtores do vinho italiano *Bolla* e *proprietária do registro*, no INPI, desta mesma marca nominativa para bebidas, xaropes e sucos concentrados, entendeu ter seu direito violado pela ré, importadora do mesmo vinho italiano.

O juízo de primeira instância condenou a ré a "abster-se, sob pena de multa, a vender, expor ou manter em depósito bebidas da marca *Bolla*, bem como a pagar-lhe perdas e danos".

O juízo de apelação julgou a ação improcedente, entendendo não haver ocorrido nenhuma infração ao registro da marca mencionada:

"Não houve infração da marca de fábrica, eis que a apelante não fabrica o vinho *Bolla*.

E também não houve infração à marca de comércio, pois ela não mantém em depósito nenhum produto a que aponha a denominação *Bolla*. O vinho com essa marca, repita-se, é importado da Itália e a recorrente simplesmente o vende no Brasil, após importação que faz por conta própria.

"(...)

"É verdade que, segundo consta, a apelada é representante exclusiva dos vinhos *Bolla* no Brasil; mas tal exclusividade não pode ser oposta a terceiros, tanto mais que a apelante não importou o produto diretamente junto aos fabricantes, mas de empresa distribuidora. E se importou os vinhos, em atividade evidentemente lícita, é claro que o fez com vistas à sua venda no Brasil, o que não se reveste de atividade violadora ou de contrafação à referida marca (...)."

O Juízo baseou-se apenas na existência do contrato de representação exclusiva, sem mencionar ser a autora a proprietária dos registros da marca *Bolla* na classe de produtos que inclui "bebidas".

Ignorando ser a autora também proprietária da marca, e considerando que entre ela e a titular da marca *Bolla* italiana só houvesse um contrato de representação, a conclusão de que neste caso não estamos diante de um problema de contrafação de marca é clara. Somente o contrato de representação exclusiva, de fato, não concede à autora o direito de impedir a ré de importar de distribuidor os vinhos *Bolla*. Este tipo de contrato cria efeitos obrigacionais (no caso, exclusividade de representação) apenas entre as partes e não é oponível *erga omnes*.

Sob o ponto de vista da titular italiana da marca, mesmo ela, neste caso, não poderia impedir a revenda dos produtos, por terceiros, a países com os quais ela houvesse firmado contrato de representação, já que, de acordo com a idéia básica da limitação dos direitos de marcas frente à sua função de fomentar a concorrência leal, a primeira introdução do produto no mercado italiano, procedida por ela mesma ou com seu consentimento, exaurira o seu direito de propriedade da marca.

A questão se complica, e a decisão mostra-se lacunosa, ao considerarmos a titularidade do registro brasileiro da marca. Sob este aspecto, caracteriza-se um problema de importação paralela, onde a representante dos vinhos e proprietária da marca *Bolla* vê o seu direito ao uso exclusivo de tal marca comprometido através da in-

43. Apelação Cível n. 75.002-1, São Paulo, in *Lex* 106.

trodução de produtos assinalados com a mesma marca, os quais não são de sua produção.

Lembrando que o representante dos vinhos *Bolla* no Brasil, e também titular da marca para o nosso território, não produz vinhos *Bolla*, mas apenas os comercializa dentro do território brasileiro, e que a marca deve cumprir a sua função de origem, coloca-se a seguinte questão: o que merece maior proteção, o registro da marca ou a sua função de origem?

Se considerarmos apenas a função de origem da marca, não há por que proibir a importação paralela daqueles produtos, pois neste caso a importação dos produtos *Bolla* efetuada pela ré não fere aquela função. Os produtos introduzidos pela ré são, materialmente falando, os mesmos produtos *Bolla* comercializados pela autora. Assim, a representante não teria um direito maior do que o direito do produtor da marca, ou seja, se aquele não pode impedir a comercialização do produto que ele mesmo colocou no mercado, esta última também não poderia.

Se valorizamos os efeitos do direito ao uso exclusivo adquirido pelo registro da marca em relação à sua função de origem, aplica-se o princípio da territorialidade e conclui-se que as importações estarão proibidas.

O julgamento neste caso demandaria uma tomada de posição em relação à aplicação do princípio da territorialidade e uma análise da função de origem da marca e das outras funções que dela advêm; o que resultaria, conseqüentemente, na decisão sobre a adoção da exaustão a nível nacional ou internacional. O Tribunal, porém, como já mencionamos acima, apenas considerou a relação contratual de representação e analisou os efeitos do contrato em relação a terceiros. Não tocou, em momento algum, a exemplo do que foi feito na decisão *Barber Greene*, no cerne das questão sobre importações paralelas. O Tribunal assinalou um indício de direção ao negar a aplicação do art. 175, IV, "a" e "b", do Decreto 7.903, de 1945, aos produtos importados pela ré; mas daí prosseguir por conta própria nessa direção e chegar à conclusão de que tal sentença seria indício da adoção do princípio da exaustão internacional, nos parece ir longe demais.

Nos casos *Nike*, *Jeep*, *Philco* e *Sega*, que passamos a comentar, os Tribunais decidiram proibir as importações paralelas de produtos marcados, baseando-se no direito do uso exclusivo da marca pelo seu titular. É importante, porém, notar que os contratos que deram origem à titularidade da marca no território brasileiro nos casos acima mencionados são de natureza diversa do contrato de representação do caso *Bolla*, e as suas soluções ficam mais claras tomando em consideração os contratos.

No caso *Nike*, a autora firmou com a *Nike Inc.* diferentes contratos. Entre eles, "Contrato de Fornecimento de Tecnologia Industrial" e de "Licença" para a utilização, em caráter *exclusivo*, da marca *Nike*, propriedade daquela primeira empresa. Ambos os contratos foram devidamente averbados perante o INPI. A ré, empresa dedicada à importação e exportação de artigos esportivos, efetivou importação e comercialização de "tênis" assinalados com esta mesma marca.

A autora, alegando reprodução integral de marca registrada da qual possuía exclusividade de uso, ato de concorrência desleal e fraude no comércio, ofereceu "Medida Cautelar de Busca e Apreensão", cuja liminar foi concedida. A ré defendeu-se explicando serem os produtos importados e comercializados por ela produtos originais *Nike*, fabricados pela titular americana da marca no Extremo Oriente e apresentou "Agravo de Instrumento", ao qual foi negado provimento.[44]

44. Do teor do acórdão proferido no Agravo de Instrumento lê-se: "Consta dos autos que a agravada intentou ação de busca e apreensão contra o agravante, a fim de impedir que este comerciasse tênis da marca *Nike*, já que tal conduta é ilícita, *pois a recorrida tem o direito exclusivo de uso e comércio dessa mar-*

No caso *Jeep*, a autora, titular mundial das marcas *Jeep*, inclusive no Brasil, concedeu à ré "Licença de Uso Exclusivo da Marca" para o território brasileiro, licença esta devidamente averbada no INPI. Posteriormente foi a Juízo pleitear a rescisão deste contrato de licença alegando falta de uso da marca pela ré. Paralelamente começou a exportar veículos com a marca *Jeep* para o Brasil, o que moveu a ré a entrar com várias "Medidas Cautelares", requerendo a apreensão dos produtos importados, cujas liminares foram concedidas.

A sentença de primeira instância da ação ordinária[45] dá ganho de causa à autora ao rescindir o contrato de licença de uso exclusivo, uma vez que a ré não provou explorar a marca,[46] mas não deixa de decidir quanto à natureza dos efeitos da sentença, controvérsia entre a autora, que entendia seu caráter meramente declaratório, e a ré, que defendia seu caráter desconstitutivo.[47]

ca no Brasil (grifo nosso). Face aos elementos carreados para estes autos, verifica-se que as alegações da autora são consistentes, revelando, em princípio, uma conduta ilícita por parte da ré. (...). Assim, a liminar foi bem concedida, já que a apreensão dos bens era mesmo a solução que menor prejuízo causará, qualquer que seja o resultado final".

45. Sentença proferida no processo n. 690/92, SP, 12ª Vara Cível. xerox dos autos.

46. A respeito da exploração da marca dispõe a sentença: "A Autolatina Brasil possuía o direito de uso exclusivo e se, efetivamente, quisesse difundir a marca *Jeep* já o teria feito, pois inseriu outras no período nem mesmo conhecidas anteriormente pelo público; sendo certo que o desinteresse fica mais evidente quando se percebe que de 1983 a 1989 nada comercializou e, mesmo instada à rescisão, não procurou difundir ao menos razoavelmente a marca, inserindo apenas em produto já conhecido por outro nome, *Pampa*, sem difusão satisfatória demonstrada pelo desconhecimento pelos brasileiros e que visava unicamente demonstrar um uso a impossibilitar a rescisão, mas que efetivamente não pode ser visto como uso adequado para atingir tal desiderato".

47. Quanto a esta questão o Juiz assim decidiu: "Assim, razoável admitir seja a questão desde já decidida e tal deve ser feito, desta vez, em favor da ré, pois a resolução de contrato por inexecução, no Brasil, é sempre desconstitutiva e, como tal gerando efeitos *ex nunc*".

O direito de uso exclusivo da marca, nestes dois casos, originou-se de contratos de Licença de Uso de Marca. Ambos os registros persistem em nome das licenciadoras, que cedem porém seu direito de uso exclusivo em prol das licenciadas. As duas licenciadas produzem elas mesmas as mercadorias que serão assinaladas com as marcas licenciadas. Os contratos em questão foram averbados perante o INPI, preenchendo o requisito legal para serem equiparados a direitos reais, oponíveis *erga omnes*.

Os Tribunais consideraram, nestes dois casos, os produtos paralelamente importados como contrafeitos, uma vez que não provinham da produção das licenciadas, únicas titulares dos direitos de uso exclusivo de tais marcas no território brasileiro. Não mencionaram em momento algum a função de origem da marca e o papel que ela poderia desempenhar nas questões examinadas. A quem a marca se refere? Ao produtor licenciador ou ao licenciado? Aqui nos defrontamos com a mesma questão de função de origem apresentada nos comentários ao caso *Bolla*. Esta discussão, diante do julgado, é meramente acadêmica, pois a linha de decisão adotada pelos Tribunais neste dois casos está clara: decidem aplicando o direito de uso exclusivo da marca garantida em todo o território nacional, não levando em consideração qualquer fato ocorrido fora das fronteiras brasileiras. Os Tribunais não entenderam por aplicar, em qualquer dos casos, o princípio da exaustão internacional.

No caso *Sega*, a autora, licenciada por empresa japonesa para a fabricação de *video-games* no Brasil, adquiriu tal marca por contrato de cessão e transferência, de terceiro, que havia registrado a marca japonesa no Brasil. A ré iniciou a comercialização de cartuchos de *video-games*, *consoles* e equipamentos com a marca da autora. Esta solicitou perante o Juízo Criminal "Busca e Apreensão" de *video-games* para formação do corpo de delito para a propositura da "Queixa Crime", e ainda promoveu no Juízo Cível "Medida Cautelar", cuja liminar foi concedida. Paralelamente, promoveu a autora uma "Ação Ordinária de Obrigação de Não Fazer". A ré alegou lícita comercialização dos produtos assinalados com a marca *Sega*, importados diretamente do fabricante ou de seus fornecedores, e argumentou que a autora não poderia impedir o uso da marca por terceiros, já que esta seria objeto de pedido de caducidade de marca.[48]

A ré foi condenada na Ação Ordinária devendo:

"(...) abster-se do uso da marca *Sega* a qualquer título, retirando-a de impressos, cartazes e de qualquer outro meio que ao público a revele, com a conseqüente cessação da comercialização de produtos com a marca em apreço, que não tenham sido fabricados pela detentora dos direitos respectivos no Brasil (...)".

E lê-se nesta mesma decisão:

"Por outro lado, a requerida confessou em sua resposta que os produtos apreendidos na Cautelar foram adquiridos de terceiros que não a detentora da exclusividade da marca para o Brasil. Pouco importa que tenham sido regularmente importados. A proteção à propriedade industrial abrange também os licenciados de outros países. O que se protege é a marca; em si. Não há distinção legal entre os produtos fabricados no Brasil ou fora dele para a definição da afronta ao direito de uso da marca; ocorrendo a aquisição de bem com a marca protegida, não fabricado por esta detentora, caracteriza-se a infração ao direito".

E em juízo de Apelação manteve-se esta decisão.

Interessante é notar que no Juízo Penal as ações deste caso foram julgadas improcedentes. Transcrevemos parte do teor da Apelação n. 865.237/5, 1ª Vara Criminal, 25 de abril de 1994, São Paulo:

"(...) Os tipos em que insiste a apelante não foram infringidos. Os querelados não estão 'usando marca legítima de outrem em produto ou artigo que não é de sua fabricação'. Ao contrário, a mercadoria é autêntica. Produzida pelo fornecedor original. Nem estão a vender 'artigo ou produto que tem marca de outrem e não é de fabricação deste'. Vendem, expõem à venda e têm em depósito mercadoria autêntica, não reproduzida.

"Se a conduta dos querelados pode representar concorrência desleal, o tema há de ser apreciado na esfera cível. Os danos da apelante devem ser examinados na instância adequada. O Estado somente deve ser acionado para aplicar o braço pesado da sanção criminal 'quando a conservação da ordem jurídica não se possa obter com outros meios de reação, isto é, com os meios próprios do direito civil.' (Nélson Hungria, *Comentários ao Código Penal*, 3ª ed., v. I, t. 2, p. 27)".

No caso *Philco*, a autora, titular da marca *Philco*, promoveu ação contra a ré que importa e comercializa produtos com esta marca. Diante do pedido de "Busca e Apreensão" dos produtos assinalados com tal marca e da "Ação Ordinária de Obrigação de Não Fazer" promovida pela autora, a ré alegou que os produtos não foram fabricados nem colocados no mercado por ela. Afirmou, ainda, ser simples importadora de produtos genuínos *Philco*, industrializados e comercializados pela empresa *Philco* americana. A "Busca e Apreensão" foi deferida e a "Ação Ordinária" ainda não foi julgada.

Lê-se da concessão da liminar:[49]

"Estão presentes os requisitos legais para a concessão da liminar requerida *inaudita altera pars*.

O *fumus bonis juris* está comprovado pelo registro da marca. O *periculum in*

48. Quanto ao pedido de caducidade da marca *Sega*, que por sinal foi negado, nada altera a situação. De acordo com a sentença, seus "efeitos só se produzem a partir da sua data, não alcançando os fatos passados, ao contrário dos efeitos de nulidade, que se operam *ex tunc*".

49. Cópia dos autos.

mora, pela circunstância de que a demora na provocação de decisão definitiva quanto ao pleito da autora acarretará prejuízos certos.

"Assim, concedida a liminar nos termos do pedido."

Se os Tribunais já entendiam proibir as importações paralelas baseando-se no direito de uso exclusivo de marca adquirido através de contrato de licença, onde a licenciada ainda mantém a propriedade da marca, com muito mais força defendem a aplicação desta mesma proibição aos casos onde o direito de propriedade encontra suas raízes em contrato de cessão de marca.

Através do contrato de cessão da marca, que deve ser necessariamente averbado perante o INPI para que produza efeitos *erga omnes*, a propriedade da marca, com todos os direitos que daí advêm, é transferida. Quanto à função de origem, nestes casos, a questão parece livre de controvérsias. A cessão da *propriedade* acarreta que os produtos marcados pelo seu novo titular passam a ter origem diferente dos produzidos pelo cedente. Vide conclusão do caso *Colgate* no item 9 supra.

As decisões dos Tribunais impedindo as importações paralelas de produtos advindos de terceiros Estados nos parecem previsíveis e coerentes diante das tendências político-econômicas até hoje seguidas pelo país. Tal postura, porém, virá a gerar problemas no momento em que os Tribunais tiverem de se confrontar com importações paralelas oriundas de um Estado-parte signatário do Tratado de Assunção. Neste caso, será imprescindível a adoção de nova postura, cujo grau de aplicação terá de ser analisado caso a caso.

Com relação às importações paralelas de produtos oriundos de terceiros países não-membros do Mercosul, podemos concluir: no Brasil, por construção jurisprudencial na vigência da Lei 5.772/71, baseando-se no exercício do direito exclusivo do uso da marca, proíbem-se as importações paralelas de produtos marcados, não se reconhecendo a exaustão dos direitos de marcas em nível internacional. Tal entendimento persiste na nova Lei de Propriedade Industrial, uma vez que o princípio da exaustão nacional do direito de marcas encontra-se nela expressamente mencionado.

Aos casos de importações paralelas é, portanto, aplicável toda a legislação pertinente à contrafação de marcas.

11. O problema das importações paralelas e a nova Lei de Propriedade Industrial

A nova Lei de Propriedade Industrial[50] garante a exclusividade do uso da marca em todo o território nacional (art. 129), prevendo ainda ao seu titular, ou a seu requerente, a possibilidade de ceder o registro, ou pedido de registro, e licenciar o seu uso.

A reprodução da marca registrada, sem autorização de seu titular, no todo ou em parte, ou sua imitação de modo que possa induzir confusão, ou a alteração de marca já colocada no mercado, constitui ilícito penal (art. 189). O mesmo acontece com a importação, exportação, venda, oferecimento ou exposição à venda, ocultação ou manutenção em estoque de produto assinalado com marca ilicitamente reproduzida ou imitada, de outrem, no todo ou em parte, ou de produto de sua indústria ou comércio contido em vasilhame, recipiente ou embalagem que contenha marca legítima de outrem (art. 190).

O art. 136, ao mencionar as anotações do INPI, dispõe, em seu inciso I, que será feita anotação da cessão, fazendo constar a qualificação completa do cessionário; e o art. 138 dispõe: "(...) As anotações produ-

50. Lei 9.279, de 14 de maio de 1996, que entrou em vigor em 15 de maio de 1997, exceção feita aos arts. 230 e 231, que já haviam entrado em vigor em 15 de maio de 1996.

zirão efeitos em relação a terceiros a partir da data de sua publicação".

Ao dispor sobre a licença de uso, nos artigos 139 até 141, expressa o art. 140 que "o contrato de licença deverá ser averbado no INPI para que produza efeitos em relação a terceiros"; e, no § 1º: "A averbação produzirá efeitos em relação a terceiros a partir da data de sua publicação". A exemplo do que acontecia anteriormente, a nova Lei de Propriedade Industrial exige a averbação da Cessão ou da Licença do Uso de Marca para que ela seja oponível *erga omnes*.

Diferentemente da Lei 5.772/71, esta lei dispõe que o titular da marca não poderá impedir a livre utilização do produto colocado no mercado *interno* pelo titular ou com o seu consentimento, ressalvado o disposto nos §§ 3º e 4º do art. 68 (art. 132, III). A regra é expressamente a da exaustão interna para o direito de marcas. Há porém duas exceções a esta regra, nas quais se permitirá a importação paralela por qualquer terceiro, a saber:

— quando o titular de uma patente pratica a importação do objeto da patente;

— quando o licenciado importa, desde que o produto tenha sido colocado no mercado (internacional) diretamente pelo titular da patente ou com o seu consentimento.

Em ambos os casos, a titularidade da marca e o direito de seu uso exclusivo não poderão ser alegados para impedir a entrada dos produtos paralelamente importados.

12. O direito de marcas e o Mercosul

A política de substituição de importações adotada pelos países latino-americanos não logrou mostrar-se efetiva. Nos comentários de Guillermo Ondarts:[51] "muchas de las empresas industriales creadas al amparo de esta política, y consideradas hace una o dos décadas como una prueba inequívoca de progreso, hoy constituyen más un problema que un orgullo". Neste quadro, e considerando a necessidade de acompanhar-se, principalmente, o desenvolvimento tecnológico que introduz no mercado mundial produtos cada vez mais competitivos, o processo de integração da América Latina tornou-se uma questão de sobrevivência econômica.

Os blocos econômicos possuem uma capacidade muito maior de negociação frente ao mercado internacional. Ainda nas palavras de Ondarts, "el propósito de los bloques no es alejarse de los mercados globales, sino más bien establecer una plataforma amplia, fuertemente competitiva para que, a partir de ella, las empresas se puedan lanzar en condiciones ventajosas al mundo".

No Tratado de Assunção, firmado em 26 de março de 1990, os Estados-partes Argentina, Brasil, Paraguai e Uruguai decidiram formar um Mercado Comum baseado em um regime de livre concorrência. Assumiram, para tanto, o compromisso de assegurar a livre circulação de bens e serviços dentro da região, suprimindo entre eles os direitos aduaneiros e as restrições quantitativas à entrada e saída de mercadorias, bem como qualquer outra medida de efeito restritivo, coordenar suas políticas macroeconômicas e harmonizar as legislações nacionais para possibilitar o processo de integração.

O Tratado de Assunção não estabelece normas para a resolução de conflitos e nem cria órgãos supranacionais que viabilizem a sua aplicação. O Protocolo de Brasília, que dispõe sobre a solução de controvérsias, estabelece mecanismos para dirimir conflitos de interpretação e aplicação que possam surgir com relação ao Tratado de Assunção unicamente entre os Estados-partes e entre os particulares e o Estado, mas não entre particulares.

51. Ondarts, Guillermo, in *Integración Latinoamericana*, jan./fev. 1992.

No que diz respeito à harmonização do direito de marcas, necessária para a criação de segurança jurídica dentro do mercado comum e para garantia da concorrência leal, o Subgrupo de Trabalho 7, após estudo das legislações dos Estados-partes e estabelecimento dos pontos concordantes e discordantes, formulou um "Protocolo de Harmonização de Normas sobre Propriedade Intelectual no Mercosul em Matéria de Marcas, Indicações de Procedência e Denominações de Origem".

Este Protocolo dispõe sobre a proteção mínima que cada Estado-parte deverá conceder às marcas, indicações de procedência e denominações de origem, não excluindo, expressamente, a possibilidade de concessão de proteção mais ampla, desde que de acordo com os princípios nele dispostos (art. 1º). Prevê também que cada Estado-parte deverá conceder aos nacionais dos outros Estados-partes o mesmo tratamento que concede aos seus próprios nacionais (art.3º).

Quanto à exaustão do direito de marcas dispõe o art. 13:

"O registro de marca não poderá impedir a livre circulação dos produtos marcados, introduzidos legitimamente no comércio pelo titular ou com a autorização do mesmo. Os Estados-Partes comprometem-se a prever em suas legislações medidas que estabeleçam a Exaustão do Direito conferido pelo registro".

Deixou-se aqui aberta a decisão de como aplicar a exaustão, se apenas em nível comunitário, ou internacional, a cada Estado-membro. Como já mencionamos, a nova Lei de Propriedade Industrial opta expressamente pela exaustão interna do direito de marcas. Tal disposição é incompatível com os princípios que pautam a própria existência do Mercosul. Neste ponto a Lei de Propriedade Industrial que acaba de nascer não escapará de ser, em breve, revista.

A exemplo do que fez a União Européia, cogita-se também da criação de uma marca abrangendo todo o território comum. A *marca Mercosul* possibilitaria a circulação de produtos e serviços com boas garantias para os seus titulares, criando um sistema onde o direito de marcas é reconhecido e respeitado de modo uniforme.

É importante frisar que uma marca com efeitos em todo o território do Mercosul não surgiria no lugar da marca nacional, mas antes coexistiria com as marcas nacionais. A formação do mercado comum não implica quebra da unidade de cada Estado-parte. Tanto a criação da marca Mercosul como a harmonização do direito de marcas não eliminarão o problema de uma marca idêntica, pertencente a titulares diferentes, registrada em diferentes Estados-partes. Para estes casos, a criação de regras, que exijam um acordo ou a autorização do titular da marca no Estado-parte onde se pretende realizar a introdução do produto, poderia servir de solução. De qualquer forma, é importante lembrar que a formação de um mercado comum implica necessariamente sacrifícios de parte dos Estados nacionais e dos particulares, frente ao interesse comunitário.

Atualidades

CÓDIGOS E NORMAS DE CONDUTA DO SISTEMA FINANCEIRO PORTUGUÊS E COMUNITÁRIO

ARMINDO SARAIVA MATIAS

I — Introdução: 1. Moral, ética e direito — 2. Ordens Normativas — 3. Desregulamentação e Normas de Conduta — 4. Códigos Éticos e Códigos de Conduta. II — Códigos de Conduta: 1. Razão de ordem: Código de Conduta do Sector Financeiro — 2. Noção de Código de Conduta — 3. Inspiração, objectivos e limites dos Códigos de Conduta do Sector Financeiro — 4. Princípios gerais dos Códigos de Conduta: 4.1 "Honesty and fairness" — 4.2 "Diligence" — 4.3 "Capabilities" — 4.4 "Information about customers" — 4.5 "Information for costumers"— 4.6 "Conflict of interest" — 4.7 "Compliance" — 5. Os Códigos de Conduta no Direito Comunitário — 6. Os Códigos de Conduta em Portugal: 6.1 No âmbito do Código do Mercado de Valores Mobiliários — 6.2 No âmbito do Regime Geral das Instituições de Crédito e Sociedades Financeiras (RGICSF). III — Graus de vinculação das Normas de Conduta: 1. Vinculação das Normas de Conduta em geral: 1.1 Norma de Conduta em sentido básico — 1.2 Norma de Conduta editada por Associação de Classe — 1.3 Norma de Conduta editada por Associação de Classe sob imperativo legal — 1.4 Norma de Conduta editada por organismo representativo de classe profissional — 1.5 Normas de Conduta constantes de lei — 2. Vinculação das Normas de Conduta no âmbito do Regime Geral das Instituições de Crédito e Sociedades Financeiras (RGICSF). IV — Violação das Normas de Conduta e suas conseqüências face ao direito: 1. Violação das Normas de Conduta do RGICSF — 2. Violação das Normas de Códigos de Conduta do Sistema Financeiro — 3. Da legitimidade para desencadear os processos sancionatórios e aplicar sanções. V — Conclusões. Bibliografia

I — Introdução

1. Moral, ética e direito

Hans Kung, académico e teólogo suíço, presidente da *Global Ethic Foundation*, com sede em Tübingen, afirmava, há dias, em entrevista publicada na *NewsWeek*, que uma *doutrina económica* exclusivamente definida em função dos proveitos é não apenas incompleta e irrealista, mas também *imoral*.

Mais dizia que a Ética não é uma descrição do Mundo; constitui, antes, um desafio para o Mundo.

E terminava, informando que o *Interaction Council*, uma organização internacional de antigos primeiros ministros, deliberou, em Maio passado, sugerir que no cinqüentenário da aprovação da Declaração Universal dos *Direitos Humanos* (em 10 de Dezembro de 1998) as Nações Unidas procedam a uma Declaração Universal dos *Deveres Humanos*.

De facto, vem sendo acentuada a noção dos direitos individuais, mas vai passando descurada a noção dos correspondentes deveres.

Talvez por isso se sinta, cada vez mais prementemente, a necessidade de estabelecer *princípios éticos universais*, face aos vertiginosos desenvolvimentos tecnológicos, científicos e dos negócios internacionais.

Aliás, a globalização da informação suscita, por si só, problemas que não se compadecem com a medida ética ou moral dos estados, dos povos ou até das religiões.

A ética e a moral[1] têm, pois, de adoptar *padrões universais mínimos*, por todos respeitados, sem concessão de privilégio a esta ou àquela civilização.

Estamos, portanto, em pleno *devir* dos conceitos de Ética e de Moral, num refluir de conceitos, de tradições e de crenças. Assim é, de facto, se pensarmos em *conceitos e princípios universalmente consensuados*.[2]

A ética e a moral podem traduzir e traduzem, no entanto, conceitos mais ricos, de maior conteúdo e mais ampla compreensão, mas, consequentemente, de menor extensão.

Assim será, quando falamos de ética e de moral geográfica e temporalmente caracterizadas.

É a esta ética e a esta moral que passaremos a referir-nos: à ética e à moral de um povo, ou de uma sociedade, geograficamente situada, religiosamente influenciada, culturalmente apetrechada, historicamente definida.

Tanto vale por dizer que os comportamentos e as condutas a aferir face à moral e à ética são comportamentos e condutas concretas, de indivíduos ou instituições, socialmente enquadrados.

A *ética e a moral ditarão*, assim, *normas comportamentais* de pessoas em sociedade, de uma sociedade determinada.[3]

Os *princípios* que suportam essas normas serão, por seu lado, o resultado de valores adquiridos no passado, através das gerações, sujeitas às mais diversas influências (históricas, económicas, culturais, religiosas).

2. *Ordens Normativas*

Ainda que imperceptivelmente, o comportamento do indivíduo em sociedade é determinado por normas de variada espécie, com diferente grau de injunção, dando origem a diversas *ordens normativas* que se convencionou qualificar de *ordem moral*, *ordem ética* e *ordem jurídica*.

1. Há quem identifique ética e moral, justificando a diferente designação apenas por razões etimológicas: *Éthos*, palavra grega que significa hábito, costume, terá sido traduzida para o Latim, com o termo *mos*, *moris*. Vd. Roque Cabral, *Enciclopédia Luso-Brasileira de Cultura* e Isabel e Michael Renaud, in *Bioética*, Verbo, 1996, p. 34.

2. Mostra-se perfeitamente actualizada a preocupação de Kant, ao escrever, em 1785, a *Fundamentação da Metafísica dos Costumes*, na busca de princípios éticos universais que haveriam de o conduzir à formulação do Imperativo Categórico: "Age apenas segundo uma máxima tal que possas ao mesmo tempo querer que ela se torne lei universal" (Imanuel Kant, *Fundamentação da Metafísica dos Costumes*, tradução de Paulo Quintela, 1995, p. 59).

3. Independentemente da longa discussão travada em torno da distinção entre ética e moral, é interessante reter, como fez Paul Ricoeur, no livro *Soi-Même comme un Autre*, que há duas tradições ocidentais em torno da fundamentação da imposição ética: uma que remonta a Aristóteles e assenta no fim da norma, tornando as éticas ocidentais teleológicas; outra, surgida com Kant, que pode designar-se de "ética formal", ou deontológica, porque brota da razão, independentemente de qualquer finalidade.

Tentando delas uma breve noção, diremos que a *ordem moral* é um conjunto de comandos que o indivíduo dirige a si mesmo, emergentes da sua consciência, com vista à realização do *Bem*. O cumprimento dessas normas trar-lhe-á tranquilidade; o incumprimento gerará mal-estar próprio, má consciência, arrependimento, auto-reprovação. Ora, se a norma que o indivíduo se impõe (por força do seu conceito de Bem), coincidir com a norma que todos os outros indivíduos se impõem (por força da chamada moral colectiva), o incumprimento por um gera, também, a reprovação pelos outros, a desadequação social do comportamento violador, a censura e a rejeição social. Essa é a sanção.

A *ordem ética* (ou de comportamento social) é ditada por razões não essenciais de convivência social, mas por razões de conveniência, de facilitação de relacionamento entre indivíduos em sociedade.

O cumprimento da norma ética facilita, adequa, melhora a convivência social, enquadra o indivíduo numa classe, num grupo social. Já o incumprimento daquela norma implica reprovação da classe, da colectividade ou do grupo. Pode mesmo implicar a rejeição do autor da violação.

A sanção traduzir-se-á, exactamente, nessa reprovação social, nessa rejeição.

A *ordem jurídica* é uma ordem normativa imperativa e coerciva, imposta pelo poder político, pelo Estado.

Ao Estado compete, na verdade, a regulação do comportamento dos indivíduos em sociedade, compatibilizando os seus interesses, tornando viável o funcionamento das instituições sociais segundo valores que ele próprio, o Estado, considera essenciais. Adoptados tais valores, definidas finalidades, o Estado procede à criação de normas reguladoras da vida social, dotando-as de imperatividade, ou seja, impondo-as aos destinatários. Confere-lhes coercibilidade, isto é, o Estado, respeitando embora a liberdade do indivíduo, admite o seu incumprimento, mas sanciona-o em conformidade com a maior ou menor gravidade da violação. O cumprimento da norma jurídica não é, assim, deixado ao livre arbítrio dos indivíduos, classes ou grupos. Porque o seu objecto releva no domínio das relações sociais, a norma é coercivamente imposta.

A sanção do incumprimento será determinada pelo autor da norma, conforme a valoração que dela faça.

Nisto mesmo se distingue das demais ordens normativas: moral e ética. Obviamente, quanto acaba de dizer-se não significa que haja ordens normativas separadas e estanques: a norma ética pode ser também norma jurídica, a norma moral pode ser norma ética e jurídica, a norma jurídica deve adoptar os valores da moral e da ética.[4]

Mas há, de facto, diferenças, entre as normas, como se viu:

— Na *norma ética* não estão em causa valores ou finalidades considerados essenciais e por isso não se atinge o grau de imperatividade que imponha a coerção do Estado.

— A *norma moral* visa a prossecução do Bem pelo indivíduo. mas o Estado (e até a sociedade, classe ou grupo) pode desinteressar-se de tal finalidade por irrelevante em termos de organização social. A norma moral fica, assim, despojada de imperatividade e coercibilidade jurídico-política.

— A *norma jurídica* visa estabelecer as relações essenciais entre os indivíduos e não assenta, necessariamente, nem na consciência moral de cada indivíduo nem na relação ética entre indivíduos.

— Quando, porém, a norma ética ou a norma moral relevam, pelo seu conteúdo, em termos essenciais, para a organização social, intersubjectiva, podem então assumir natu-

4. Segundo a teoria do *Mínimo Ético*, nem tudo o que a moral e a ética ordenam deve ser prescrito pelo direito; este recebe da moral e da ética apenas os preceitos que devam impor-se com especial intensidade.

reza jurídica, ganhando imperatividade e coerção: tornam-se normas jurídicas.

3. *Desregulamentação e Normas de Condutas*

Um fenómeno que aqui tem de ser registrado, no âmbito da regulação da conduta de indivíduos em sociedade, apresenta-se muito curioso. Traduz-se, exactamente, no aparecimento de normas éticas ou de conduta, impulsionado pelo Estado, pelo poder político, confessando-se este, ao mesmo tempo, motivado e empenhado num esforço de desregulamentação.

Se bem repararmos, mormente no que concerne ao desenvolvimento económico, têm vingado, nas economias ocidentais, as doutrinas do liberalismo, com aceitação do quase-sagrado princípio da maximização dos proveitos.

Todavia, bem se vê que um tal princípio tem de ser compatibilizado com o interesse colectivo, com os interesses dos consumidores, com os interesses dos vários agentes económicos envolvidos.

Percebendo isso, e na tentativa de prossecução do equilíbrio, os Estados têm tentado a regulamentação jurídica, mas, muitas vezes, sem sucesso: ou porque a sociedade a não aceita ou porque a matéria é juridicamente não regulamentável. Certo é que o Estado acaba, frequentemente, por demitir-se de legislar: porque não sabe, porque não pode ou porque não quer. E, todavia, trata-se de áreas sociais relevantes a carecerem de regulação. É, então, o próprio Estado que confia às instituições, privadas ou públicas, às associações, às ordens profissionais, a missão de criar os seus próprios ordenamentos, as suas próprias Normas de Conduta como alternativa à regulamentação jurídica estadual.

A vulgarmente chamada desregulamentação jurídica dá, assim, lugar à criação de Normas e Códigos de Conduta, concebidos e implementados por agentes não estaduais.

O Estado, esse assiste, quando não impulsiona ou impõe aquela criação.

De modo que, perante a inevitabilidade da normativização da conduta dos indivíduos ou instituições, face às exigências morais e éticas, o poder político toma uma das seguintes posições:

— adopta a norma ética como norma jurídica, e confere-lhe coercibilidade;

— deixa que os agentes livremente se auto-regulamentem, através de Normas e Códigos de Conduta;

— impõe a criação de Normas de Conduta e a elaboração dos respectivos Códigos às Instituições representativas de classes profissionais ou sectores de actividade.

É neste último caso que reside o aspecto porventura mais curioso por algo contraditório: o Estado afirma pretender a desregulamentação jurídica, mas impõe a criação de normas, como se estas fossem despojadas de juridicidade.

4. *Códigos Éticos e Códigos de Conduta*

A comumente chamada Norma de Conduta será, *em princípio*, uma norma ética. E de entre as normas éticas, ganha especial ênfase a norma *deontológica*, isto é, a norma reguladora das práticas de uma profissão, dando origem aos códigos éticos.

Fala-se, correntemente, de Código Ético para significar um conjunto de regras e princípios deontológicos, *ínsitos ou difusamente adquiridos* por certa categoria de pessoas. Com efeito, damo-nos conta de que existem, em todas as profissões, *regras básicas* de comportamento, *ainda que não escritas*, construídas na base de um conceito geral de bem e de mal que os profissionais sentem o dever de adoptar no primeiro caso e de repudiar no segundo. Todavia, se é relativamente fácil a identificação desses Códigos em profissões clássicas, já a sua formulação e eficiência são muito duvidosas em áreas de actividade tão complexa e recente como as dos sectores económico e financeiro.[5]

Ora, a deontologia e a ética,[6] por mais apuradas, vertidas em normas *não positivadas* a que acabamos de nos referir, têm, todavia, uma eficiência limitada, na medida em que não vão além da exigência ou consciência de cada indivíduo.[7]

A tendência mais recente é, pois, a de criação de Normas e Códigos Éticos, de *Normas e Códigos de Conduta, com expressão formal, positivados*, a seu modo heteroimpostos.

Só essas, aliás, constituirão objecto desta nossa reflexão.

Passaremos, assim, nesta exposição, a entender por *Normas de Conduta e Códigos de Conduta as Regras ou Conjuntos de Regras e princípios, de conteúdo ético, relativos a certa actividade, ou profissão, ditados (quase sempre) por entidades não estaduais. Quando aquelas Regras e Conjuntos de Regras se reportam a uma profissão, costumam designar-se por Normas Deontológicas e Códigos Deontológicos.*

Desta forma, os normativos a que nos reportamos ganham alguma imperatividade, suportada pelo Direito, deixando, aliás, de ser nítida a fronteira entre o ético e o jurídico, como adiante melhor se verá.

II — Códigos de Conduta

1. Razão de ordem: Códigos de Conduta do Sector Financeiro

Antes de prosseguirmos, convém uma advertência: a de que, de ora em diante, trataremos exclusivamente de Códigos e de Normas de Conduta do âmbito das actividades económicas, maxime, do Sector Financeiro.

2. Noção de Código de Conduta

Falamos, hoje, em linguagem jurídica, de *Códigos*, já não para significar meras compilações de leis, mas *corpos orgânicos* de todas ou da generalidade das normas próprias de um ramo ou subramo do Direito, ou apenas dos princípios gerais que dominam uma fracção da ordem jurídica. Por *Código* se entende também o *conjunto sistematizado* das normas relativas a uma matéria, mais ou menos circunscrita.[8]

Os chamados Códigos de Conduta integram-se neste conceito técnico, represen-

5. Como bem acentua um Grupo de Reflexão de Profissionais Católicos (sobre os Modernos Problemas da Ética) presidido por Auberger, tornou-se, hoje, indispensável a definição de princípios claros que guiem os comportamentos dos operadores nos mercados financeiros (em que as relações têm de assentar primordialmente na *fiducia*), esperando-se que os profissionais definam uma deontologia, e que os poderes públicos editem regras precisas. Para definição e apuramento daquela deontologia tem, aliás, a Igreja Católica contribuído com algumas Encíclicas da maior relevância, como sejam a *Populorum Progressio* (Paulo VI, 1967) e a *Sollicitudo Rei Socialis* (João Paulo II,1987). Nestas últimas, propõe-se, designadamente, uma melhor aproximação ao conceito de bem comum da humanidade. De que se extraem corolários como os seguintes: i) constitui imperativo ético o desenvolvimento dos países mais pobres; ii) o capital e os movimentos de capitais devem estar ao serviço das comunidades humanas e não da acumulação nas mãos de uns poucos (Auberger e Outros, "Pour une éthique des marchés financiers", *Révue de la Banque*, Février, 1990, p. 16).

6. R. Henrion dá-nos a seguinte distinção entre deontologia e ética: "a *deontologia* designa, independentemente do carácter jurídico ou simplesmente moral, o conjunto de deveres que se impõem, numa situação determinada e, de um modo especial, no exercício de uma profissão; trata-se da ciência dos deveres para com colegas, concorrentes, clientes". "A *ética* é a ciência que determina os caracteres distintivos do bem e do mal, no comportamento humano" (R. Henrion, *La Déontologie du Banquier*).

7. É claro que as normas deontológicas, ainda que não constantes de texto formal, são relevantes para aplicação da lei pelos tribunais. Vd. Jean Pardon, "La Déontologie", in *Le Nouveau Droit des Marchés Financiers*, p. 265.

8. Afonso Queiró, *Enciclopédia Luso-Brasileira de Cultura*.

tando a sistematização de princípios e normas relativos a um sector de actividade ou profissão.

Todavia, nem a definição daqueles princípios nem aquelas normas promanam, em regra, dos órgãos do Estado, não são, por isso, necessariamente normas jurídicas, não contam, em consequência, com a coercibilidade do Direito.

Trata-se de instrumentos de regulação, de cariz ético-deontológico, definidos por organismos ou instituições e a que os *próprios destinatários das normas* previamente aderem.

Um Código de Conduta é (normalmente) editado por entidade a que se reconhece idoneidade para a definição dos princípios, fundados na moral e na ética, que salvaguardem os interesses dos membros de uma classe profissional, mas também os interesses, a transparência e a honestidade dos comportamentos de todos os intervenientes em certa actividade.

A mera sistematização dos princípios e das normas constitui já uma primeira vantagem no sentido da uniformização de comportamentos; uma segunda vantagem emerge da juridicidade advinda, por um lado, da adesão dos intervenientes e, por outro lado, do poder regulador das instituições criadoras de normas. Como veremos adiante.

Sob a designação de *Códigos de Conduta*, giram diversos instrumentos de regulação que convém referir.

Em primeiro lugar, os *Códigos de Conduta Internacionais.*[9]

Visa-se, através deles, estabelecer padrões de comportamento a adoptar pelas empresas, sobretudo pelas multinacionais ou transnacionais, conferindo-se, assim, maior segurança e certeza ao comércio internacional, quando em contacto com várias jurisdições.

Sirva de exemplo o *Draft Code of Conduct on Transnational Corporations*, aprovado por Resolução da Assembleia das Nações Unidas, em 1982.

Independentemente da juridicidade das disposições constantes deste Código, é óbvio que não pode ser subestimado o efeito persuasor das suas linhas mestras quer na inspiração das regulamentações, em cadeia, pelos Estados, quer no comportamento das empresas.

Outro tipo frequentemente incluído nos designados Códigos de Conduta são os *Códigos da Melhor Prática* (*Codes of Best Practice*).

Trata-se de estabelecer um conjunto de normas assentes, certamente, em princípios éticos, mas também em princípios de eficiência económica, que têm por fim o melhor funcionamento das empresas e dos mercados.

Como escreveu Adrian Cadbury[10] (em relatório sobre os Códigos de Melhor Prática entre empresas inglesas), o *Code of Best Practice* faculta ao administrador uma *check-list* que lhe permite aferir o seu grau de desempenho e aos accionistas a possibilidade de, sobre ele estabelecer diálogo com os administradores; será de interesse para os administradores cumprir o Código porque melhorará a sua posição no mercado; igualmente, e pela mesma razão, será do interesse dos accionistas pressioná-los a cumprir.

É da conjugação e do equilíbrio destes interesses que resulta a adequação das práticas dos mercados pela conformação que não pode deixar de gerar perante todos os intervenientes.

Todavia, os "Códigos da Melhor Prática" nem sempre integram o que entendemos por Código de Conduta. Aqueles desempenham predominantemente uma função técnica na medida em que regulamentam certa prática *com critérios de eficiência*; estes modelam os comportamentos por critérios de moral e de ética, com prejuízo da eficiência, se necessário. Por essa razão,

9. Saleem Sheikh e outro, *Corporate Governance*, 1995, p. 253.

10. Saleem Sheikh e outro, obra citada, p. 392.

teríamos por mais ajustada a designação dos primeiros como "Guias de Procedimentos" ou "Códigos de Procedimentos".

A clarificação e distinção dos conceitos e das designações afigura-se-nos indispensável.

3. Inspiração, objectivos e limites dos Códigos de Conduta do Sector Financeiro

Como deixámos inicialmente referido, a ética anda de mãos dadas com a moral, mas os dois conceitos não se identificam, necessariamente. A moral assenta na noção intrasubjectiva do bem e do mal. A ética assenta na noção do bem e do mal nas relações intersubjectivas.

A deontologia, por seu lado (que se situa, algures, entre a moral, a ética e o direito),[11] segundo Jeremy Bentham,[12] designa o conjunto dos deveres que se impõem, em concreto, em determinada situação social, mormente no exercício de certa profissão.

Acresce, como bem acentua Bruslerie,[13] que o desenvolvimento geral dos mercados financeiros é acompanhado de uma procura permanente do que devam ser as novas exigências em matéria de práticas e de *standards* profissionais.

Esta procura deve ser acompanhada pelo reforço das regras de *deontologia financeira*, imposta, sobretudo, pelo declínio do investidor individual, pela profissionalização da gestão de carteiras, pela convergência das técnicas de gestão e pela internacionalização dos serviços financeiros no quadro da concorrência.

É, pois, primeiramente, *na ética e na deontologia* que devem buscar-se a fonte e a inspiração dos Códigos de Conduta.

11. Jean Pardon, "La déontologie", in *Le Nouveau Droit des Marchés Financiers*, p. 265.

12. Cit. por Jean Pardon, ob. referida, p. 262.

13. H. De La Bruslerie, "Évolution des Marchés Financiers et Déontologie Financière", *Banque*, 1990, p. 684.

Depois, quer os princípios da economia de mercado adoptados pela OCDE, que, aliás, permeiam todo o Tratado de Roma, quer a liberalização dos movimentos de capitais são igualmente fontes de inspiração determinantes das normas que integram os Códigos de Conduta.

Com efeito, o funcionamento da economia de mercado implica a rejeição de regras impostas pelo poder político, do mesmo passo que a internacionalização dos mercados financeiros veio provocar uma leitura diferente do art. 85º e seguintes do Tratado de Roma, conduzindo à chamada "desregulamentação". Que não significa, todavia, o completo abandono de regras, mas a adopção de regras diferentes, designadamente, de natureza ético-deontológica.

O objectivo é atingir altos padrões de honestidade, integridade e competência que se imponham por si mesmos, propiciando o correcto funcionamento dos mercados financeiros, sem recurso a meios contenciosos.

É a ética a desempenhar o papel de almofada do direito; é a norma de conduta, a penetrar nos meandros do funcionamento dos mercados, lá onde a coerção não é eficaz. É que (e os juristas sabem-no bem) o direito, para ser eficaz, não deve ser contencioso. Nem omnipresente. A fazer recordar Honoré de Balzac quando, expressivamente, afirmava que a lei é como uma teia de aranha que retém as moscas pequenas, mas deixa passar as grandes.

Cabe uma última observação a propósito da inspiração, objectivos e limites das Normas de Conduta.

O revigoramento, no decurso dos anos 80, dos princípios da economia de mercado e a explosão dos mercados financeiros, nestes últimos anos, suscitaram um apelo à reflexão ética, reclamando dos meios financeiros que tentem corrigir excessos e desvios.

Não obstante o consenso a que sobre esta matéria se chegou, depressa se constatou que os princípios éticos são demasiado vagos e, quando vertidos em Normas de Conduta, se tornam excessivamente detalhados.

Não é, assim, raro assistir-se ao rigoroso cumprimento dos Códigos, mas com completo fracasso da equidade e da justiça. Diluída a responsabilidade pelos centros de decisão e pelas instâncias corporativas, fica por vezes o cinismo dos mercados a comprovar a necessidade da moral individual.

Aí está, porventura, a mais importante das fontes e o mais importante dos limites: a *moral individual*,[14] a qual coloca, de novo, a pessoa no centro de todo o Sistema.

4. *Princípios gerais dos Códigos de Conduta*

Os princípios gerais dos actuais Códigos de Conduta já os podemos encontrar nos Códigos recomendados pela Comissão Europeia e relativos, respectivamente, ao Mercado de Valores Mobiliários, Pagamentos Electrónicos e ao Acesso a Documentos (e que adiante analisaremos), respectivamente de 1977, 1987 e 1993.

De outro lado, em Janeiro de 1990, o Comité Técnico da IOSCO[15] decidiu constituir um grupo de trabalho encarregado de elaborar os *Principles of Ethical Conduct*.

Tendo, seguramente, presentes os princípios gerais definidos nos mencionados Códigos da CE, são sete os princípios que aquele grupo de trabalho resumiu assim:

4.1 "Honesty and fairness"

O interveniente no mercado financeiro deverá conduzir os seus negócios com honestidade no interesse dos seus clientes e com respeito pela integridade do mercado.

4.2 "Diligence"

Deverá o agente do mercado comportar-se com cuidado e diligência, no interesse dos seus clientes.

4.3 "Capabilities"

O agente do mercado deverá dispor e usar de todos os recursos e procedimentos necessários ao perfeito desempenho das suas actividades.

4.4 "Information about customers"

O agente do mercado deverá obter dos seus clientes informação sobre a sua situação financeira, experiência e objectivos de investimento, relevantes para a prestação dos seus serviços.

4.5 "Information for customers"

O agente do mercado deverá facultar aos seus clientes toda a informação relevante.

4.6 "Conflict of interest"

O agente do mercado financeiro deverá evitar todos os conflitos de interesses e, quando os não conseguir evitar, deverá assegurar o melhor tratamento dos seus clientes.

4.7 "Compliance"

O agente do mercado financeiro deverá cumprir todos os regulamentos aplicáveis à condução dos seus negócios, promovendo os melhores interesses dos clientes e a integridade do mercado.

Este enunciado de princípios (que vai, definitivamente, marcar todos os Códigos de Conduta em matéria de Mercados Financeiros) poderá reduzir-se a três deveres:[16]

A) Dever de adequação da organização interna:

— honestidade e competência das pessoas;

— existência de meios humanos e materiais suficientes;

14. Assim, A. Dergatchef, *Pour une Moralité des Marchés Financiers*, cit. por Hubert de Vauplane e outro, *Droit de la Bourse*, p. 299.

15. *International Organization of Securities Commissions*, que tem por objetivo a análise da globalização dos Mercados de Valores Mobiliários.

16. Conforme Jean Pardon, ob. cit. p. 246.

— separação das actividades de que possa resultar fraude;

— sistema interno de controle.

B) Deveres para com o cliente:

— conhecer o cliente, as suas necessidades e os seus meios;

— ver prioridade aos interesses do cliente;

— informar o cliente dos meios e do resultado das operações.

C) Deveres face ao mercado:

— respeitar a segurança de mercado;

— respeitar a integridade do mercado abstendo-se de manobras dolosas, manipuladoras, jogos, fraudes.

5. *Os Códigos de Conduta no Direito Comunitário*

Tendo em conta a natureza e os objectivos das Normas de Conduta, os respectivos códigos podem constituir instrumentos privilegiados de intervenção no âmbito da harmonização comunitária. E assim tem acontecido, de facto, sobretudo no âmbito da intermediação dos mercados de valores onde mais se faz sentir a necessidade da honestidade e da confiança e onde menos a lei consegue operar.

Foi, certamente, por isso que a Comissão Européia privilegiou os Mercados de Valores Mobiliários com a formulação do primeiro *Código Europeu de Conduta* através de uma Recomendação de 25 de Julho de 1977.[17-18]

O referido Código é integrado por objectivos e princípios gerais cuja aplicação teria o interesse (como consta da respectiva Exposição de Motivos) de contribuir para criar uma ética comum, no âmbito da harmonização.

A Comissão Europeia *recomendou* aos Estados Membros que velassem pela consagração e aplicação dos referidos princípios, sem prejuízo de, quando necessário, se recorrer a preceitos imperativos.

Constitui, desde logo, *objectivo fundamental* do referido Código formular, no plano europeu, as normas de comportamento leal que contribuam para o funcionamento eficaz dos mercados de valores mobiliários, assegurando uma boa protecção dos interesses do público.

Como *princípios gerais*, foram definidos os seguintes:

— Em primeiro lugar, qualquer operação nos mercados de valores mobiliários deverá respeitar as *regras e usos de cada Estado*, vindo essas regras e usos acrescer ou reforçar os princípios do Código Europeu;

— Em segundo lugar, visa-se uma *correcta e completa informação dos aforradores*.

— Em terceiro lugar, deverá respeitar-se a *igualdade entre accionistas*.

— O quarto princípio dirige-se aos *membros dos órgãos sociais* das sociedades, no sentido de praticarem ou se absterem de praticar quaisquer actos susceptíveis de estorvar o bom funcionamento do mercado;

— O quinto princípio é o de que os vários intervenientes no mercado deverão *renunciar ao lucro imediato a favor da lealdade, credibilidade e eficácia do mercado*.

— O sexto princípio geral aponta para o dever de *evitar conflitos de interesses*, ou, quando inevitáveis, não retirar deles qualquer benefício.

Em 1987, isto é, dez anos mais tarde, a Comissão voltou a Recomendar a aplicação de um *Código Europeu de Boa Conduta*, agora, em *Matéria de Pagamento Electrónico*.[19]

17. *JOCE* n. L12 de 20.8.77.

18. A designação dada ao Código ultrapassa, em muito, o seu âmbito.

19. Recomendação da Comissão de 8.12.87 — *JOCE* n. L365 de 24.12.87.

O referido Código tinha por objectivo propiciar aos consumidores maior segurança e comodidade; aos prestadores de serviços um aumento da produtividade e à indústria europeia um mercado prometedor, elegendo como *princípios fundamentais* os da lealdade (de todos os agentes do mercado) com interoperacionalidade técnica que evitasse a compartimentação do mercado.[20]

Em 1993, e sobre matéria muito específica, o Conselho e a Comissão aprovam um *Código de Conduta em Matéria de Acesso do Público aos Documentos do Conselho e da Comissão*, apontando, como objectivo,[21] o acesso, tão amplo quanto possível, aos documentos da Comissão e do Conselho e definindo princípios gerais de *equidade*, *transparência* e *confidencialidade*.

Os Códigos de Conduta referidos, com especial ênfase para o designado Código Europeu de Conduta, marcaram, sem dúvida, o arranque definitivo de um novo instrumento de regulamentação que viria a ser adoptado por diversos Estados, e outras instâncias, nas mais diversas matérias.

A própria Comunidade Europeia retoma, frequentemente, o tema, por vezes em instrumentos vinculativos, designadamente directivas.

É disso exemplo o art. 11º da Directiva 93/22 CEE do Conselho de 10 de Maio de 1993, relativa aos Serviços de Investimento, no domínio dos valores mobiliários,[22] no qual se dispõe que os Estados Membros estabelecerão normas de conduta que as empresas de investimento serão obrigadas a cumprir em qualquer momento.

Entre outros princípios que deverão ser aplicados, são ali enunciados os seguintes:[23]

— actuar com *lealdade e equidade na defesa dos clientes e da integridade do mercado*;

— actuar com *competência, cuidado e diligência no interesse dos clientes*;

— *possuir e utilizar eficazmente os recursos e os processos necessários* para levar a bom termo as suas actividades;

— comunicar, de modo apropriado, *as informações úteis*, no âmbito das *negociações com clientes*;

— esforçar-se por evitar *conflitos de interesses* e, quando estes não possam ser evitados, assegurar que os clientes sejam tratados equitativamente;

— *cumprir toda a regulamentação aplicável ao exercício da actividade*, de modo a promover, o melhor possível, os interesses dos clientes.

Os princípios acabados de referir são semelhantes e constituem o desenvolvimento das regras de conduta constantes da Recomendação da Comissão de 1977. Aliás, o art. 11º da Directiva retoma os *princípios internacionais de conduta* elaborados pelo Comité Técnico da IOSCO, no quadro da harmonização internacional das Normas de Conduta.

Os princípios enunciados são gerais e vagos, correspondendo, aliás, ao estilo das Directivas segundo o qual deverá deixar-se aos Estados liberdade de regulamentação. A directiva define os objectivos; aos Estados caberá estabelecer os Códigos de Conduta.[24]

6. Os Códigos de Conduta em Portugal

6.1 No âmbito do Código do Mercado de Valores Mobiliários

Os Códigos de Conduta instituídos em Portugal, no âmbito e sob a égide do Código de Mercado de Valores Mobiliários, colhem directa e manifesta inspiração no

20. Em 1988, a Comissão Europeia recomenda novas regras sobre a emissão de cartões de crédito e em 1991 é publicado um Código de Conduta elaborado pelas Associações Europeias do Setor do Crédito. Vd. Xavier Favre-Bulle, *Le Droit du Paiement Electronique*, 1992, p. 60.

21. *JOCE* n. L 340 de 31.12.93.

22. *JOCE* n. L 141 de 16.06.93.

23. Trata-se dos Princípios definidos pela IOSCO. Vd. Diego Devos, L'éthique financiére en droit européen, *ECU*, n. 24, 1993, p. 45.

24. Assim, P. Lastenouse, in *Revue du Marché Unique Européen*, 4-1995, p. 99

Código Europeu de Conduta de 1977 e bem assim nos princípios deontológicos definidos pela IOSCO.

São os seguintes os Códigos de Conduta instituídos:

A) Código de Conduta das Sociedades Gestoras de Fundos de Investimento Mobiliário, publicado no *D.R.* IIª Série de 23.2.93.

B) Código de Conduta das Sociedades Gestoras de Patrimónios, publicado no *D.R.* IIª Série de 4.5.93.

C) Código de Conduta das Sociedades Corretoras e Sociedades Financeiras de Corretagem, publicado no *D.R.* IIª Série de 3.11.93.

D) Código de Conduta das Instituições de Crédito associadas na Associação Portuguesa de Bancos, publicado no *D.R.* IIª Série de 14.12.93.

E) Código de Conduta das Empresas Gestoras de Fundos de Pensões, publicado no *D.R.* IIª Série de 5.2.94.

F) Código de Conduta das Instituições de Crédito, associadas na Associação Portuguesa das Sociedades de Investimento, publicado no *D.R.* IIª Série de 9.7.94.[25]

Logo se vê que o aparecimento no decurso de um ano de, pelo menos, cinco Códigos de Conduta foi, naturalmente, impulsionado pelo legislador nacional.[26]

Justamente, na sequência das Recomendações da Comissão Europeia, de 1977 e 1987, competia ao legislador português dar-lhes execução.

Com a publicação do Código do Mercado de Valores Mobiliários, aprovado pelo Decreto-lei n. 142-A/91, de 10 de Abril, e dando satisfação àquelas Recomendações seguiram-se dois caminhos:

— por um lado, definiram-se, logo naquele Código, Normas de Conduta;

— de outro lado, impôs-se a cada categoria de intermediários financeiros a elaboração de Códigos de que passassem a constar as normas de deontologia profissional a observar pelos referidos intermediários no exercício das suas actividades e bem assim as sanções aplicáveis em caso de incumprimento. Os Códigos deveriam ser aprovados pela CMVM, antes da sua entrada em vigor, o que, aliás, veio a suceder.

Não havendo organismos representativos da classe ou caso estes não elaborassem os respectivos Códigos de Conduta, caberia à Comissão do Mercado de Valores Mobiliários a respectiva elaboração.

Das Normas de Conduta desde logo impostas pelo legislador através do Código de Mercado de Valores Mobiliários, realçamos os seguintes princípios:

— A *defesa do mercado*, através da probidade comercial, evitando as acções susceptíveis de pôr em risco o funcionamento, a transparência e a credibilidade (art. 657º).

— *Competência e Diligência*, devendo o intermediário financeiro equipar-se devidamente para prestar os seus serviços com qualidade e eficiência (art. 658º);

— *Igualdade de tratamento*, não estabelecendo entre os seus clientes qualquer discriminação.

— *Prevalência dos interesses dos clientes*, tanto em relação aos próprios interesses dos intermediários financeiros como aos interesses dos membros dos órgãos sociais, pessoal e demais colaboradores e terceiros.

— *Equidade na resolução dos conflitos* de interesses entre clientes, quando não evitáveis.

25. É curioso notar que é rigorosamente igual a redacção de ambos os Códigos (APB e APSI).

26. Tem-se, obviamente, conhecimento de outros Códigos de Conduta, como, por exemplo, o dos Revisores Oficiais de Contas, aprovado em 21 de Setembro de 1987, e publicado no *D.R.* IIIª série de 17.10.87; ou das Normas Deontológicas do Estatuto da Ordem dos Advogados. Não nos referimos a estes e outros Códigos por exorbitarem do âmbito das profissões relativas à actividade financeira.

6.2 No âmbito do Regime Geral das Instituições de Crédito e Sociedades Financeiras (RGICSF)

Um outro diploma de importância básica, mas agora no domínio da actividade bancária, veio a adoptar o mesmo sistema do Código do Mercado de Valores Mobiliários. Trata-se do *Regime Geral das Instituições de Crédito e Sociedades Financeiras, aprovado pelo Decreto-lei n. 298/92, de 31 de Dezembro*.

Pela primeira vez, de forma expressa e sistematizada, são consignadas Regras de Conduta para este sector da actividade financeira.

É-lhes, aliás, dedicado todo o título VI, constituindo deveres gerais das Instituições de Crédito (art. 73º) e das Sociedades Financeiras (art. 195º):

— Assegurar *elevados níveis de competência técnica*, dotando-se de adequados meios materiais e humanos.

— Proceder com *diligência*, *neutralidade*, *lealdade*, *discrição* e *respeito* consciencioso dos interesses que lhes estão confiados.

— *Informar os clientes* sobre a remuneração dos fundos recebidos e o preço dos serviços a prestar.

— Proceder de *forma criteriosa e ordenada*, de acordo com o princípio da repartição de risco e da segurança das aplicações.

Ao Banco de Portugal foi confiado *poder para estabelecer outras regras* de conduta, para *determinar a elaboração de Códigos de Conduta*, bem como para *aprovar os Códigos* elaborados pelas associações representativas das instituições.

Certo é, porém, que não conhecemos Códigos de Conduta que tenham surgido em consequência ou no âmbito das disposições do RGICSF. Todos os Códigos conhecidos surgiram no âmbito e por impulso do Código do Mercado de Valores Mobiliários.[27]

Coloca-se, aliás, e a propósito, a interessante questão de saber se as instituições de crédito, ao praticarem os diversos actos próprios do seu âmbito de actividade, estarão sujeitas às Normas de Conduta ditadas pelas associações do sector em causa ou, apenas, às Normas de Conduta emitidas pelas suas próprias Associações (APB ou APSI).

Do ponto de vista formal, cada instituição só estará vinculada pelas Normas de Conduta ditadas pela associação que a represente.

Do ponto de vista substancial, a questão perde interesse, uma vez que, como se viu, são idênticos os princípios gerais que presidem a todos os Códigos de Conduta: quer no domínio do mercado de valores mobiliários, quer no âmbito da actividade bancária.

III — Graus de vinculação das Normas de Conduta

1. Vinculação das Normas de Conduta em geral

Eis-nos chegados ao ponto crucial da nossa exposição.

Até aqui, falámos de Normas de Conduta referindo-nos à sua etiologia, ao seu valor axiológico, à sua inspiração, aos seus objectivos, aos seus limites, à sua relação com outras normas de expressão social.

Dissemos também que por Normas de Conduta devem entender-se as *normas de comportamento social positivadas* (*por via de Lei, Regulamento, Estatuto ou Código de Conduta*), e que os Códigos de Conduta nascem por iniciativa das Instituições de Classe, das Associações, mas também por determinação do Estado, quer por imposi-

27. Como fazia notar o Grupo de Trabalho presidido por Gilles Brac de La Perrière, "Deontologie des activités financières, Commission des Opérations de Bourse", *Bulletin Mensuel*, n. 228. p. 20, a formalização das regras de Deontologia da actividade bancária vai menos avançada que a relativa às actividades de bolsa, devido à variedade dos produtos bancários e à diversidade dos estabelecimentos.

ção da elaboração daqueles Códigos, quer pela consagração directa daquelas Normas.

De modo que a designação de Norma de Conduta traduz um conceito equívoco por revestir, umas vezes, natureza meramente ética, outras vezes, natureza jurídica.

Os graus de vinculação são, deste modo, os mais variados.

1.1 Norma de Conduta em sentido básico

Num primeiro sentido, *em sentido básico* (que não é o que vimos tratando, como já advertimos), a norma ética ou deontológica não positivada, não constante de código, em sentido formal, tem a força vinculativa que inicialmente lhe asseverámos: é imposta pela sociedade, pela classe, pelo grupo, como benéfica para o desenvolvimento das relações interindividuais, mas não implica outra sanção que não seja a reprovação social, a rejeição pelo grupo ou pela classe em que o acto de incumprimento se integra.

1.2 Norma de Conduta editada por Associação de Classe

Quando a Norma se encontra gizada em Código de Conduta, editado por Associação de Classe, a que os agentes podem aderir ou não, para além da vinculação básica a que nos referimos antes, é dotada de um outro grau de vinculação.

A Norma de Conduta apresenta-se, então, como resultado da adesão do seu próprio destinatário, assenta na vontade deste de integrar uma classe profissional, de desenvolver certa actividade, sujeitando-se, no seu próprio interesse, às regras da respectiva organização, com vista ao melhor desempenho.

Pela sua Associação e pela criação de órgãos associativos, o agente económico transfere para aqueles o poder de criação de Normas a que se sujeitará, obrigando-se ao seu cumprimento.

A adesão à Norma de Conduta tem fundamento na autonomia da sua vontade que, uma vez manifestada, é ratificada pelo direito como vínculo obrigacional, assente na boa-fé. As normas emanadas dos órgãos da Associação Profissional têm, então, a força jurídica resultante dos estatutos de cada Associação. É ali, em cada estatuto, que se definem os direitos, os deveres, as condutas a adoptar e as sanções a aplicar, em caso de incumprimento. É, por isso, admissível a sanção que vá da simples repreensão à exclusão, passando pela responsabilização civil perante os demais intervenientes no contrato, na Associação.

A Norma de Conduta transfigura-se, então, em vínculo obrigacional cuja violação pode integrar ilícito civil com as normais consequências.

1.3 Norma de Conduta editada por Associação de Classe sob imperativo legal

Vimos, antes, que as Associações Profissionais estão, por vezes, adstritas à elaboração de Códigos de Conduta, ficando estes sujeitos a aprovação. Pode colocar-se, por isso, a questão de saber se é diferente o grau de vinculação emergente das Normas de Conduta editadas nestas circunstâncias. Creio que não.

O que é imposto é a elaboração do Código, e a aprovação deste, não a adesão à Associação Profissional. Aliás, sempre ficará para esta o poder de regulamentar, como melhor entender, dentro dos limites legais. Salvaguardada a autonomia da vontade do associado e da própria Associação, não se vêem razões para que exista um diferente grau de vinculação.

1.4 Norma de Conduta editada por organismo representativo de classe profissional

A Norma de Conduta pode ainda ser ditada por organismo representativo de diferentes categorias, morais, culturais, económicas ou profissionais, no domínio das suas atribuições, ou ainda integrar seus estatutos e regulamentos.[28] Naquele caso, tratar-se-á de Normas Corporativas e constituem fonte imediata de Direito, nos termos do n. 2 do art. 1º do Código Civil, as quais não podem contrariar disposições legais de carácter imperativo (art. 1º, n. 3), mas prevalecem sobre os usos (art. 3º, n. 2 do CC).[29]

1.5 Normas de Conduta constantes de lei

Diferente será a vinculação das Normas de Conduta directa e expressamente consignadas na lei, como sucede, designadamente, no Código do Mercado de Valores Mobiliários e no Regime Geral das Instituições de Crédito e Sociedades Financeiras. O legislador consigna deveres, impõe comportamentos, comina o respectivo incumprimento com sanções, mas designa todas essas normas, em qualquer caso, como Normas de Conduta. E trata-se, na verdade, de normas cujo objecto é regulamentar o comportamento dos agentes, no âmbito de certa actividade. A ditá-las estão razões de natureza ética e deontológica. Todavia, o legislador toma essas regras como essenciais para o convívio social, porventura para o desenvolvimento económico, e dota-as de coercibilidade. A Norma de Conduta torna-se norma jurídica: é imperativa e coerciva.

A sanção do incumprimento é ditada pela própria lei, segundo a valoração que o legislador faz do normativo em presença.

28. Como é, por exemplo, o caso dos Estatutos das Ordens dos Advogados e dos Médicos.

29. Segundo Mota Pinto, as Normas Corporativas deixaram de existir por extinção dos Organismos Representativos. (*Teoria Geral*, 3ª ed., p. 48). Contra, Oliveira Ascenção, afirmando que são Normas Corporativas as emanadas das Ordens Profissionais (*R.O.A.* 48º/30, nota 8). Concordamos com este último autor.

2. *Vinculação das Normas de Conduta no âmbito do Regime Geral das Instituições de Crédito e Sociedades Financeiras (RGICSF)*

2.1 Antes de mais, observe-se que as Normas de Conduta do RGICSF são aplicáveis às Instituições de Crédito como às Sociedades Financeiras (arts. 73º e ss. e art. 195º).

2.2 Depois, notaremos que as Regras de Conduta consagradas no RGICSF encontram a sua inspiração nas fontes já anteriormente referidas:

— Recomendações da Comissão Europeia;

— Princípios Gerais de conduta definidos pela IOSCO;

— e, também, no Código de Mercado de Valores Mobiliários (de 1991).

2.3 As assim chamadas Regras de Conduta do RGICSF encontram-se divididas em 4 capítulos:

O primeiro capítulo define os *deveres gerais* de conduta (arts. 73º a 77º) .

O segundo é inteiramente dedicado ao *segredo profissional* (arts. 78º a 84º).

O terceiro estabelece regras por forma a *evitar ou diminuir conflitos de interesses* (arts. 85º e 86º).

O quarto capítulo estabelece as regras de *defesa da concorrência e publicidade* (arts. 87º a 90º).

2.4 Correndo, embora, o risco de alguma repetição, convirá uma análise sumária das Regras enunciadas no RGICSF:

2.4.1 Quanto aos deveres gerais:

— *O dever geral de competência técnica* exige que as instituições se equipem com meios técnicos e humanos por forma a atingirem elevados níveis de qualidade e eficiência.

— *O dever geral de diligência, neutralidade, lealdade, discrição e respeito* pelos interesses que lhes estão confiados exige da parte dos empregados das instituições uma sólida formação moral e ética capaz de lhes proporcionar o discernimento necessário à sua actuação;

— *O dever geral de informação* determina às instituições a mais completa transparência da sua actuação, dando a conhecer, com clareza, a remuneração a pagar pelos fundos recebidos e o preço a cobrar pela prestação de serviços;

— *O dever geral de diligência* impõe a quantos exerçam cargos de administração, direcção ou chefia que actuem como gestores criteriosos e ordenados, tendo em conta a repartição dos riscos, os interesses dos depositantes, investidores e credores.

2.4.2 No que respeita ao *dever de segredo profissional*, todos os membros de órgãos sociais, empregados, mandatários, comitidos e outras pessoas que prestem serviço às instituições estão adstritos a não revelar ou utilizar informações de que tenham conhecimento no exercício das suas funções, com as excepções seguintes:

— a revelação ao Banco de Portugal, no âmbito das suas atribuições;

— a revelação à CMVM, no âmbito das suas atribuições;

— a revelação ao F.G. Depósitos, no âmbito das suas atribuições;

— nos termos da lei penal e do processo penal;[30]

— quando exista disposição legal que expressamente limite o dever de segredo.[31]

— As autoridades de supervisão podem divulgar informações em forma sumária ou agregada para efeitos estatísticos.

— É permitida a cooperação com outras entidades de supervisão, ficando todas elas sujeitas ao dever de segredo.

— As instituições podem organizar, sob regime de segredo, um sistema de informações recíprocas com o fim de garantir a segurança das operações.

— A violação do dever de segredo profissional é punível nos termos do Código Penal.

2.4.3 No que concerne a conflitos de interesses:

— Proíbe-se a concessão de crédito, sob qualquer forma ou modalidade, directa ou indirectamente, aos membros dos órgãos de administração e fiscalização e a entidades dominantes, excepto, quanto a estas, quando haja supervisão consolidada.

— Inibem-se os membros dos órgãos de administração e fiscalização de participar na apreciação e decisão de operações de concessão de crédito a entidades de que sejam gestores ou em que tenham participações qualificadas.

— Inibem-se ainda de participar na apreciação e decisão de operações de crédito todos aqueles que nelas também tenham interesse, directa ou indirectamente, presumindo-se que o tenham, tratando-se do próprio, do cônjugue, dos parentes ou afins em 1º grau ou dos entes colectivos por eles dominados.

2.4.4 *Para defesa da concorrência* institui-se a regra da sujeição das Instituições de Crédito e Sociedades Financeiras à lei geral, permitindo-se, é claro, dada a especificidade, os acordos e as práticas concertadas que tenham por objecto a participação em emissão e colocação de valores mobiliários, ou a concessão de crédito ou outros apoios financeiros de elevado montante a uma empresa ou conjunto de empresas.

2.4.5 *Quanto aos deveres relativos à publicidade*, o RGICSF estipula que a publicidade das instituições está sujeita à lei geral e ao estabelecido no Código de Mer-

30. Art. 135º, 181º e 182º Do Código do Processo Penal. Art. 60º. do Dec. Lei n. 15/93 de 22 de Janeiro (tráfico de estupefacientes).

31. Fernando Conceição Nunes, "Os deveres de segredo profissional", *Revista da Banca*, n. 29, p. 59, para quem não é necessário que a limitação ao dever de segredo esteja literalmente expressa (Lei n. 5/93 de 1 de Janeiro — Inquérito Parlamentar; Dec. Lei n. 313/93 de 15 de Setembro — Branqueamento de Capitais; Dec. Lei n. 363/78 de 28 de Novembro e Dec. Lei n. 382/89 de 6 de Novembro — Fiscalidade).

cado de Valores Mobiliários, na parte pertinente. Comete-se ao Banco de Portugal competência para ordenar modificações ou suspender acções publicitárias, bem como para instruir os processos e aplicar sanções a estes ilícitos que são qualificados de mera ordenação social (art. 89º, n. 3).

Regressemos ao tema deste capítulo, que é o da *qualificação dos graus de vinculação das Regras do RGICSF*.

Trata-se, obviamente, de autênticas normas jurídicas, impostas pelo Estado, cujo incumprimento implica a aplicação das sanções previstas na lei.

Tais Normas caracterizam-se, no entanto, pela sua capacidade expansiva, uma vez que recorrem a conceitos jurídicos algo indeterminados, integrando comandos mínimos, a exigir a sua interpretação por critérios teleológicos.[32] Porventura a exigir Códigos de Conduta.

Entendemos, todavia, que as disposições do RGICSF têm aplicação imediata, com as consequências que, seguidamente, abordaremos, em caso de incumprimento.

A interpretação, o desenvolvimento e o adensamento daquelas normas é, por determinação da lei, susceptível de ser levado a efeito por Códigos de Conduta a elaborar pelas Associações representativas das Instituições de Crédito ou das Sociedades Financeiras com o grau de vinculação a que já aludimos e que resulta das fórmulas contratuais e estatutárias.

Com efeito, não sendo normas jurídicas, o direito empresta-lhes poder de vinculação com base na autonomia da vontade e com suporte no disposto nos arts. 405º e 406º do Código Civil.

O poder disciplinar, o poder de aplicar sanções pela Associação, tem, pois, fundamento na livre adesão de cada associado.

Questão interessante é a de saber se uma Instituição *não associada* está sujeita às Regras constantes do Código de Conduta do sector em que opera ou se, pelo contrário, aquela Instituição, os seus dirigentes e trabalhadores estarão dispensados do cumprimento daquelas Normas.

Só parcialmente, a nosso ver. A outro propósito, já abordámos, antes, questão semelhante (II, 6.2).

A Associação, ainda que representativa do sector, não poderá, evidentemente, exigir o cumprimento e aplicar sanções pelo incumprimento de terceiros, não associados. Do mesmo modo que lhe não emprestará qualquer benefício ou apoio (*Ubi commoda, ibi incommoda*).

Mas deixarão, por isso, aquela instituição não associada e os seus trabalhadores de estar adstritos ao cumprimento das referidas Normas?

No fundamental, entendemos que não, embora com diferentes consequências. Pelas seguintes razões:

Os Códigos de Conduta acabam por ser — como já se fez notar — o desenvolvimento das normas genéricas constantes da lei (das Directivas Comunitárias, do Código do Mercado dos Valores Mobiliários e do RGICSF).

Sendo a lei de aplicação directa e imediata, os Códigos de Conduta, ainda que não directamente aplicáveis, constituirão, sem dúvida, elemento de interpretação da lei geral.

Deste modo, dificilmente a situação concreta deixará de estar contemplada na lei, interpretada com recurso àqueles Códigos. As consequências é que são diversas: exclusivamente as resultantes da lei.

Os Códigos de Conduta terão a vantagem de clarificar a lei, uniformizar comportamentos, estabilizar e generalizar conceitos, aperfeiçoar o grau de desempenho dos vários agentes. Até pela fiscalização que implicam.

32. Assim, na Legislação Espanhola, Tapia Hermida, "Las norrnas de actuación en los mercados de valores", *RDBB*, Abril-Junho, 1993, 321. Também, Jaime Abella Santamaría, *La órdenación del Mercado de Valores*, 1995, 153.

Finalmente, diga-se que é relativamente indiferente que os Códigos de Conduta tenham surgido no âmbito e por imperativo do Código do Mercado de Valores Mobiliários (como sucede entre nós) ou do RGICSF: é que são idênticas as fontes, idênticos os princípios, idênticas as regras de ambos os regimes.

IV — Violação das normas de conduta e suas consequências face ao direito

1. Violação das Normas de Conduta do RGICSF

1.1 Referimos-nos, momentos antes, aos graus de vinculação das várias Regras de Conduta de lei, regulamento, estatuto ou Código.

Sublinhámos o carácter juridicamente desvinculativo das Normas de Conduta e dos princípios éticos, não positivados, difusamente adquiridos por determinados sectores sociais. À violação destes, cremos, não assiste qualquer consequência jurídica.

Tratamos, pois, de seguida, das Normas ou Regras constantes de lei, regulamento ou Código de Conduta.

1.2 A regra básica é a de que a violação de qualquer norma imperativa constante do RGICSF (e todas aquelas Regras de Conduta são imperativas) constitui ilícito de mera ordenação social e é punível com coima.

A coima, variável entre 50 e 500 mil contos, depende da natureza do agente (pessoa singular ou colectiva) e da gravidade da infracção.

Por exemplo, constitui infracção especialmente grave, punível com coima variável entre 500 e 500.000 contos, a violação das Regras sobre conflitos de interesses dos art. 85º e 86º. Mas já constitui mera infracção punível com coima entre 50 e 150.000 contos a violação das normas de publicidade ou a desobediência a determinações do Banco de Portugal e àquelas relativas.

Com idêntica coima serão, aliás, punidas todas as violações das normas imperativas do RGICSF (art. 211º, alínea "i", art. 210º, alíneas "g" e "i"), funcionando esta última disposição como residual.

1.3 O RGICSF prevê, todavia, sanção mais grave no caso de violação do dever de segredo profissional. A violação é punida nos termos do art. 195º do Código Penal, por remissão do art. 84º do RGICSF.

Dispõe aquele artigo do Código Penal que "quem, sem consentimento, revelar segredo alheio de que tenha tomado conhecimento em razão do seu estado, ofício, emprego, profissão ou arte é punido com pena de prisão até um ano ou com pena de multa até 240 dias".

Deve notar-se que o artigo 195º do Código Penal, na redacção do Decreto-lei n.48/95, de 15 de Março, que substitui o anterior art. 184º, tipifica o crime de violação de segredo como crime de perigo e já não como crime de dano. Com efeito, segundo o art. 184º, na redacção do DL n. 400/82 de 23 de Setembro, a existência de crime dependia da verificação de prejuízo causado ao Estado ou a terceiros. A violação do segredo, só por si, se não causasse prejuízo, não era punível como crime.

Nos termos do actual art. 195º, não é necessária a existência de prejuízo, basta a violação, para que haja crime punível nos termos referidos.

1.4 A violação das Regras de Conduta do RGICSF pode também integrar ilícito disciplinar, no âmbito das relações de trabalho entre a instituição em causa e o autor da prática violadora.

Com efeito, nos termos do art. 12º, n. 2, da Lei do Contrato Individual de Trabalho (DL 49.408, de 24 de Novembro de 1969), são relevantes em termos da regulação dos contratos de trabalho "os usos da profissão, dos trabalhadores e das empresas", do mesmo passo que constitui dever do trabalhador tratar com lealdade a entidade patronal (art. 20º da mesma Lei), como tal se entendendo o dever de cumprir as normas que àquela sejam legalmente impostas.[33]

Deste modo, a violação por trabalhador de empresa das Regras de Conduta pode integrar ilícito disciplinar punível nos termos da legislação laboral. Entendemos, por exemplo, poder constituir justa causa de despedimento a actuação do trabalhador que conduza à aplicação de coima à Instituição, causando-lhe prejuízo grave.

1.5 Constituem pressupostos da responsabilidade civil a existência de ilícito, a verificação de prejuízo reparável e o nexo de causalidade entre o facto ilícito e o prejuízo.[34]

Deste modo, em qualquer dos casos, anteriormente referidos, a violação das Regras de Conduta estabelecidas no RGICSF, integrando um ilícito, poderá constituir o infractor (pessoa singular ou pessoa colectiva) em responsabilidde civil, devendo responder pelos prejuízos que causar em conformidade com o disposto sobre responsabilidade por actos ilícitos, nos arts. 483º e ss. do Código Civil.

1.6 Teremos, em suma, que a violação da Norma de Conduta imposta por lei, designadamente pelo RGICSF, faz incorrer o seu autor em ilícito que pode ter natureza criminal, contraordenacional, civil e disciplinar, conforme os actos praticados e as circunstâncias em que aquelas práticas ocorrem.

Revestirá, no mínimo, natureza contraordenacional, por força da norma contida na alínea "i" do art. 210º do RGICSF, nos termos da qual são punidas com coima todas as violações de preceitos imperativos daquele diploma e da legislação específica que rege as Instituições de Crédito e as Sociedades Financeiras.

As sanções que referimos para cada um dos ilícitos poderão ser cumulativas.[35-36]

Se, todavia, alguém responder, pelo mesmo facto, a título de crime e a título de ilícito de mera ordenação social, segue-se o regime geral, mas instauram-se dois processos, um perante o juiz penal e outro perante o Banco de Portugal, cabendo a este último a aplicação das sanções acessórias do art. 212º do RGICSF, se for caso disso.

1.7 Questão que pode suscitar-se é a de saber se a violação da norma imperativa constante do RGICSF não desencadeará, também, efeitos quanto à validade dos actos praticados.

Na verdade, e de acordo com o art. 294º do Código Civil, os negócios jurídicos celebrados *contra disposição legal de carácter imperativo* são nulos, salvo nos casos em que outra solução resulte da lei.

Do mesmo modo dispõe o art. 280º do Código Civil que é nulo o negócio jurídico cujo objecto seja física ou legalmente impossivel, *contrário à lei* ou indeterminável.

Será, então, nulo o contrato celebrado por Instituição de Crédito quando não tenham sido cumpridas as Normas de Publicidade relativas ao negócio celebrado?

Será nulo o contrato de mútuo celebrado por Instituição de Crédito com um seu administrador ou familiar com violação das normas sobre conflitos de interesses previstas no art. 85º do RGICSF?

A resposta tem de ser dada com cautela. Na verdade, não existe no RGICSF

33. Vd. também cláusula 33ª, n. 1, alínea "c", do ACTV aplicável ao Sector Bancário.

34. Vd. por todos, Pessoa Jorge, *Ensaio sobre os Pressupostos da Responsabilidade Civil*, 1995, p. 55, para quem os pressupostos se reconduzem a dois: acto ilícito e prejuízo reparável.

35. Assim, por exemplo, a violação do segredo profissional pode desencadear os seguintes efeitos: a) A pessoa colectiva fica sujeita à sanção da alínea "i" do art. 210º. do RGICSF e, eventualmente, do art. 212º; responde, ainda, civilmente, perante o terceiro prejudicado. b) A pessoa singular pode ser punida disciplinarmente, fica sujeita à coima da alínea "i" do art 210º e à sanção do art. 212º do RGICSF, responde civilmente pelos prejuízos que causar e comete o crime previsto e punido no art. 195º do Código Penal.

36. Vd. adiante, nota 38.

disposição que directamente ressalve os efeitos dos arts. 280º e 294º do Código Civil.

Todavia, tem de considerar-se também que os interesses em presença e o escopo visado pelo legislador com a criação de Normas de Conduta ajustam-se mal à sanção da invalidade, pela insegurança jurídica e imprevisibilidade de comportamentos a que dariam azo.

De outro lado, o legislador comina com sanção específica todas as violações do RGICSF, permitindo mesmo a aplicação de sanções acessórias consistentes na perda do objecto da infracção ou do seu produto económico, o que coloca a solução final muito próxima da invalidade.

De modo que, a nosso ver, só quando a violação de norma imperativa ferir a essencialidade do acto ou contrato, estes serão inválidos (nulos).

Em todos os demais casos, só haverá nulidade concorrendo outras causas para a sua invalidade, como sejam as dos arts. 240º e ss. do Código Civil (falta e vícios da vontade). Assim, e respondendo às perguntas que formulámos, o contrato celebrado por Instituição de Crédito, tendo por base a violação de normas de publicidade, só será inválido se por via dessa violação tiver havido vício grave na formação da vontade. A violação das regras de publicidade não contende, por si só, com a essencialidade do contrato.

Mas já será inválido o contrato celebrado entre a Instituição de Crédito e o seu administrador contra o disposto no art. 85º do RGICSF.

A proibição atinge a essencialidade do contrato.

2. *Violação das Normas de Códigos de Conduta do Sistema Financeiro*

2.1 Repetindo: o Código de Conduta pode ser objecto de mera Recomendação (como sucedeu com o Código Europeu de Conduta, no âmbito do Direito Comunitário), se gizado pelo Estado e imposto aos agentes económicos,[37] ou editado por associações profissionais.

Entre nós, os Códigos de Conduta são elaborados pelas associações profissionais representativas do sector de actividade, por imperativo legal ou por sua própria iniciativa, são, normalmente, aprovados por entidades que tenham poderes de supervisão sobre aquele sector e inspiram-se nos princípios constantes das Recomendações Comunitárias, da lei ou das definições elaboradas pela IOSCO.

2.2 A violação de normas de Códigos de Conduta poderá, assim, envolver consequências diversas.

Se a violação disser respeito a meras recomendaçõcs, não sc lhc vêem consequências jurídicas.

Se a violação respeitar a normas legais imperativas, as consequências serão as que a própria lei determinar (como já se viu que sucede no RGICSF).

Se a violação for de Norma constante de Código editado no âmbito e por força de estatutos associativos, as respectivas consequências serão aquelas que os Estatutos ou o próprio Código (de acordo com aqueles) previrem (art. 167º, n. 2, do CC).

Neste último caso, poderá haver sanções de natureza disciplinar que vão da advertência à exclusão.[38]

37. Como sucede em Espanha, onde existe um Código de Conduta dos Mercados de Valores Mobiliários, aprovado pelo Real Decreto n. 629/93 cuja aplicação é obrigatória por força da lei, e de que constam, essencialmente, os princípios definidos pela IOSCO. Aos agentes do Mercado compete elaborar Regulamentos que desenvolvam os princípios consagrados no Código. Vd. Jaime Abella Santamaría, ob. cit., p. 156.

38. O Código de Conduta elaborado pela Associação Portuguesa de Bancos e o Código de Conduta elaborado pela Associação Portuguesa das Sociedades de Investimento prevêem, como sanção, apenas a advertência e a censura, admitindo embora a publicidade desta e, em casos mais graves, a exclusão do associado.

Naturalmente, a existência de ilícito disciplinar estatutário (chamemos-lhe assim para o distinguir do ilícito laboral) não impede que a mesma prática integre outros ilícitos que poderão revestir, como acima dissemos, natureza criminal, contraordenacional, civil.[39]

3. *Da legitimidade para desencadear os processos sancionatórios e aplicar sanções*

3.1 E quem tem legitimidade para desencadear os processos sancionatórios por violação das Normas de Conduta constantes do RGICSF ou dos Códigos de Conduta e aplicar as respectivas Sanções?

3.2 Quanto às regras de conduta do RGICSF. Se o ilícito for de mera ordenação social, cabe ao Banco de Portugal instaurar o processo, ínstruí-lo e aplicar a respectiva coima, cabendo recurso da decisão para o Tribunal Judicial da Comarca de Lisboa (art 229º do RGICSF).

Tratando-se, porém, de ilícito criminal, como é o caso da violação do segredo profissional, já o exercício da acção penal compete ao Ministério Público e a aplicação da sanção aos tribunais criminais.

3.3 Quanto às Normas de Conduta constantes de Códigos de Conduta editados por associações profissionais. A instauração do processo, a sua instrução e a aplicação da sanção caberá, naturalmente, à associação, no exercício das competências próprias conferidas estatutariamente.

3.4 Pareceria, de quanto acaba de referir-se, que os *terceiros*, os que celebram contratos com Instituições de Crédito ou Sociedades Financeiras, estarão impedidos de actuar contra estas, com base em actos ou contratos violadores das Normas de Conduta.

Não é assim.

De um lado, quando o ilícito revista natureza criminal, têm os interessados legitimidade para a queixa penal, nos termos gerais.

De outro lado, no âmbito do regime associativo, poderão ser desencadeados os mecanismos estabelecidos nos respectivos estatutos, por qualquer dos membros associados.

Por fim, e como já se referiu, o interessado poderá sempre desencadear acção indemnizatória desde que se verifique o ilícito causador do prejuízo por si sofrido, junto dos Tribunais Comuns.

O regime é, aliás, ajustado: mostram-se adequadamente acautelados os interesses dos intervenientes do mercado sempre que aqueles interesses sejam molestados; já quando haja ilícito de mera ordenação social se justifica que apenas a entidade de supervisão do sistema actue os mecanismos sancionatórios: estão em causa os interesses do sistema e não (directamente pelo menos) os de agente determinado.

3.5 Como consideração final, cabe referir que em qualquer das instâncias em que o ilícito deva ser apreciado, e qualquer que seja o fim imediato visado pela lei, são de primordial importância os princípios e as normas de conduta, independentemente de constarem de lei, regulamento, estatuto ou código associativo. É nelas, no seu conjunto, na sua letra a e no seu espírito, que o intérprete terá de buscar os elementos de interpretação, é nelas que o julgador terá de sustentar *as suas decisões*.

Os Códigos de Conduta deverão, por isso, constituir o mais precioso manancial interpretativo dos preceitos de conteúdo genérico e abstracto, porventura indeterminado, das Regras de Conduta constantes da lei.

V — Conclusões

Querendo, para terminar, sumariar a nossa exposição, talvez possamos repetir:

39. Os Códigos de Conduta da APB e da APSI prevêem, expressamente, que, havendo violação simultânea das Normas destes Códigos e de Outras Regras Éticas e Deontológicas, aquelas só serão aplicáveis se forem mais exigentes.

1. A norma ética pretende regulamentar aspectos não essenciais da vida intersubjetiva, em sociedade.

2. A norma ética pode encontrar-se difusamente adquirida por determinada sociedade, classe ou grupo social, sem revestir qualquer expressão escrita.

3. A norma de conduta tem conteúdo ético, mas, frequentemente, também moral e jurídico.

4. A Norma de Conduta pode ser assumida pelo Estado como necessária ao desenvolvimento de certa actividade ou sector social.

5. Quando o poder político não dispensa a norma ética, pode transformá-la em norma jurídica, impôr que certos agentes a adoptem como obrigatória ou, apenas, recomendá-la como padrão de comportamento.

6. A sistematização de princípios e normas de conduta em função de certa ordenação social, por forma escrita, dá origem a Códigos de Conduta.

7. Os Códigos de Conduta podem ser objecto de recomendação a adoptar por parte dos agentes sociais, como é exemplo o Código Europeu de Conduta, de 1977.

8. Os Códigos de Conduta podem traduzir-se na proclamação de princípios de conteúdo não preceptivo, como são os que constam da declaração da IOSCO.

9. Os Códigos de Conduta podem também ser adoptados pelo Estado com imposição do seu desenvolvimento por outras entidades (Comissões de Mercado de Valores Mobiliários, Bancos Centrais), como há exemplo na legislação espanhola.

10. Poderá haver Códigos de Conduta editados por organismos representativos dando origem a normas corporativas (como é o caso das Ordens Profissionais).

11. Os Códigos de Conduta podem, ainda, ser editados por Associações Profissionais (e sujeitos a aprovação), sob determinação legal, como sucede em Portugal, no âmbito do Código do Mercado de Valores Mobiliários e do RGICSF.

12. Podem, finalmente, ser editados Códigos de Conduta por iniciativa das Associações Profissionais.

13. Deveria reservar-se a designação de Código de Conduta para os editados por Associações Profissionais.

14. Os Códigos de Conduta existentes em Portugal, com este sentido, nasceram no âmbito e sob a égide do Código do Mercado de Valores Mobiliários.

15. As Instituições de Crédito e as Sociedades Financeiras estão sujeitas às Regras de Conduta constantes do RGICSF e às constantes dos Códigos de Conduta, no âmbito das respectivas actividades.

16. Nenhum Código de Conduta veio à luz por imposição do RGICSF ou determinação do Banco de Portugal.

17. As Regras de Conduta do RGICSF são normas jurídicas de conteúdo preceptivo.

18. As Normas de Conduta corporativas são fonte imediata de direito.

19. As Normas de Conduta constantes dos Códigos Associativos têm a força obrigatória que lhes advém dos estatutos.

20. A violação das normas de conduta pode integrar ilícitos de natureza criminal, contraordenacional, disciplinar e civil.

21. As sanções a aplicar, em caso de ilícito, são as previstas na lei ou estatutos, conforme for o caso.

22. Os Princípios e Normas de Conduta relativos a certo sector de actividade ou profissão, ainda que não directamente aplicáveis, num caso concreto, deverão constituir indispensáveis elementos de interpretação da lei e dos contratos.

Bibliografia

B. Auberger e outros. "Pour une éthique des marchés financiers". *Revue de la Banque*. Janvier, 1990.

Carlos Albuquerque. "A natureza das Normas de Conduta". *Inforbanca* n. 23. 1994.

CMVM. *A Situação Geral dos Mercados de Valores Mobiliários*. 1993.

Confederation of British Industry, *International Codes of Conduct*. 1981.

David Walker. "The development of principles and conduct of business rules for financial services in the U.K". *Revue de la Banque*. n. 7. 1990.

Diego Devos. "L'éthique financière en droit européen". *ECU*, n. 24. 1993.

Fernando Conceição Nunes, "Os deveres de segredo profissional no RGICSF", *Revista da Banca*, n. 29. 1994.

Hubert de Vauplane e outro. *Droit de la Bourse*. 1994.

Jacques Thierry. "Déontologie et éthique dans le secteur bancaire: équilibre à trouver". *Revue de la Banque*. 1991.

Jaime Abella Santamaría. *La Ordenación del Mercado de Valores: un Ordenamiento Dinámico*.

Jean Pardon. "La déontologie". *Le Nouveau Droit des Marchés Financiers*. 1992.

José Henrique Cachon Blanco. *Derecho del Mercado de Valores*. 1992.

José Maria Pires, *Direito Bancário*. Rei dos Livros. 1994.

Maria Luísa Azevedo e outros. *Código do Mercado Mobilário Anotado e Comentado*. 1996.

Nicole l'Heureux e Louise Langevin. *Les Cartes de Paiement*.1991.

Norbert Horn, *Legal Problems of Codes of Conduct for Multinational Enterprise*. 1980.

Pierre Lastenouse. "Les Règles de Conduite et la Reconnaissance Mutuelle dans la Directive sur les Services d'Investissement". *Revue du Marché Unique Européen*, n. 4. 1995.

Saleem Sheikh e William Rees. *Corporate Governance, Corporate Control*. 1995.

Saraiva Matias. *Direito Bancário, Apontamentos das Aulas*. Policopiado. 1996.

Ubaldo Nieto Carol, *El Mercado de Valores*. 1993.

Vasco Soares da Veiga. *Direito Bancário*. Coimbra, 1994.

Xavier Favre-Bulle. *Le Droit Communautaire du Paiement Eléctronique*.

Atualidades

CONVENÇÃO DE ARBITRAGEM: CLÁUSULA COMPROMISSÓRIA ESTABELECIDA ANTES DO ADVENTO DA LEI NOVA. DIREITO APLICÁVEL

VERA HELENA DE MELLO FRANCO

1. Questão atual, a merecer consideração, decorre da promulgação da atualíssima Lei 9.307, de 23.9.96.

É que, em que pese a afirmação de desuso, vários foram os contratos que se valeram da cláusula compromissória antes do advento da nova lei.

Estas cláusulas, na maioria dos casos, quiçá por influência da orientação acatada no direito internacional,[1] foram estabelecidas desacompanhadas do compromisso arbitral .

E a orientação da jurisprudência, talvez por erronia, ampliando o disposto na norma do art. 1.074 do CPC, entendia a cláusula nula quando não presente o compromisso.[2]

A doutrina, por outro lado, atribuía à cláusula compromissória o caráter de contrato preliminar,[3] afirmando a impossibilidade da sua execução específica por cuidar-se de obrigação de fazer. Como saldo, a obrigação resolvia-se em perdas e danos.

A impossibilidade de revitalizar a regra, consubstanciada na norma do art. 139 do CComercial, acoimada em desuso, conduzia, no mais das vezes, ao trancamento da via arbitral, restando às partes, apenas, a morosidade do Judiciário.

2. A nova lei, salutarmente, obvia tais inconvenientes,[4] facultando às partes, ademais da possibilidade da celebração do com-

1. V. Convenção Interamericana sobre Arbitragem Comercial Internacional de 30 de janeiro de 1973, promulgada pelo Decreto 1.902, de 9 de maio de 1996, arts. 1º e 2º.

2. Com este teor, são esclarecedoras as palavras de Alberto Carmona ("A arbitragem no Brasil: em busca de uma nova lei", in *RePro*, ano 18, 72/53-73, à p. 54). Confira-se o comentário: "A cláusula arbitral ou cláusula compromissória — dispositivo contratual onde as partes prevêem que resolverão eventuais disputas surgidas em determinado negócio jurídico através da arbitragem — foi totalmente desprestigiada no Brasil. Ainda que a doutrina trate deste verdadeiro *pacto de contrahendo*, que sem dúvida é utilizado com freqüência nos contratos internacionais, a verdade é que o Código de Processo Civil não permite a instauração do juízo arbitral a não ser na presença do compromisso arbitral, único instrumento a autorizar a exceção de que trata o art. 301, IX, daquela lei. Nesta esteira, tem-se entendido que o desrespeito à cláusula arbitral não permite a execução específica da obrigação de fazer, resolvendo-se o inadimplemento em perdas e danos, reconhecidamente de difícil liquidação. Assim, procurou a doutrina e a jurisprudência transformar o *pacto de contrahendo* em verdadeiro *pacto nudum*, contribuindo para que os agentes do comércio internacional (especialmente estes!) abandonassem a escolha da solução arbitral de controvérsias no Brasil (...)."

3. V. Clóvis V. do Couto e Silva, "O juízo arbitral no Direito brasileiro ", in *RT* 620/15-22, à p. 16.

4. V. arts. 5º, 6º e 7º da Lei 9.307, de 23 de setembro de 1996.

promisso arbitral *a posteriori* (art. 60 da Lei 8.307/96), o recurso ao Judiciário para obter, coativamente, a sua execução.[5]

Pela diferença de orientação, coloca-se em discussão qual lei deverá reger a execução da cláusula, quando estatuída, isoladamente, antes da atual Lei 9.307/96. Lembramos existirem em curso, ainda, muitos contratos de duração continuada nos quais se estabeleceu a cláusula compromissória sem que lhes tenha seguido a celebração do compromisso.

Há, ainda, a possibilidade de aplicar-se-lhe aquela interpretação que, em extensão indevida do campo de abrangência do disposto na norma do art. 1.074 do CPC (a rigor, aplicar-se-ia somente ao compromisso, não vetando a validade da cláusula desacompanhada) fulminava com nulidade a cláusula compromissória que, por desdouro, fosse estabelecida sem o consentâneo compromisso?

Não me parece que assim seja e, s.m.j., a lição da doutrina demonstra outro entendimento.

3. É necessário lembrar que a cláusula compromissória é autônoma em relação ao contrato em que está inserida. Desta forma, perfaz, em si mesma, um negócio jurídico, cujo destino é indiferente àquele do contrato em que porventura foi estabelecida.

Neste sentido já preconizava a doutrina clássica, para afirmar o caráter contratual da cláusula, embora fossem-lhe atribuídos objeto e conteúdo processuais.[6]

E tal era, inclusive, o entendimento da jurisprudência predominante à época,[7] acompanhado, como denuncia o digno professor da Universidade de Bolonha, pela quase-unanimidade da doutrina.[8]

A doutrina mais atual consagrou esta compreensão,[9] tese, aliás, expressamente acolhida na atual Lei n. 9.307, de 23.9.96, a qual, após definir a cláusula compromissória como convenção (art. 4º), em seguida, na norma do seu art. 8º, afirmou expres-

5. Com este teor o art. 7º da Lei 9.307/96.

6. Cf. a lição de Enrico Redenti (*El Compromiso y la Clausula Compromisoria*, trad. de Santiago Sentís Melendo, Buenos Aires, EJEA, 1961, pp. 20-21), em todas suas letras: "La opinión predominante en cuanto al acuerdo fundamental entre las partes, sobre el cual se ha fijado la atención de los estudiosos, es que el mismo tiene los caracteres de un contrato según el Código Civil, pero con objeto y contenido procesales (...)".

7. Idem, ob., autor e loc. cits., nota 3, nos seguintes termos: "Por sentencia de 20 de agosto de 1949, n. 2369 (*Giur. Compl. Cass. Civ.* 1949, III, 1122) el Colegio Supremo ha enunciado el principio en virtud del cual el compromiso es un contrato de derecho privado querido por las partes para producir efectos de derecho procesal, por cuanto da a dichas partes facultad de impedir que la *litis* en él considerada sea conocida por el juez ordinario. En sentido plenamente conforme ha pronunciado recientemente la Apelación de Bolonia, 10 de junio de 1955 (*Giust. Civ. Mass. Appelo Bolonia*, 1955, 23) (...)".

8. Ibidem, autor loc. e ob. cits., mencionando, dentre outros: "Codovilla, *Del Compromesso e del Giudizio Arbitrale*, 2ª ed., Torino, 1915, pp. 5 y ss.; Mortara, *Commentario*, 3ª ed., v. II, p. 553; Vecchione, *L'Arbitrato nel Sistema del Processo Civile*, Napoli, 1956, pp. 120 y ss.; Adrioli, *Commento al Codice di Procedura Civile*, Napoli, 1947, pp. 526 y ss., especialmente p. 529; Schizzerotto, *Dell'arbitrato*, Milano, 1958, pp. 16 y ss.; D'Onofrio, *Commento al Codice de Procedura Civile*, v. II, Torino, 1957, pp. 477-480 (...)".

9. Com este teor, Beat Walther Rechsteiner, em recentíssimo trabalho (*Arbitragem Privada Internacional Após a Nova Lei 9.307, de 23 de Setembro de 1996 — Teoria e Prática*, São Paulo, Ed. RT, no prelo), reexaminando a questão à luz da Lei 9.307 de 23.9.96, reafirma a tese, sobre a qual, atualmente, não pairam mais dúvidas:

"A convenção de arbitragem é autônoma, juridicamente, perante o acordo principal estabelecido entre as partes, embora em muitos casos a primeira possa ser uma parte integrante da segunda.

"Note-se que a validade jurídica da convenção de arbitragem obedece a requisitos legais específicos, distinguindo-se daqueles relacionados à validade do acordo principal entre as partes (...)."

E, em outro ponto "A Lei 9.307, de 23.9.96, não dá respostas a essas questões, não lhes fazendo referências expressas. Consagra, porém, o princípio da autonomia da convenção de arbitragem em relação ao contrato principal ao qual se refere. Isto significa que as regras empregadas no contrato principal não se aplicam automaticamente à convenção de arbitragem. O exame da validade de cada um dos contratos ocorre independentemente do outro".

samente a sua autonomia perante o contrato principal.[10]

4. Por outro lado, em regra, a cláusula compromissória destina-se a prover seus efeitos para o futuro, já que a intenção é a de submeter as divergências eventualmente decorrentes a um futuro juízo arbitral, compromissado ou não.

Ademais disto, a acatar-se a tese de cuidar-se de *pacto de contrahendo* tendo por objeto a realização de um futuro contrato, surge um outro resultado diferido, a saber, a celebração do compromisso arbitral, que é próprio do tipo.

E o compromisso arbitral, como ensina Redenti, acompanhado da melhor doutrina,[11] embora coordenado à cláusula compromissória que o antecede, tem por sua natureza uma fonte distinta.

Tanto um quanto outro, apesar de se completarem para dar lugar à convenção de arbitragem, são atos autônomos perante o contrato ao qual estão ligados ou inseridos e têm seus efeitos produzidos em momentos distintos.

5. Veja-se, outrossim, que a convenção de arbitragem é ato complexo que se perfaz por etapas.

Se assim é, o princípio geral da irretroatividade, consubstanciado na norma do art. 6º da LICC deve ser aplicado com cautela à situação em tese.

É que, quando aquela lei exclui da abrangência da nova lei o ato jurídico perfeito, tem em vista aquele já consumado conforme a lei vigente ao tempo em que se efetuou. Vale dizer, aquele que já produziu seus efeitos próprios e regulares.

Tal não ocorre quando o contrato somente estabeleceu cláusula compromissória a ser acionada em caso de divergência futura.

A cláusula compromissória permanece em aberto, em potência, somente acordando para o mundo jurídico quando advém a divergência, objeto do futuro juízo arbitral.

Até aí, nenhum efeito jurídico produziu, os quais somente terão lugar com a elaboração do futuro compromisso arbitral.

Assim sendo, a execução da cláusula compromissória prende-se à celebração de negócio futuro. Só então estará aperfeiçoada e apta a produzir seus efeitos normais e regulares.

Se entre a celebração do contrato e o surgir da divergência, objeto do futuro juízo arbitral, surge lei nova, é esta a que se há de aplicar.

Assim é por cuidar-se de negócio complexo, que, como ensina Emilio Betti, deve ser "(...) regulado pela lei do tempo em que sobrevém o último deles e o negócio se completa (...)".[12]

No direito nacional a mesma lição advém de Campos Batalha, a demonstrar com lucidez que, quando "(...) a situação jurídica concreta resulta de fatos complexos, cujos elementos se configuram uns na vigência da lei antiga e outros na vigência da lei nova, os princípios acima poderiam levar-nos à aplicação integral da lei nova porque, antes de verificado o último elemento do fato complexo, teríamos apenas uma situação jurídica abstrata em processo de concretização e não, propriamente, uma situação jurídica concreta (...)".[13]

Acresce alertar, para completar o pensamento, que: "O fato complexo só se perfaz com a ocorrência do último elemento que o integra: antes desse momento existia apenas uma situação jurídica abstrata, ou, se se quiser, uma situação jurídica concreta

10. Cf. art, 8ª: "A cláusula compromissória é autônoma em relação ao contrato em que estiver inserta, de tal sorte que a nulidade deste não implica, necessariamente, a nulidade da cláusula compromissória".

11. Autor e ob. cits., p. 24. No elenco dos defensores da tese, assinala, dentre outros: Barbareschi, Carnelutti, Andrioli, Vechione e Codovilla.

12. Autor cit., *Teoria Geral do Negócio Jurídico*, t. II, Coimbra, 1969, p. 132.

13. Aut. cit., *Direito Intertemporal*, Rio de Janeiro, 1980, p. 166.

in fiere ou *in itinere*. Enquanto não se completar o fato complexo, poderá a lei nova incidir sobre ele na sua integridade sem ser retroativa (...)".[14]

Com este entendimento, a lei nova seria a aplicável.

6. Mas, não só por isto.

Independente da qualificação do negócio "convenção de arbitragem" como negócio complexo, a cláusula compromissória, de per si, desacompanhada do compromisso arbitral, ainda não produziu qualquer um dos seus efeitos regulares, posto que ainda não se lhe deu execução.

Sendo desta forma, preleciona Betti, se estes ainda não se produziram, deverão ser apreciados em conformidade com a lei em vigor no momento da sua produção, já que os efeitos jurídicos devem ser apreciados conforme a lei vigente no momento da sua produção, a qual regulará, igualmente, os fatos ulteriores que funcionaram como sua condição. E este é o entendimento, posto que somente com a sua superveniência é que ficará completada a "*fattispecie* complexa, a que é referida a nova situação jurídica; *fattispecie* de que, aqui, o negócio, embora conservando o seu valor próprio, é parte integrante (...)".[15]

Nesta mesma linha, embora com distinta fundamentação, advém a tese de Messineo, a preconizar a aplicação da lei nova quando se cuide de relações em processo de formação ou de relações que não se esgotem instantaneamente, perdurando no tempo, como é a situação em exame.[16]

Tem-se aqui, conforme o tirocínio de Arnoldo Wald,[17] o que se convencionou chamar de retroatividade mínima, a submeter os efeitos posteriores dos atos jurídicos, praticados na vigência de lei anterior, àquela nova.

E a tese coaduna-se com aquela de Campos Batalha, o qual, com apoio em Carlos Maximiliano, socorre-se de Roubier para afirmar a impossibilidade de se circunscrever os efeitos dos atos jurídicos nas situações de duração indefinida à lei anterior.[18]

14. Idem, p. 169.

15. Autor, ob. e loc. cits., retro, nota 12.

16. Cf. autor cit., in *Manual de Derecho Civil y Comercial*, t. I, trad. de Santiago Sentís Melendo, Buenos Aires, EJEA, 1954, pp. 89-90, nos termos seguintes: "b) La retroactividad es concebible, al menos como problema, ya que no siempre como solución, cuando se trate de relaciones que no se han formado instantáneamente, sino que están en curso de formación (*in fieri*), en el momento en que se sustituye una norma nueva a la ya existente y, por consiguiente, son relaciones que dependen sólo en parte de hechos que se han verificado mientras imperaba la norma antigua, al paso que se verifican en parte cuando impera ya la norma nueva. (...) c) la retroactividad es, igualmente, concebible cuando se trate de regular relaciones que no se agoten instantáneamente (ejemplo, *status*, derechos reales en general, destinados a durar en el tiempo, contratos de ejecución continuada) y que, en parte, caen bajo el imperio de una norma y, en parte, de la siguiente (...)."

E, em outro ponto, completa: "La retroactividad de la norma no excluye la circunstancia de que en cuanto a ella esté fijada la fecha de entrada en vigor. Este último elemento sirve únicamente para establecer si existe una *vacatio legis* y, en caso afirmativo, la extensión que tenga la *vacatio* (*supra* n. 1); pero la existencia de una *vacatio* no impide que la norma pueda ter eficacia retroactiva, si la misma, por otra razón, tiene tal eficacia. La *vacatio* tiene la función de consentir la posibilidad de conocimiento del texto de la norma; en cambio, la retroactividad importa que, una vez entrada en vigor, después de la *vacatio*, la norma se aplica a las relaciones ya en existencia, con las modalidades de que ha hablado anteriormente (...)".

17. Autor cit., *Introdução e Teoria Geral*, 8ª ed. São Paulo, p. 98, nos termos seguintes: "A doutrina faz uma distinção fecunda entre retroatividade máxima, que alcança o direito adquirido e afeta negócios jurídicos findos; a retroatividade média, que alcança direitos já existentes, mas ainda não integrados no patrimônio do titular, e a retroatividade mínima, que se confunde com o efeito imediato da lei e só implica sujeitar à lei nova, conseqüências a ela posteriores de atos jurídicos praticados na vigência da lei anterior (...)."

18. V. o pensamento em seu inteiro teor: "Mas é óbvio que aos atos jurídicos que dão nascimento a direitos de natureza permanente de indefinida duração a lei nova tem aplicação imediata, no que concerne ao conteúdo desses direitos ou à maneira do seu exercício. Assim é que, com apoio em Roubier, principalmente, acentua Carlos Maximiliano (ob. cit., p.

7. Em socorro deste modo de ver advém o entendimento daqueles que afirmam o objeto e conteúdo processual da cláusula compromissória e do juízo arbitral,[19] induzindo alguns, inclusive, a classificarem-nos como *pactum de foro prorogando*.[20]

A tese, aliás, está reforçada pelo disposto na norma do art. 1.044 do CC, ao determinar que: "Instituído, judicial ou extrajudicialmente, o juízo arbitral, nele correrá o pleito os seus termos, segundo o estabelecido nas leis do processo".

A aceitar-se que "arbitragem é instância jurisdicional, praticada em função de regime contratualmente estabelecido, para dirimir controvérsias entre pessoas de direito privado e/ou público, com procedimentos próprios e força executória perante tribunais estatais (...)",[21] a conclusão a que se chega é a da aplicação das mesmas regras que regem a aplicação da lei em matéria processual ao caso concreto.

Sob tal ângulo, mais uma vez, a lei que se há de aplicar é a nova.

Em síntese, quer por uma, quer por outra razão, a lei recém-promulgada é a que se há de aplicar.

Quanto à cláusula compromissória, — porque não se consumou, produzindo seus normais e regulares efeitos, passível, destarte, do que a doutrina definiu como retroatividade mínima.

Quanto ao compromisso arbitral, porque, embora conseqüente e destinado à executoriedade da cláusula compromissória, como autônomo, perfaz-se, normalmente, sob a égide da lei nova.

Este, em princípio, o entendimento que se submete abertamente às críticas e/ou contribuições dos mais estudiosos e versados.

35) que 'as situações jurídicas permanentes, isto é, às quais não se pode atribuir duração definida, regulam-se pelos ditames do tempo em que se realizam os efeitos do ato jurídico" (autor e ob. cits., p. 225).

19. Redenti, ob. cit., p. 21.

20. Com este teor Mortara, in *Commentario*, 3ª ed., v. III, Milano, n. 49, p. 56, *apud* Redenti, ob. cit., p. 22.

21. V. Carlos Alberto Carmona, ob. cit., pp. 19-20.

Atualidades

A DESINTERMEDIAÇÃO NA OFERTA DE CRÉDITO E O SISTEMA FINANCEIRO NACIONAL: EXAME DO TEMA E POSSÍVEIS CONCLUSÕES

CASSIO M. C. PENTEADO JR.

1. Considerações gerais. 2. Qual a natureza jurídica das atividades desenvolvidas pelas instituições financeiras? A questão da intermediação, como essência do conceito. 3. O crédito oferecido nas atividades comerciais sem a participação dos bancos: os prováveis limites da intermediação de recursos. Os cheques pré-datados. 4. "Factoring" e securitização de ativos e recebíveis: formas legalizadas de desintermediação, sendo desimportante o grau de dispersão do crédito. 5. Quem tem medo da desintermediação? As conclusões possíveis: "reserva de mercado" ou submissão ao Banco Central.

"São considerados banqueiros os comerciantes que têm por profissão habitual do seu comércio as operações chamadas de Bancos."

"As operações de Banco serão decididas e julgadas pelas regras gerais dos contratos." (Arts. 119 e 120 do Código Comercial)[1]

1. Considerações gerais

O tema que nos cabe abordar neste Colóquio é, sem dúvida, dos mais instigantes, por estar referido, de um lado, a aspectos jurídico-normativos do crédito e, de outro, por desvelar-se vinculado, muito particularmente, a tópicos práticos da vivência de todos nós — advogados e servidores do Estado —, associados uns e outros ao exercício cotidiano, à disciplina e à regulamentação das atividades financeiras.

Nossas reflexões, também, devem levar em conta — no trato da matéria, como proposta — a árdua questão atinente aos extremos da regulamentação muito abrangente da atividade creditícia e bancária, em geral, no Brasil, contraposta à relativa informalidade em que vicejam as operações

1. Comentando esses dispositivos da lei comercial, o prof. Geraldo de Camargo Vidigal, denotando que o Código está "a caminho dos 150 anos de idade", chama atenção para o emprego da expressão "operações de bancos", o que implicaria — por decorrência — o conceito de que inexistem, como espécie, "contratos bancários", e sim, operações bancárias, no sentido de que, como se sabe, em "cada operação de banco, combinam-se, em regra, numerosos contratos comerciais". Daí surge, provavelmente, a referência comum a operações financeiras e bancárias. O legislador, já aos tempos do vetusto Código Comercial, não pode precisar o conceito de banco, preferindo aludir às suas atividades, como definição dessas empresas (*Direito Monetário*, ed. IBCB, p. 100)

que podemos chamar de alternativas no mercado financeiro.

Se, por suas particularidades, essencialmente voltadas à moeda e ao crédito, implicando a interferência e intervenção em aspectos muito sensíveis da sociedade, como um todo, vale dizer, referindo-se à captação de poupança popular, concessões de empréstimos e financiamentos, lidando, enfim, com dinheiro alheio, a atuação das instituições financeiras — legal e regularmente organizadas — sempre foi o alvo predileto e preferencial de severa e complexa regulamentação legal,[2] não só no escopo principal de oferecer à sociedade os adequados mecanismos e requisitos de segurança aos poupadores, investidores em geral e tomadores de crédito, mas também no objetivo de estabelecer um forte "dirigismo contratual",[3] esta preocupação legislativa e da regulação administrativa, na figura onipresente do Banco Central, oferece, contraditoriamente, campo fértil às tentativas bem ou mal-sucedidas da criação de um mercado financeiro informal, abrindo-se brechas para que floresça o fenômeno da desintermediação.

Pesam, ainda, na concepção e ação desses "mercados alternativos" de crédito as perspectivas alinhadas com princípios de economia fiscal, pois que a existência, nos mercados organizados, de relevante tributação, as denominadas "cunhas" fiscais (incidência do IOC, do compulsório e outros tributos), impele o progresso de "produtos" e operações creditícias, que — ainda que amparadas em lei — se dissociam da prática usual das instituições financeiras.

Em outras palavras, nesta visão algo simplista, reconheça-se, os agentes econômicos, pressionados por leis e regulamentos, buscariam opções à margem do sistema financeiro, dispensando a intermediação de instituições regulares, para se prover de crédito, no intuito de "contornar" de algum modo os caminhos da burocracia

2. No Brasil, especialmente a partir da Constituição de 1988, a normatização do sistema financeiro tornou-se uma clara questão política, pois na Carta inseriu-se, inclusive, a possibilidade de regulamentação da taxa de juros (art. 192, § 3º), matéria de estrita competência da legislação ordinária (ou, para os adeptos do liberalismo, das práticas de mercado). Esta questão, derivada da inclusão desse dispositivo no texto constitucional, gerou acesa polêmica sobre ser ou não auto-aplicável, o que restou decidido em sentido negativo por iterativa jurisprudência da Corte Suprema.

3. O tema do que se denomina de "dirigismo contratual" desvela, por força de leis e regulamentos, a relevante interferência estatal nas contratações típicas do mercado financeiro, veiculadas quase sempre pelos ajustes ditos de adesão, estabelecendo limitações e restrições que tendem a igualar e burocratizar as atividades das instituições financeiras. Ora, se essa transformação da natureza dos contratos de adesão é aceitável do prisma de sua regulamentação mais estrita, eis que, por sua acentuada difusão e pela impossibilidade de discussão negocial, figuram de fato como pactos, de certo modo, impostos ao contratante, não é menos verdade que esses aspectos — ainda que relevantes — inadmitem, ao ver dos doutos, a fixação de um critério de plenitude em torno do abandono dos interesses privados, por eles veiculados, em prol da abrangência total do interesse público.

Com a clareza que a sabedoria e o conhecimento desvelam, o eminente Min. Moreira Alves pontifica sobre o tema: "De feito, apesar dessas características (subordinação a forte dirigismo contratual), é inegável que esses contratos, celebrados entre particulares, não podem caracterizar-se como contratos administrativos, e, portanto, de direito público, pela singela razão de que não estão presentes os elementos essenciais à existência de tais contratos, como, entre outros, a participação, como contratante, da Administração Pública com supremacia de poder, de que resultam as denominadas 'cláusulas' exorbitantes explícitas ou implícitas" (voto na ADIn 4.930/600).

E, em seguida, complementando: "Sendo as partes contratantes entes privados, colocados juridicamente em plano de igualdade, são contratos de direito privado, ainda que de adesão, não lhes alterando essa natureza o dirigismo contratual imposto pela lei, para atender às necessidades econômico-financeiras (...)".

Ressalta o voto nessa *actio* direta, a constatação — que acompanhamos — segundo a qual os ditames legislativos ou regulamentares, por mais impositivos que sejam, na disciplina da própria matéria veiculada pelos contratos de adesão (objeto, encargos, prazos), não lhes modificam a natureza essencial: persistem na órbita do direito privado, ainda que significando contratos quase-públicos.

legiferante, agilizando seus negócios e tornando-os menos onerosos.

Por um ângulo diverso dessa questão, poder-se-ia dizer que os agentes econômicos também procuram esse mercado, dito informal, de crédito e por isso o desenvolvem, à falta de condições cadastrais ou patrimoniais para pleitear crédito perante as instituições regulares, cujos sistemas de análise creditícia são mais restritos e seletivos.

Essa conjugação de fatores, que pode ou não ocorrer efetivamente, determina que a demanda ao crédito "alternativo" há de considerar as possibilidades de operações financeiras menos gravosas para o tomador e, também, de operações de maior risco ao mutuante, pois que os mutuários foram, de algum modo, excluídos do sistema financeiro tradicional.

Acresce notar ainda, como aspecto relevante, que, ao cuidar, aqui, da desintermediação financeira, como um fenômeno que aparta uma parcela da sociedade do contato e das relações negociais com os bancos, não estamos nos referindo a práticas à margem da lei, em termos de crédito, como a agiotagem, mas a atividades plenamente legais ou que se tornaram justificadas dentro do sistema jurídico positivo, e que lastreiam esses mercados ditos "alternativos".

Certamente não como uma exclusividade brasileira, até porque formas "alternativas" de crédito, como os cartões, advêm de origem estrangeira, é de se destacar que a chamada desintermediação financeira não representa uma forma de concorrência ilegal às instituições, porque seus instrumentos são sancionados ou acolhidos pelo Direito posto, mas — muita vez — uma forma de concorrência induzida pelas autoridades monetárias e fiscais, umas pela imposição de crescentes restrições às operações dos bancos, outras pela necessidade de arrecadação de tributos.

As nossas avaliações e estudos — nesta apresentação — cingem-se a três formas de desintermediação, que poderiam se considerar como típicas, pois se referem a atividades abrangidas e amparadas dentro do universo normativo, não se colocando, pois, à margem da lei, mas, que — sem embargo desse revestimento jurídico-legal — representam formas de acesso ao crédito não praticadas ou vedadas, usualmente, pelas instituições financeiras.

Nessa linha de idéias, abordaremos as concessões de crédito por empresas não-financeiras (habitualmente no comércio), aqui incluindo o fenômeno dos cheques pré-datados, que se configuram como as mais polêmicas no tocante à desintermediação, por envolverem de fundamento a prática de mútuos, e, em seqüência, as operações de securitização e as atividades de *factoring*, nas quais o crédito assume figuras distintas do mútuo, desenvolvendo-se também fora do sistema financeiro.

2. *Qual a natureza jurídica das atividades desenvolvidas pelas instituições financeiras? A questão da intermediação, como essência do conceito*

Reputamos como essencial ao prosseguimento destas notas, para aclarar os caminhos que percorreremos, debater a aguda questão que envolve o conceito jurídico (e a natureza) das operações praticadas pelas instituições financeiras.

Buscando no direito positivo essa definição, para traçar os limites do que se poderia denominar o regime jurídico das atividades financeiras (no sentido de "regime jurídico" adotado por Celso A. Bandeira de Mello para conceituar o Direito Administrativo[4]) a Lei 4.595, de 31 de de-

4. O ilustre publicista Celso Antônio Bandeira de Mello propõe, em admirável ensaio, de validade mais ampla, que a conceituação do Direito Administrativo se balize pela definição dos elementos daquilo que denomina de "regime jurídico-administrativo". Transplantando suas conclusões para um plano geral, se se pode admitir, o conceito e a natureza jurídica da atividade financeiras haveriam de se situar a partir da "metódica dedução de todos os princípios subordinados e subprincípios que descansam, originariamente, nas noções categoriais que presidem sua organicidade"

zembro de 1964, recepcionada no ordenamento com *status* de Lei Complementar, prescreve em seu art. 17, o conceito de instituição financeira, a partir do qual se poderá extrair os seus lineamentos básicos.

Nesse dispositivo, o legislador explicita que são consideradas instituições financeiras as empresas públicas ou privadas que tenham por "atividade principal ou acessória a coleta, intermediação ou aplicação de recursos financeiros próprios ou de terceiros (...)".

A doutrina criticou esse conceito por ser muito abrangente e, tanto por isso, de difícil interpretação sistemática.

Com efeito, a definição *ex vi legis* opera a partir de três embasamentos diversos, que suportam e dão conformação às atividades financeiras: coletar ou captar recursos financeiros de terceiros, a intermediação desses valores ou sua aplicação.

Atente-se para que, na doutrina estrangeira e nacional, o destaque específico da atividade financeira repousa, no mais das vezes, na função de intermediação dos recursos monetários, atribuída aos bancos.

O considerado Giacomo Molle,[5] por exemplo, alude especificamente, ao conceituar os bancos, a esse fundamento: "L'impresa bancaria se caratterizza per l'attività che esplica di intermediazione nel credito, attraverso cioè la raccolta del reparmio fra il pubblico e l'esercizio del credito".

Observa-se que — na lição de Molle — a intermediação é a função básica do banco, que se dá pelos momentos da *raccolta* dos recursos financeiros (captação ou coleta da Lei 4.595) e do *esercizio del credito* (etapa da aplicação).

A lei brasileira, nesse sentido, parece acolher a intermediação como atividade em si do banco, porque admitirá duas outras fases distintas, a da coleta de recursos e de sua aplicação.

O pioneiro autor Lauro Muniz Barreto, em sua obra clássica *Direito Bancário*, já chamava atenção para que o banco se define como "empresa intermediária do crédito", citando D'Angelo, mas complementava o ensinamento, assinalando que o banco realiza essa interposição não somente como alguém que aproxima as partes (os que dão crédito e os que o pretendem receber), e sim assumindo uma "responsabilidade direta e pessoal" nessa intermediação, à medida em que pratica, para denotar essa interposição, os atos de tomar dinheiro emprestado, a crédito, e dá-lo também por empréstimo.

Na mesma senda, Carvalho de Mendonça explicita que essa "intromissão", como denomina a intermediação, praticada pelo banco entre o tomador do crédito e o mutuário, dá-se porque o banco há de "receber e concentrar capitais para, sistematicamente, distribuí-los por meio de operações de crédito" (*Tratado de Direito Comercial Brasileiro*).

Modernamente, Nélson Eizirik,[6] criticando o art. 17 da Lei 4.595, sugere que, no texto, a alternativa "ou", constante da expressão "coleta, intermediação ou aplicação", seja modificada para a conjuntiva "e", precisando de forma mais correta a exegese dessa disposição normativa.

Nesse sentido, vigente a alternativa "ou", a teor da legislação de regência, abre-se espaço para a consideração de que a intermediação, referida pelo art. 17, admite prescindir de uma das etapas em que se decompõe, a coleta e a aplicação (os dois atos, citados por Muniz Barreto), permanecendo, ainda assim, íntegra.

Seria como, para se aludir a uma das correntes de interpretação, se fosse possível admitir na prática da atividade financeira, privativa das instituições, a verificação de somente um dos atos ou de qualquer

("O conteúdo do regime jurídico-administrativo e seu valor metodológico", *RDP* 2/44).

5. Giacomo Molle, *Manuale di Diritto Bancario*, Dott. A. Giuffrè Editore.

6. Nélson Eizirik, cit., por Liane M. Simoni, "O regime jurídico da responsabilidade dos administradores de instituições financeiras", *RDM* 44/31.

dos atos isoladamente, coleta ou aplicação de recursos financeiros, desde que não se considere a intermediação, como uma etapa em si mesma.

Porém, ou se tem que a natureza da atividade financeira, em termos de "regime jurídico", importa a consideração conjunta, dir-se-ia, das três etapas que a compõem (o que não encontra conformidade com a alternativa "ou" integrada ao art. 17 citado), ou se trata de reduzir o conceito da atividade financeira, tal como praticada pelos bancos, ao sentido básico de "intermediação", adotado preferencialmente pela doutrina, como visto.

Ressalte-se, neste passo, que a "redução" eventual do conceito de atividade financeira, que se adote, ao plano da intermediação de valores pecuniários não prescindirá (como precisou G. Molle, antes citado) do cumprimento das fases de coleta e aplicação desses recursos, dando-se, então, que não será qualquer intermediação de valores bastante para conformar as operações bancárias, em sentido jurídico, mas, e tão-somente, a intermediação, diríamos, "qualificada", que envolve a coleta do dinheiro e sua aplicação posterior.

Esta noção completa em torno da figura da intermediação é basilar para a distinção que se fará no item seguinte, abordando as ofertas de crédito fora do sistema financeiro, nas quais se propõe uma forma de intermediação de recursos, desconsideradas as fases de captação da moeda junto ao público e sua aplicação.

3. *O crédito oferecido nas atividades comerciais sem a participação dos bancos: os prováveis limites da intermediação de recursos. Os cheques pré-datados*

Pressionados — como alegam em geral — pelas altas taxas de juros, estas, por sua vez, derivadas dos custos financeiros, de risco de crédito e fiscais incidentes, disseminou-se no comércio, especialmente varejista, a prática da oferta de crédito sob a forma de "financiamentos próprios" pelos lojistas, deixando apartado o sistema financeiro tradicional.

Contribuindo, decisivamente, para o sucesso dessas formas "alternativas" de crédito, convalidou-se no Brasil, em particular pela elaboração jurisprudencial, a utilização dos denominados "cheques pré-datados", como instrumentais — a um só tempo — de cobrança e de garantia.

Esse precioso instrumento alavancando as operações de "financiamento próprio" advém de uma construção jurídica talvez típica do País, que modifica a natureza normativa do cheque, conceituado como ordem de pagamento à vista, para travesti-lo em título de crédito, em promessa de pagamento, que terá, portanto, serventia diversa do seu sentido precípuo.

É uma elaboração essencialmente praxística, isto é, derivada de usos e costumes mercantis, que se coonesta pelo Poder Judiciário, para admitir — dir-se-ia — uma utilização alternativa de instrumento jurídico cujos contornos legais são precisos e exatos.

Aliás, a denominação dada ao cheque, com a serventia de garantia de dívida e instrumento de cobrança, como sendo a de "pré-datado" não é ilustrativa, nem se afeiçoa ao sentido que a praxe comercial lhe confere, pois que este cheque será apresentado a compensação em data futura, donde o "pré-datado" guarda referência não ao momento de sua apresentação ao banco sacado, mas ao instante em que passa a circular ou é dado na operação mercantil, vale dizer, conterá este cheque de modo prévio ("pré") as datas em que deve ser cobrado ou em que passa a ser devido.

Com sua lucidez habitual, o ilustre prof. Geraldo de Camargo Vidigal anota a evidência da contrariedade entre essa pré-data (denominando, com humor, os cheques assim preenchidos de "quase-cheques") e a Lei 7.357/85, que rege a emissão, circulação e apresentação do cheque: "O texto

(...) admite que se lance, no cheque, data qualquer: mas nega eficácia à pré-data. É que, sendo o cheque uma ordem de pagamento à vista (...) não pode ser eficaz declaração falsa de data, pois as declarações dessa espécie visam sempre a impedir o imediato pagamento".[7]

Todavia, ainda que a pré-data configure, em essência, uma declaração falsa que posterga o pagamento do cheque, os Pretórios, ainda que em tema penal, concluem que sua inserção, desnaturando a ordem de pagamento à vista, transmuda o cheque em garantia de dívida: "O cheque pré-datado, emitido como garantia de dívida, não constitui ordem de pagamento à vista. O emitente, por isso, não é obrigado a resgatá-lo antes da data aprazada" (STJ, RHC 2.285-5).

Ou, no mesmo sentido: "A emissão de cheque, com data posterior ao negócio, representa garantia de dívida assumida, perdendo sua função de ordem de pagamento à vista (...)" (STJ, RHC 613-GO).

A tradição costumeira dos cheques pré-datados no Brasil, com o amparo que as Cortes passaram a emprestar, é tão expressiva que o Banco Central passou a normatizá-los, dispondo sobre sua aplicabilidade nas operações dos bancos (v. Resolução 2.154 de 27.4.95, que veda a realização de "operações de crédito garantidas com cheques e de desconto de cheques", regulamentação revogada neste ano de 1997).

Essa regulação de parte da autoridade monetária origina-se, essencialmente, de uma outra tendência que o fenômeno da desintermediação espelha, no sentido de que os bancos usualmente procuram meios de assimilar as operações de crédito "alternativas", para neutralizá-las.

Do exposto, percebe-se que as concessões de crédito praticadas pelo comércio à margem do sistema financeiro estão amparadas em instrumental de cobrança, suprindo a emissão de carnês ou documentos de pagamento, e de garantia, consubstanciados no cheque pré-datado ou no "quase-cheque".

Valeria expor, mais, neste item as questões suscitadas a propósito do tema, pois que na missão fiscalizadora do Banco Central têm-se surpreendido autuações de empresas comerciais que ofertam crédito, sustentadas em eventual infração às disposições da lei bancária no que toca à invasão das atividades privativas de instituições financeiras.

Aliás, essa competência regulamentar do Banco Central, expressa nas Resoluções 2.228, de 20.12.95, e 1.065, de 5.12.85, refere-se à possibilidade de instauração de processo administrativo na ocorrência desses atos.

Dá-se esse procedimento interno, alcançando pessoas jurídicas públicas ou privadas que, não se caracterizando como instituições financeiras, pratiquem atividades delas privativas, por uma forma de equiparação, assim traduzida nos termos da Resolução 1.065, antes citada:

"Equiparam-se a instituição financeira (...) a pessoa jurídica pública ou privada que tenha, como atividade principal ou acessória (...) de modo a caracterizar intromissão especulativa no mercado, as seguintes operações ou serviços, conjunta ou isoladamente:

"a) captação ou intermediação de recursos financeiros de terceiros;

"b) aplicação de recursos financeiros próprios ou de terceiros;

"c) (*omissis*);

"d) (*omissis*);

"e) prática não autorizada de qualquer outra operação financeira."

Já se vê, bem aos moldes dos textos normativos no Brasil, que a menção do inciso "e" seria por si só suficiente para eliminar, ao menos, os incisos "a" e "b", tal a sua generalidade e abrangência.

7. Geraldo de Camargo Vidigal, *Cheques Pré-Datados e Quase-Cheques*, parecer.

O Banco Central, a teor do art. 17 da Lei 4.595 e da Resolução 1.065/85, tem interpretado como forma de caracterização de ilícito, em termos da prática de atividade privativa dos bancos, a configuração, mesmo quando isolada, da ocorrência por entidade não-financeira de coleta, intermediação e aplicação de recursos.

Conclui a autoridade monetária, nessa linha, que se estampa como "intromissão especulativa no mercado" a concessão de empréstimos de recursos financeiros (mútuos), com finalidade lucrativa, oferecida ao público em geral.

Contudo, a jurisprudência administrativa parece ter pacificado, no âmbito do Conselho de Recursos do Sistema Financeiro Nacional (CRSFN), linha interpretativa que adota como elemento mais relevante dessa possível infração a intermediação ou a prática da intermediação de recursos financeiros, caracterizada como ter a entidade não-financeira coletado os valores junto ao público para, ao depois, reemprestá-los a terceiros (etapa de aplicação).

Inexistentes essas fases, não se configuraria a intermediação, no sentido descrito pelo art. 17 da Lei 4.595, e nem se daria a melhor interpretação ao espírito dessa disposição.

Por analogia, ainda que fosse, merecem relevo, neste tema, as conclusões do ilustrado Procurador da Fazenda Nacional, Luiz Alfredo Paulin, em parecer oferecido ao CRSFN no julgamento de processo administrativo em que se discutia eventual infração ao art. 17, sob pálio de mútuos concedidos entre empresas ligadas, porém não-financeiras:

"Neste sentido, parece claro que o campo reservado às instituições financeiras seria claramente o da intermediação de capitais. Logo, só exercerá irregularmente as funções de instituição financeira aquele que intermediar moeda.

"Analisando os autos, verifica-se que não teria havido intermediação, na medida em que não é possível se afirmar que os recursos teriam sido coletados junto ao público para, posteriormente, serem reemprestados."[8]

Desse ponto de vista, pode-se inferir, no que tange às empresas comerciais que exercem atividade de financiamento, que o traço fundamental para dar licitude a essas operações, desvinculando-as de eventual "intromissão" no terreno dos bancos, seria o de inexistir qualquer forma de intermediação de recursos: nem captação e nem reempréstimos, girando-se os mútuos com recursos próprios.

Caberia, porém, atentar, aqui, para um aspecto da questão cogitada neste item, que é pertinente — como tem-se referido a autoridade monetária — com o grau de dispersão dessas operações de mútuo, expressando que quando praticadas em massa, ou oferecida a qualquer interessado, poderiam, por isso, caracterizar conduta ilegal.

A massificação dessa oferta de crédito à margem do sistema institucional explicitaria nesse sentido uma intromissão especulativa no mercado.

É, por exemplo, o que delibera o Banco Central no processo administrativo, cifrado aos mútuos *intercompany* que antes nos referimos, indicando em certa passagem: "Assim, a concessão de empréstimos de recursos financeiros, com a finalidade de lucro, habitualmente, como atividade comercial oferecida, em geral, a qualquer interessado, configura uma indevida especulação no mercado financeiro, passível, portanto, de punição por este órgão".[9]

Pessoalmente, coloco dúvidas a essa apreciação da autoridade monetária — ainda que se devesse, em tese, prestigiar a exclusividade da atuação dos bancos no mercado de crédito — a partir do dado essencial da intermediação de recursos sobre a

8. Luiz Alfredo Paulin, Parecer da Procuradoria da Fazenda Nacional junto ao Conselho de Recursos do Sistema Financeiro Nacional, Rec. 1.253.

9. Decisão DIFIS-93/056 do Banco Central do Brasil.

qual repousa a natureza da atividade financeira, em sentido jurídico.

Ora, se o crédito ofertado não tem origem na coleta de recursos monetários junto ao público, isto é, se não se compele ninguém a aplicar valores ou investi-los nesses financiamentos posteriores, resulta que o capital de giro inicial para concretizar os mútuos, oferecendo crédito, pertence ao próprio comerciante e, logo, há de ter o destino que melhor lhe aprouver, na clássica acepção do direito privado: o que não é proibido, é permitido.

Antepõe-se, possivelmente, a este raciocínio a norma de ordem pública (mais uma vez o art. 17, sempre citado) que se refere à aplicação dos recursos, que haveria de se dar em face de uma instituição financeira regular.

Contudo, sem se mencionar que a aplicação não pode estar desvinculada da captação de recursos para caracterizar a atividade financeira, é notável que a restrição à aplicação de valores fique limitada à dispersão maior ou menor que alcance, ou, em outras palavras, se os *intercompany loans* não são vedados, por se referirem ao pequeno universo de empresas ligadas, apenas a massificação será o critério de determinação das aplicações vedadas, *ex vi* da Lei 4.595?

Parece uma vertente quantitativa, se assim podemos dizer, de interpretação legal absolutamente inadequada.

4. "Factoring" e securitização de ativos recebíveis: formas legalizadas de desintermediação, sendo desimportante o grau de dispersão do crédito

Mais recentemente no Brasil, embora vigentes e praticadas no Exterior há longo tempo, duas formas de atuação creditícia, fora do sistema financeiro, ganham corpo.

Uma, mais antiga, reside na prática do *factoring*, isto é, a aquisição por uma empresa não-financeira dos créditos provenientes do faturamento de outra sociedade, usualmente comercial ou industrial.

A outra, introduzida nos dias atuais, a securitização de ativos recebíveis, consiste na compra feita por uma empresa, ainda aqui não-financeira, de créditos contra terceiros gerados por outra empresa, diferençando-se do *factoring*, na medida em que para alavancar recursos financeiros para essa aquisição a compradora vale-se da colocação no mercado dos títulos de crédito, denominados debêntures.

Convenhamos, pela sucinta descrição anterior, que as hipóteses de atuação desses mecanismos de crédito se equivalem, podendo ser afirmado, com uma dose de humor, que as operações de securitização representam um "*factoring* vestido para festa"...

Todavia, ambas as atividades significam a possibilidade de atribuir liquidez imediata aos créditos contra terceiros detidos por empresas comerciais e industriais, sendo que esses "recebíveis", tipicamente, poderiam remanescer dentro do sistema financeiro, se tratados nas operações de desconto de títulos, de empréstimos garantidos e outras similares.

Desenvolvem-se, porém, em maior ou menor medida, fora das instituições financeiras, vivendo em mercados paralelos, evitando recorrer aos bancos.

Adicionalmente, essa atuação revestese de plena legalidade, adquiriu foro institucional e, permanecendo à margem do sistema financeiro, não se submete à fiscalização da autoridade monetária.

Como constituem, as *factorings* e a securitização, instrumentos que possibilitam liquidez imediata aos créditos para recebimento futuro, trazem, por isso, um componente de incremento ao consumo, desde que reabastecem, continuamente, o fluxo de moeda na economia, propiciando novos negócios.

A atitude do Banco Central, no tocante a esse instrumental, tem sido a de procurar controlá-los em sua expansão pela ponta da disponibilidade de recursos financeiros dessas empresas para atuar nesses mercados.

Assim, por normativos regulamentares que exercem função reguladora, o Banco Central tem, por exemplo, vedado o acesso das empresas de *factoring* aos empréstimos bancários (medida de duvidosa legalidade, entrementes) ou cerceado a participação dos bancos nas operações de securitização, seja para praticá-las, seja como investidor em debêntures.

Dá-se, aqui, um aspecto curioso no tema da desintermediação, pois que os bancos, não podendo concorrer, diretamente, com as operações marginais ao sistema, buscam assimilálas e delas tirar algum proveito, no sentido de financiar o capital de giro das *factorings* ou operar empresas dessa modalidade, dentro do mesmo grupo societário, ou ainda, em face da securitização, estruturar essas operações e participar do lançamento (*underwriting*) desses papéis junto ao mercado investidor.

Seguindo a máxima de que, se não se pode conter o inimigo, mais vale aliar-se a ele, as instituições financeiras, no Brasil, têm aproveitado ou procurado aproveitar espaços abertos nessas atividades, desenvolvidas fora do sistema, em seu benefício.

Aqui, no *factoring* e na securitização de recebíveis, que, ao cabo, se confundem como operações com escopo similar, sempre que se destinam a prover, de imediato, recursos financeiros para o titular de créditos a prazo, importa notar que — *contrario sensu* dos financiamentos com capital próprio, antes tratados — o legislador ou a autoridade monetária não se sensibiliza com o grau de dispersão desse crédito, exceto quando pretende, por atos regulamentares, deter o que entende por crescimento relevante desses mercados, em prejuízo da política econômica em vigor.

São, portanto, intervenções diferenciadas de parte do Banco Central, sem embargo de terem o objetivo comum da restrição ao consumo exagerado, pois numa das pontas (a das operações de financiamento, com capital próprio) brande seus poderes de fiscalização, entendendo existir uma "intromissão" nas atividades privativas das instituições financeiras, enquanto na outra ponta (a do *factoring* e da securitização) intervém em relação ao suprimento de recursos financeiros, provenientes dos próprios bancos, para sustá-lo ou reduzi-lo, na sua expressão.

5. *Quem tem medo da desintermediação? As conclusões possíveis: "reserva de mercado" ou submissão ao Banco Central*

Já assinalamos que o tema a nós confiado neste Colóquio compunha-se de instigantes indagações e questões.

Resumem-se, na verdade, a saber quais as conseqüências do fenômeno da desintermediação financeira nos dias atuais e no futuro, e quais as medidas legais e regulamentares novas que, a partir da existência real desse mercado marginal, devem ser recomendadas.

O tema da presença de instrumentos de desintermediação, incentivados ou não por políticas monetárias, econômicas e fiscais restritivas ou onerosas, ou, ainda, pela maior flexibilidade e agilidade dessas empresas, libertas de normas regulamentares e da pressão fiscalizatória pública, este tema suscita, também, questões relativas à intervenção governamental nesses segmentos ou o estabelecimento de uma espécie de "reserva de mercado" em proveito das instituições financeiras regulares.

O assunto enseja, ainda, discutir-se, nos tempos que correm e em face dessas considerações, versando a desintermediação financeira, um aparente paradoxo entre o interesse de proteção aos bancos, nas suas atividades, por força da intervenção inibitória do Estado, e os reclamos — sempre mais ouvidos — contra a presença da entidade estatal na economia, do que dão testemunho eloqüente os recentes programas de desestatização.

Supõe-se, assim, que um dos caminhos para solver a desintermediação, em proveito dos bancos, demandaria ou a vedação legal de atividades paralelas, mas com fito idêntico das desenvolvidas por essas instituições, ou a submissão dessas operações atípicas à disciplina e controle do Banco Central, como pretendem (quanto ao *factoring*, em particular) alguns projetos de lei em curso no Parlamento.

São medidas, entrementes, de intervenção do Estado no domínio econômico, que encontrariam amparo na perspectiva segundo a qual a legislação hoje existente já tem como desiderato principal proteger a sociedade contra a ação de instituições creditícias não regulamentadas ou não fiscalizadas.

Contrapõe-se a toda essa linha de argumentação o pensamento mais liberal que associa a liberdade do empreendedor ou do mercado ao desenvolvimento social e econômico, afastando a ação do Estado, exceto na órbita assistencial, genericamente considerada.

Esse *laissez faire* moderno, que sofre também acerbas críticas, propõe um modelo econômico vinculado às forças do mercado, o qual — por óbvio — desprezará atitudes de intervenção ou de restrição, procurando colocá-las em grau mínimo.

O desafio de equacionar, com equilíbrio, o fenômeno da desintermediação, como colocado, passa exatamente por resolver esse impasse que se estabelece entre as necessidades de crédito para financiar o desenvolvimento e as restrições impostas por decorrência do que chamamos, aqui, de dirigismo contratual, para conter em limites aceitáveis essa oferta de crédito.

Havendo limitações e imposições regulamentares, a resposta da sociedade é a de demandar e incentivar a presença de novos condutos de crédito, os quais, à evidência, florescem à margem dos caminhos bloqueados pela autoridade pública.

Podem-se propor, quiçá, como alternativa de solução para superar esse desafio da desintermediação, processos de assimilação de parte das instituições regulares perante os "produtos" criados e ofertados por esses mercados paralelos.

Essas sendas, já exploradas, ou em fase de exploração pelos bancos, podem responder afirmativamente ao próprio paradoxo, aqui proposto, pois nessa hipótese se combinariam um abrandamento de regulamentação e controle de parte da autoridade monetária com a oportunidade, para as instituições regulares, de alcançar e concorrer nesses mercados alternativos.

O tema, reconheça-se, merece novas e aprofundadas reflexões, para as quais nosso engenho e arte são limitados.

Abril de 1997

Atualidades

O ICMS E OS SERVIÇOS DE TRANSMISSÃO DE ENERGIA ELÉTRICA — NÃO-INCIDÊNCIA

JOÃO LUIZ COELHO DA ROCHA

1. O ICMS e a prestação de serviços de transporte. 2. Energia elétrica como mercadoria. 3. A transmissão da energia elétrica e o ICMS. 4. Conclusão.

1. O ICMS e a prestação de serviços de transporte

1. Sucedâneo do antigo ICM, o imposto contemplado no art. 155, II, da Constituição de 1988 absorveu toda a área de incidência daquele, e ainda incorporou ali na abrangência das hipóteses geradoras as prestações de serviços de transporte interestadual e intermunicipal e de comunicação.

2. Pretendendo um maior elastério dos fatos geradores, já no que toca à circulação de mercadorias, já no referente a tais serviços, acima, a Lei Fundamental vigente houve por registrar que o tributo incide "ainda que as operações e as prestações se iniciem no exterior".

3. No tocante à inserção, no corpo do tributo, daquelas prestações de serviços, o critério do contribuinte foi, assim, o de retirar da competência municipal a tributação — por meio do imposto sobre serviços, de titularidade dos entes políticos locais — sobre aqueles específicos serviços de transporte e de comunicações.

4. A opção discricionária dos Constituintes é sustentada por uma certa consistência dogmática, pois que o imposto sobre serviços e o ICM, desde suas respectivas criações, na esteira da ordem jurídica pautada pela Carta de 1946, e também no quadro constitucional de 1967, sempre foram impostos de gênero igual, como observamos em estudos como o de Bernardo Ribeiro de Moraes (*Curso de Direito Tributário*, Ed. Saraiva, 1982):

"A legislação brasileira, desde o nascimento do ISS, colocou este tributo na categoria econômica do imposto sobre a produção e a circulação. Assim estava classificado, ao lado do ICM, na Emenda Constitucional n. 18, de 1965, art.15, e no Código Tributário Nacional, CTN, Lei 5.172, de 25 de outubro de 1966 (art.71).

"A Constituição do Brasil de 1967 (art. 24, II), embora sem conter explicitamente a classificação dos tipos econômicos dos impostos, consagrou a mesma nomenclatura, daí por que constitui o ISS uma das modalidades de impostos sobre circulação de bens."

5. Certo, assim, que o ICMS desde 1988 incide especificamente:

— sobre operações de circulação de mercadorias;

— sobre prestações de serviços de transporte interestadual e intermunicipal;

— sobre prestação de serviços de comunicação.

2. *Energia elétrica como mercadoria*

6. Aqui neste trabalho estamos particularmente voltados a refletir sobre a amplitude do alcance das hipótese de incidência do tributo quanto à prestação dos serviços de transporte. Mais precisamente, no referente à sua cabível ou incabível invocação quando se cuida de transmissão de energia elétrica.

7. Parece inconteste, hoje, o fato de que a energia elétrica é, em rigor conceitual, para efeitos econômicos, *mercadoria*.

8. O termo "energia" vem do grego *energéia* (eficácia, ação, força) ou *ergon* (trabalho), daí o nome dessa força fisica tão essencial na vida contemporânea, onde se nota que, "assumindo o papel de mercadoria, a energia pode ser objeto de relações jurídicas" (*Enciclopédia Saraiva do Direito*, 32 pp. 120 e 124).

9. O respeitado Geraldo Ataliba, estudando o ICMS em seus traços constitutivos (in *RDT* 63/198), procura conceituar mercadoria para fins do tributo:

"A *mercadoria* está, portanto, para a 'cousa', como a espécie está para o gênero. Todas as mercadorias são necessariamente cousas: nem todas as cousas, porém, são mercadorias. Não há, como se vê, diferença de substância entre cousa e mercadoria, a diferença é de destinação (...)

"Vê-se, pois, que não é qualquer bem que pode ser, juridicamente, qualificado como mercadoria. Essa qualificação depende de dois fatores, a saber: (i) a natureza do promotor da operação que a tem por objeto e (ii) a destinação que a ela dá o seu titular: vender, mercar."

10. E ainda Alcides Jorge Costa, mais precisamente cotejando a energia elétrica como mercadoria para fins econômicos e de tributação (*RDT* 46/162): "Aqui poder-se-ia fazer uma pergunta: por acaso energia elétrica é mercadoria? Esse problema já foi objeto de muito debate em outras épocas, porque tempo houve em que o antigo imposto de vendas e consignações, predecessor do ICM, alcançava a energia elétrica. Mas me parece que a Constituição não deixa margem de dúvida, porque o inciso X diz que o imposto não incidirá sobre operações que destinem a outros Estados petróleo e, inclusive, lubrificantes, combustíveis líquidos e gasosos, dele derivados, e energia elétrica. Portanto, se o imposto não incide declaradamente sobre a energia elétrica remetida para outros Estados, é porque nas outras hipóteses incide mais ainda".

11. Em rigor jurídico, pois, não há como se descartar a energia elétrica como uma espécie — toda particular, é claro — de mercadoria.

3. *A transmissão da energia elétrica e o ICMS*

12. Talvez por isso a circulação econômica, mercantil, dela pudesse ser ou fosse *conceitualmente* sujeita ao mesmo ICMS, enquanto imposto sobre "as operações relativas à circulação de mercadorias". Não o é quando transborde das fronteiras de um Estado, por discrição constitucional, tanto que a Lei Maior confere a tais operações de circulação de energia elétrica a outros Estados (tal como de lubrificantes, combustíveis etc.) uma expressa imunidade quanto a esse tributo (art. 155 § 2º, X, "b").

12.1 A *ratio* do legislador maior excluído o imposto dos trâmites interestaduais se acha bem deduzida por Alcides Jorge Costa (*A Constituição Brasileira*, Ed. RT, 328-329) observando o eminente professor como a topicidade das geradoras elétricas e das refinarias, situadas em poucos Estados favoreceriam desequilibradamente estes em relação aos demais.

13. O *punctuns dolens* aqui, contudo, não diz com o ICMS sobre a circulação da energia elétrica, mas deste mesmo imposto quanto aos serviços de transporte, interestadual e intermunicipal, desta mesma energia.

14. As autoridades fazendárias estaduais evidentemente têm havido por adotar uma compreensão bem abrangente da incidência do ICMS nessas operações de transferência de energia elétrica.

15. Decerto por ser o Estado da Federação mais próximo ao manancial energético oriundo da Usina de Itaipu, o Paraná firmou logo posição na consulta 133/91 (envolvendo a empresa geradora e a concessionária que por assento legal transmite a energia daquela Usina ao sistema brasileiro) respondida pela Comissão Consultiva de sua Secretaria de Finanças: "(...) sofrendo, no entanto, isoladamente, o gravame do ICMS, as prestações realizadas por Furnas de serviço de transporte de energia elétrica adquirida por terceiros, diretamente à Itaípu, ou seja, quando atue ela na condição de prestadora de serviço de transporte de energia".

16. Em uma primeira aproximação, o art 155, II, da Carta, declarando como fato gerador do ICMS "a prestações de serviços de transporte interestadual e intermunicipal" surge o indicativo de que, tal como o minério, o açúcar e o aparelho eletrodoméstico, a energia elétrica seria uma mercadoria que, ao ser transportada para além das fronteiras de um certo Município, deflagraria a incidência do ICMS.

17. É bom atentar logo, contudo, para aquele § 2º, X, "b", da mesma Carta de 1988, que, conferindo imunidades relativas ao ICMS, declara não incidir (em deslize técnico do legislador maior, pois que está ele falando, evidentemente, de imunidade, não de não-incidência, pela flagrante distinção dogmática entre os institutos) o mesmo: "b) sobre operações que destinem a outros Estados petróleo (...) e energia elétrica".

18. Ora, há quem pondere que o legislador maior declarou a imunidade em "operações" que destinem certas mercadorias a outros Estados, e assim estaria abortando, por meio favorecido, o nascimento da obrigação tributária apenas na faceta do ICMS que diz com a circulação dos bens, não com a parte do mesmo que tributa os serviços de transporte destas mercadorias.

19. Contudo, é preciso perceber a peculiaridade da energia elétrica, matéria intangível, de grande volatilidade, de velocidade tão intensa que o seu parâmetro subverteu, tanto quanto a mecânica quântica, as concepções da física tradicional, no surgimento da teoria da relatividade.

20. Pois bem. A energia elétrica, no trato comercial, na sua operação de venda a terceiros, apresenta um fenômeno particularíssimo, e todo peculiar, tanto quanto é evidente para quem se detenha no assunto: *seu fornecimento a alguém se verifica e ocorre no mesmo ato e momento de sua transmissão.*

21. Ou, colocando esse conceito em outra expressão: a operação de circulação econômica da energia elétrica *é a sua própria transmissão.*

22. O mesmo não se poderia dizer da venda do açúcar, de minério, do aparelho eletrodoméstico: fornece-se, aliena-se, possivelmente em um ponto do circuito econômico, na fábrica ou no estabelecimento comercial do vendedor, e depois se transporta a mercadoria durante algum tempo, até o local designado pelo comprador.

23. Neste passo, a declaração de imunidade contida no § 2º, X, "b" do art. 155 da Constituição seria aplicável não somente à vertente pura e economicamente "circulatória" da energia elétrica transferida, senão também, de modo conseqüente, à própria transmissão dessa energia, que se realiza simultânea e imbricadamente à circulação econômica (venda, troca etc.) daquele produto energético. Tratando-se de transmissão de energia em âmbito interestadual não existiria, então, o tributo.

24. Há mais, porém, a considerar sobre essa pretendida e, em primeira hipótese teórica, concebível incidência do ICMS sobre serviços de transmissão de energia elétrica para além das fronteiras de um Município.

25. E aí estaremos entrando de novo naquele campo todo peculiar: o conceito ôntico da energia elétrica.

26. Pois que, como um produto energético todo especial, a força elétrica tem qualidades bem diferenciadas das outras resultantes no mundo físico. A energia mecânica, as forças cinemáticas do movimento, tudo isso são fenômenos do mundo físico que perdem em complexidade frente ao caráter todo próprio da força elétrica, muito mais volátil, muito mais intangível, e ao mesmo tempo muito mais potente.

27. Basta lembrar que a energia nuclear é um derivativo específico da energia elétrica.

28. Fica, decerto, bem difícil conceber-se um real "transporte" da energia elétrica, por isso que não se compadece com o conceito de transporte a realidade de um "produto" que não é tangível, que não é mensurável em volume, em área espacial, em cubagem.

29. De uma "mercadoria", energia elétrica, que não é estocável, que não se sujeita, por seus caracteres físicos, a ser guardada em compartimentos, em armazéns, em depósitos, em *containers*, fica difícil falar no seu "transporte".

30. Ocorre a alguém perguntar se, não sendo "transportada" a produção elétrica, ficaria ela, então, necessariamente no mesmo lugar?

31. Ao, evidentemente, responder pela negativa, cabe ao estudioso explicar que um fenômeno como a geração elétrica, ele se consome a todo momento, ou pelo seu uso nas suas várias aplicações (iluminação, força motriz etc.), ou pelo seu não-uso, pois, por não se estocar, a eletricidade não utilizada ali mesmo se extingue.

32. Nesta consideração acima, toda apropriada à fenomenologia elétrica, vai-se observar que a energia produzida na Usina de Itaipu, por exemplo, ela chega, *a cada mesmo momento de sua geração naquela Usina, aos centros consumidores*, em São Paulo, no Rio de Janeiro, ali onde o sistema integrado de torres e estações leve tal força elétrica.

33. É por isso que ninguém fala, a rigor, em "transporte" de energia elétrica, em "torre de transporte", mas em transmissão de energia, em "torre de transmissão".

4. Conclusão

34. Ao voltarmos os olhos ao disposto no art. 155, II, da Constituição de 1988, não podemos deixar de perceber que, falando em imposto incidente sobre a "prestação de serviços de transporte interestadual e intermunicipal (...)", o legislador maior estaria contemplando as atividades de transferência de bens qualificados pelas cargas terrestres, marítimas e aéreas.

35. Aquele caso acima reportado, concernente ao Estado do Paraná, é, até onde sabemos, o *leading case* sobre o assunto no País, estando ainda nas fases iniciais da discussão judicial a respeito, que se traduz em uma ação anulatória de débito fiscal ajuizada contra a Fazenda Estadual do Paraná.

36. Há certos indícios de que o STF, por exemplo, tende a prestigiar a tese do contribuinte, pela inexistência de tributação do ICMS nos serviços de transmissão de energia elétrica.

37. O acórdão de 14.6.89 do Plenário da Corte Superior, por votação unânime (*RT* 647/193), decidiu pela inincidência do tributo em serviços de transporte marítimo prestados no exterior com base na não-compreensão desse tipo de serviço de transporte no escopo do convênio então regulador da matéria, esclarecendo o relator, Min. Néri da Silveira, que, nesse descrímen legal, "trata-se apenas de transporte internacional por via rodoviária, ferroviária e hidroviária, nada aludindo ao transporte marítimo".

38. Ora, a tese da Corte Superior é a de que somente os tipos de transporte contemplados, especificados, na legislação complementar à Constituição se sujeitam à incidência do ICMS. A transmissão de energia elétrica, esta atípica forma de transferir a carga elétrica, não está tratada em lugar nenhum.

39. E mesmo agora, com o advento da Lei Complementar 87/96, cumprindo, enfim, com muito atraso, o ditame constitucional para os balizamentos estruturais do ICMS, o que se observa é que, mesmo falando o legislador qualificado (art. 2º, II) em "prestações de serviços de transporte interestadual e intermunicipal, *por qualquer via* (...)," todo o contexto descritivo da lei, ao referir-se à prestação dos serviços, denota um óbvio caráter temporal/espacial nesses transportes que ensejam a tributação.

40. Isto quer dizer que há sempre a pressuposição de um transporte entre dois pontos espaciais (duas cidades, dois Estados etc.), realizado ao longo de um certo tempo, e com momentos de começo e de fim diferenciados.

41. Veja-se: "O imposto incide também: I — sobre o serviço (...) *cuja prestação se tenha iniciado no exterior*" (art. 2º, § 1º, II).

"É também contribuinte a pessoa física ou jurídica que, mesmo sem habitualidade: (...) II — seja destinataria de serviço prestado no exterior *ou cuja prestação se tenha iniciado no exterior* (art. 4º, parágrafo único, II).

"O local da operação ou da prestação, para os efeitos da cobrança do imposto e definição do estabelecimento responsável, é: (...) III — tratando-se de prestação de serviço de transporte: a) *onde tenha início a prestação*" (art. 11, II, "a").

"Considera-se ocorrido o fato gerador do imposto no momento: (...) V — *do início da prestação de serviços* de transporte interestadual e intermunicipal, de qualquer natureza" (art. 12, V).

42. A Lei Complementar é, assim, muito insistente em qualificar o serviço de transporte com o qual ela se preocupa, o qual ela submete à tributação, como uma atividade alongada no tempo, uma ação de carga que começa em uma certa hora, em um dado local, e vai terminar em outro momento, em outro local.

43. Veja-se, por exemplo, como o Regulamento do ICMS do Estado do Rio de Janeiro, ora em rigor, ao esmiuçar, como é próprio dos tratos regulamentares, a documentação fiscal referente ao ICM sobre prestação de serviço de transporte (itens 476 e ss.), somente se reporta a transporte de cargas por veículos (aéreos, marítimos, terrestres), em nenhum momento se louvando em "transporte" de energia elétrica.

44. Não se há de supor que o Fisco estadual teria se esquecido de tratar da documentação tributária, que é compulsória por lei, nas transferências de energia elétrica.

45. O que se pode concluir é que inexiste a incidência do ICMS nos serviços de transmissão de energia elétrica, por não se compadecer com a idéia de transporte de mercadorias embutida no conceito do tributo, daí por que não existe o trato do documentário fiscal nas prestações de serviços de transmissão de energia.

46. A energia elétrica, por aqueles componentes conceituais acima, é, pois, inteiramente incompatível com sua transposição por meio de carretas, caminhões, aviões, helicópteros, navios, barcos etc.

47. Não era, por certo, a ela que a Constituição se referia ao modular a hipótese de incidência do ICMS na prestação de serviços de transporte.

Março de 1997

Atualidades

CONCEITO DE PREPOSTO

SÉRGIO SÉRVULO DA CUNHA

1. Os dicionaristas não têm sido felizes ao traçar o conceito de preposto.

Veja-se, por exemplo, a definição de De Plácido e Silva, segundo a qual só seria preposto o locador de serviços com poder de representação. Compare-se essa definição com o que dizem o Código de Processo Civil (art. 149, parágrafo único), o Código Tributário Nacional (art. 135, II) e a Consolidação das Leis do Trabalho (art. 843, § 1º).

Os conceitos de preposto, utilizados nesses códigos, não conferem entre si. Assim como não conferem com o uso do termo "preposto" no art. 1.521, III, do Código Civil, ou nos arts. 74 e ss. do Código Comercial.

O termo "preposto" — impõe-se a conclusão — é equívoco. A análise desses usos mostrará que eles são aplicações particulares do conceito geral de preposto; que a aplicação mais comum desse conceito encontra-se no sistema de responsabilidade (civil, comercial e tributária); e que seria um erro tomar-se pelo conceito geral alguma de suas aplicações particulares.

2. Em sentido etimológico, prepor (*prae-ponere*) é pôr algo, ou alguém, antes (ou à frente) de algo ou alguém.

Esse o sentido geral, de que derivam os demais. Para efeitos jurídicos, preponente é quem põe outro em seu lugar; preposto é quem foi posto, pelo preponente, em seu próprio lugar. Ou seja, o agir do preposto é, para algum, ou para todos os efeitos, agir do preponente: *qui mandat, ipse fecisse videtur*.

Como tal se entendem os empregados em sentido estrito (aqueles com quem há relação de emprego), o mandatário, o comissionário, o locador de serviços, o representante comercial, o agente; ou seja, todo aquele que age no lugar do preponente, enquanto age em lugar do preponente.

Para efeito de responsabilidade, uma primeira distinção: entre aquele que age no lugar do preponente e em nome do preponente (*v.g.* o empregado, o mandatário) e aquele que age no lugar do preponente mas não em seu nome (*v.g.* o comissionário — e, em alguns casos, o locador de serviços — o representante comercial, o agente). Em todos esses casos, note-se, houve outorga de poder pelo preponente; embora não necessariamente de poder de representação. Outra distinção a ser feita é entre o preposto que age no lugar e em nome do preponente sob sua dependência (o empregado) e o que age no seu lugar e em seu nome, mas sem relação de subordinação (o mandatário). Por último, pode importar distinguir o laço eventual entre preponente e preposto, e o vínculo permanente que os una.

3. O primeiro uso desse termo em Português, ainda com sua forma latina (*preposito*), é o anotado por frei Joaquim de Santa Rosa Viterbo (*Elucidário das Palavras, Termos e Frases que em Portugal Antigamente se Usaram*, Porto-Lisboa, Livraria Civilização, ed. crítica, 1966): "primeiro prelado, e como geral em um só mosteiro, e todas as suas granjas, igrejas e residências."[1]

Essa a acepção registrada por Rodrigo Fontinha (*Novo Dicionário Etimológico da Língua Portuguesa*, Porto, Ed. Domingos Barreira): "antigamente, o prelado de alguns conventos."

O mesmo Fontinha assinala, para "prepor": "pôr antes, antepor, preferir; nomear ou indicar alguém para dirigir ou chefiar um serviço". E para "preposto": "colocado à frente de um negócio".

Esse significado de preposto como alguém "colocado à frente de um negócio" equipara-o ao "institor": "aquele que é escolhido pelo proprietário ou pela direção de uma empresa para gerir superiormente os negócios atinentes a essa empresa" (idem). Cândido de Figueiredo considera o preposto "o mesmo que institor". E Silveira Bueno diz ser, preposto, o "colocado à frente de, indicado, nomeado chefe de alguma administração, cargo ou função".

Daí a confundir-se o preposto com o feitor (gerente) ou o mandatário foi um passo. Teixeira de Freitas, com evidente despreocupação científica, consigna: "preposição, de ordinário, é o contrato pelo qual um preposto figura como mandatário do preponente" (*Vocabulário Jurídico*).

4. Por três razões o Código Comercial brasileiro (1850) cuida dos prepostos: para a) estabelecer o conteúdo dos seus poderes (arts. 76, 77 e 85); b) disciplinar suas relações com os respectivos preponentes (arts. 78 a 84) e c) fixar a responsabilidade do preponente, em face de terceiros, por atos do preposto (art. 75).

O art. 78 designa os prepostos como "agentes de comércio", e o art. 75 define-os ostensivamente ao dizer que "os preponentes são responsáveis pelos atos dos feitores, guarda-livros, caixeiros e outros quaisquer prepostos praticados dentro de suas casas de comércio, que forem relativos ao giro comercial das mesmas casas, ainda que se não achem autorizados por escrito".

Prepostos, portanto, são os feitores, os guarda-livros e os caixeiros. Mas não só estes: também quaisquer outros submetidos a regime assemelhado.

Daí haver Antônio Bento de Faria (*Código Comercial Brasileiro Anotado*, Rio, Jacintho Ribeiro dos Santos, 1912, p. 44) considerado como prepostos os auxiliares do comerciante que dele dependem; são prepostos os auxiliares que se acham "imediatamente subordinados ao patrão ou dono do negócio; não têm a qualidade de comerciante, só agem em nome e por conta de outrem".

Nesses artigos do Código Comercial, mais do que nos artigos do Código Civil pertinentes à locação de serviços, encontra-se a raiz do que se chamaria, posteriormente, relação de emprego, ou contrato de trabalho. Estabeleceu-se o conceito de "preposição comercial" como correspondente à relação entre patrão e empregado, ao vínculo durável, com dependência ou subordinação (v. Pontes de Miranda, *Tratado de Direito Privado*, t. 48, §§ 5.130 e ss.). Pontes ressalta que "muitos prestam serviços sem serem empregados, sem a incrustração na empresa ou na própria residência de quem concluiu o contrato. Emprego supõe permanência, ou, pelo menos, propósito bilateral de permanência" (idem, t. 47, § 5.048.3).

O sentido da "preposição comercial" está nítido nesse texto de José Xavier Carvalho de Mendonça: "Para o expediente do negócio ou da casa comercial, o comerciante não pode prescindir de auxiliares dependentes, sob as suas ordens e direção. Tais auxiliares denominam-se prepostos comerciais ou empregados no comércio. O

1. *Proposto* é forma arcaica de preposto, usada, por exemplo, por José da Silva Lisboa, nos seus *Princípios de Direito Mercantil*, Lisboa, Imprensa Régia, 1815: "os seguradores não respondem pelos fatos dos comissários, agentes ou propostos dos segurados; porque estes devem a si imputar o fazer uso do ministério de pessoas capazes de faltarem a seu dever por negligência, ou fraude" (t. I, p. 64).

Código Comercial retirou os prepostos da parte propriamente contratual, colocando-os a par dos comerciantes (arts. 35 e 74 e ss.), ao contrário de outros códigos que os consideram mandatários" (*Tratado de Direito Comercial Brasileiro*, v. II, Rio, Livraria Ed. Freitas Bastos, 1933, p. 434).

Nas disposições acima referidas, o Código Comercial utiliza o termo "preponente" como correlato a "preposto", e reserva o termo "comitente" para designar aquele que entrega "comissão" (v. arts. 165 a 190, relativos à comissão mercantil). Em seu sentido mais amplo de direito privado, o termo "comitente" é próximo ao termo "preponente". "Comitente é a pessoa que, por livre nomeação ou mera designação de fato, encarrega outra de um serviço qualquer ou comissão, quer gratuita, quer retribuída, no seu próprio interesse, quer permanente, quer ocasional" (João M. Franco e Herlander A. Martins, *Dicionário de Conceitos e Princípios Jurídicos*, Coimbra, Almedina).

Tanto o preponente quanto o comitente entregam incumbência, ou dão autorização para a prática de algum ato; a diferença está em que o preposto recebe poder (autorização) para a prática de atos compreendidos na esfera de direitos do preponente; ou seja, não tem como agir licitamente, no caso, sem essa autorização.

5. Diz o art. 1.521 do Código Civil brasileiro que "são também responsáveis pela reparação civil"(...) III — O patrão, amo ou comitente, por seus empregados, serviçais e prepostos, no exercício do trabalho que lhes competir, ou por ocasião dele".

Essa redação, que veio do projeto original de Clóvis Beviláqua (art. 1.644), passou incólume pelo projeto revisto (art. 1.815), pelos debates e votações na Câmara e no Senado. Durante a longa tramitação do projeto ninguém se preocupou com ela, embora trouxesse inovação substantiva ao sistema da responsabilidade aquiliana.

São duas as fontes imediatas dessa redação: o *Esboço* de Teixeira de Freitas, em seu art. 3.665, e o Código Civil francês, em seu art. 1.384. O primeiro considerou responsáveis pelo ilícito também "os amos e patrões, quanto ao dano causado por seus criados, domésticos e prepostos em geral, no exercício das funções em que os empregaram ainda que tais empregados sem ordem deles, ou fora de suas vistas, cometam o dano". E o segundo diz que são responsáveis "os patrões e os comitentes, pelo dano causado por seus domésticos e prepostos nas funções em que foram empregados".

Conclui-se, desses textos, que amos e patrões são preponentes; e que criados, serviçais e empregados são prepostos; mas que, no gênero *"preposto"* inclui-se uma outra espécie de prepostos, os "prepostos em geral", que têm relação com um "comitente".

6. O sentido que se dá ao termo "preposto", na interpretação desse artigo, tem variado de autor para autor, conforme o fundamento que atribua à responsabilidade pelo fato de outrem. Ou seja: não é o significado do termo "preposto", previamente conhecido, que determina a compreensão do texto, mas a compreensão do texto — com o atendimento à sua finalidade — é que tem determinado, aí, o que podemos designar como um conceito *ad hoc* de preposto.

Assim, para quem considera a culpa *in eligendo* como o fundamento da responsabilidade pelo fato de outrem, a tendência é valorizar-se, na definição de "preposto", que tenha sido escolhido, encarregado ou nomeado pelo responsabilizando; prepostos, em tal caso, seriam também o mandatário e o comissionário. Se o autor considera, como fundamento da responsabilidade pelo fato de outrem, a culpa *in vigilando,* a tendência é considerar como preposto todo aquele que exerce função sob a vigilância, as ordens ou a dependência do responsabilizando, o que excluiria o mandatário e o comissionário.

E assim por diante, conforme se tenha como fundamento daquela responsabilidade a vantagem do responsabilizando (*cujus commoda eius incommoda*), o fato da representação — que confundiria as duas personalidades (v. Alvino Lima, *A Responsabilidade Civil pelo Fato de Outrem*, Rio, Forense, 1973, p. 73) — a garantia (idem, p. 77), ou o risco. Sempre que se distende a responsabilidade pelo fato de outrem, distende-se o conceito de preposto. Tribunais franceses, na aplicação do supracitado art. 1.384, têm entendido como preposto o filho, o irmão, o amigo do proprietário de um automóvel, ou a mulher de um comerciante que o ajuda (v. *C. Civil*, ed. Dalloz, 1971-1972, p. 593).

Essa fluidez do conceito, assim como a multiplicidade das teorias, decorre da necessidade de se formular o elemento compreensivo de todos os casos concretos de responsabilidade pelo fato de outrem, de se identificar a razão comum que justifique a decisão semelhante (*ubi eadem ratio, ibi eadem legis dispositio*).

Se a própria norma não definiu o termo expressamente — como tantas vezes acontece — e se definição uniforme não é encontrada na tradição, o elemento individualizado torna-se compreensível a partir da apreensão do respectivo contexto (v. J. Habermas, *Conhecimento e interesse*, Ed. Guanabara, 1987, p. 172).

Considerando-se o termo definiendo (no caso, "preposto") como uma incógnita, seu sentido será aquele que satisfizer as proposições em que esse termo opera no respectivo contexto ou sistema.

7. Nem sempre o termo "preposto" tem a ver com o sistema de responsabilidade aquiliana: pode ser que a relação envolvida seja de natureza negocial.

Aguiar Dias já chamou a atenção para a confusão que se costuma fazer, principalmente em matéria de transportes, entre esses dois sistemas de responsabilidade. Cabe a citação *ipsis litteris*, não obstante longa:

"O monumental tratado dos irmãos Mazeaud elucida com muita precisão o ponto em que se verifica o equívoco que tem levado muitos tribunais a aplicar o princípio delitual à responsabilidade contratual, notadamente nos transportes. A causa da confusão está em que a responsabilidade contratual, geralmente, emerge de relações entre o responsável e a vítima, com exclusão de qualquer interveniência: é o caso padrão do devedor que não cumpre a obrigação ao tempo e pela forma ajustados.

"Acontece, freqüentemente, que o contrato não é executado única e pessoalmente pelas partes contratantes, que recorrem a auxiliares, aos quais distribuem diferentes funções. Verificada a inexecução, dela emerge a responsabilidade. Sua natureza é contratual, porque deriva de relações entre contratantes. Contratual é a ação da parte prejudicada pelo inadimplemento. Acontece porém que o devedor, não se tendo pessoalmente encarregado de realizar o ato ou série de atos em que ocorreu o dano, mas havendo incumbido essa tarefa a um ou mais dependentes, até porque lhe seria impossível atender a tantos encargos simultâneos de uma empresa de largas proporções, não intervém com ação imediata e direta na produção do dano. O erro, imprevisão, negligência, imprudência, enfim, o ato de que decorreu o dano, pode ser de um dos seus auxiliares. Mas a responsabilidade, para a apuração da qual se tem em mira a inexecução do contrato, é do contratante.

"Nos transportes e em outros contratos, determinados pela crescente industrialização e pelo vulto dos negócios modernos, ocorre, assim, o que se considera a responsabilidade contratual por fato de outrem. Isso quer dizer que o responsável, contra quem age a vítima, não é o causador direto do dano, que, ao revés, resulta de ato de terceiros, cujas conseqüências devem por aquele ser reparadas" (*Da Responsabilidade Civil*, Rio, Forense, 1960, pp. 225-226).

Pontes de Miranda faz a mesma advertência, em texto mais sintético, mostrando que o disposto no art. 1.523 do Código Civil não pode ser estendido aos casos de responsabilidade negocial (ob. cit., t. 53, § 5.502.8).

Para o figurante no negócio é indiferente se o devedor agiu por si próprio, se utilizou empregados ou outra espécie de auxiliar.

A responsabilidade negocial, à falta de disposição das partes em contrário, é sempre objetiva: "Não cumprindo a obrigação ou deixando de cumpri-la pelo modo e no tempo devidos, responde o devedor por perdas e danos" (Código Civil, art. 1.056). A culpa a que se refere o art. 1.057 caracteriza-se com o mero descumprimento da obrigação; somente o caso fortuito ou força maior excluem o dever de indenizar (art. 1.058).

Para o caso de inadimplemento, dispõe o Código Civil português, em seu art. 800º (atos dos representantes legais ou auxiliares): "1. O devedor é responsável perante o credor pelos atos dos seus representantes legais ou das pessoas que utilize para o cumprimento da obrigação, como se tais atos fossem praticados pelo próprio devedor".

Esse é, sem dúvida, o significado do termo "preposto", sob o prisma da responsabilidade negocial.

Santos, março de 1997

AS CENTRAIS DE RISCO E O SIGILO BANCÁRIO*

CARLOS ALBERTO HAGSTROM

1. O comércio bancário, por sua própria natureza, é atividade de alto risco. Diversos, com efeito, são os riscos a que estão expostas as instituições financeiras: os riscos de investimentos, de flutuação de taxas de câmbio, de alteração das taxas de juros, de crédito etc. Por outro lado, os fatores de risco estão, na atualidade, consideravelmente ampliados, não apenas em função de crises econômicas e financeiras locais, mas, sobretudo, em decorrência da "globalização" da economia e da crescente interligação e interdependência dos mercados financeiros e de capitais.

2. Ao se falar em centrais de risco, cuida-se, essencialmente, do risco de crédito, singelamente conceituado como o perigo que resulta para o banco credor em decorrência da possibilidade de inadimplemento do seu cliente devedor.[1] O inadimplemento pode, é claro, ter causas diversas; uma delas poderá ser o acúmulo de dívidas do cliente, inclusive junto a diversos bancos. Daí a necessidade de o banco, seja aquele já emprestador, seja aquele que recebe um novo pedido de empréstimo, ter informações sobre o grau de endividamento do cliente, entre outras úteis na análise para concessão de crédito.

3. A centralização de riscos pode ser útil sob vários aspectos, como, por exemplo, no fornecimento de dados para as análises das autoridades de supervisão bancária ou das autoridades encarregadas da formulação de políticas creditícias, de ordem geral ou específicas para determinados setores. É evidente, porém, que a finalidade essencial das centrais de risco é reunir informações sobre os devedores do sistema financeiro, seu grau de endividamento e de cumprimento das obrigações contratadas, possibilitando avaliar adequadamente o risco de cada operação.

4. Tão importante é o *risk management*, modernamente, que, no âmbito do *Bank for International Settlements* (BIS), o Comitê de Supervisão Bancária (o chamado "Comitê de Basiléia") vem formulando diretrizes e recomendações sobre a matéria, à luz de um documento que se tornou conhecido como "Acordo de Basiléia". Assim, diretrizes adotadas em 1988 e 1991 estabeleceram padrões para a adequada capitalização dos bancos e para o controle dos riscos de crédito.

5. No Brasil, o Conselho Monetário Nacional fixou "limites mínimos de capital realizado e patrimônio líquido, ajustado" (Anexo II da Resolução 2.099, de 17.8.94), e estabeleceu "a obrigatoriedade de manutenção de valor de patrimônio líquido, ajustado na forma da regulamentação em vigor, compatível com o grau de risco da estrutura de ativos" (Anexo IV da mesma Resolução).

* Texto elaborado a partir de palestra proferida pelo autor no I Colóquio Brasil/Portugal sobre Administração e Direito Bancário, Rio de Janeiro, setembro/96.

1. "On a pu dire que le risque bancaire est le danger qui résulte, pour le banquier prêteur, de la défaillance éventuelle de son débiteur" (Raymond Farhat, *Le Secret Bancaire*, Librairie Générale de Droit et de Jurisprudence, 1970, p. 186).

6. Ao que parece, a primeira experiência em termos de centralização de riscos nasceu entre banqueiros franceses atuando na Argélia. O certo é que já na década de 30, os bancos franceses, incentivados pelo Poder Público, uniram-se, informalmente, para troca de informações sobre os créditos concedidos em certas praças (em geral, regiões em que predominava uma atividade econômica específica). Mais tarde, em 1946, o Banco de França apresentou um projeto de central de riscos, sob sua gestão.[2] Essa central de riscos apresentou, em sua implementação, as seguintes características principais:

a) divisão dos créditos em categorias de risco;

b) em cada categoria, os bancos deveriam informar à central, periodicamente, o montante global de créditos concedidos a um mesmo cliente, acima de certo limite;

c) o montante de créditos concedidos a um tomador e por ele utilizados seria informado pela central aos bancos já credores desse cliente e aos que pretendessem conceder créditos ao mesmo;

d) as informações fornecidas pela central consistiriam apenas em indicação do montante dos créditos declarados, sem identificação de operações específicas ou dos bancos declarantes.

7. É interessante notar que o Banco de França tem, além da central de riscos, outros serviços de informações, como a central de cheques não-pagos, o cadastro de empresas, a central de balanços de empresas e a central de incidentes de pagamento de "efeitos comerciais".[3] De todo modo, a partir da experiência francesa, centrais de risco surgiram em outros países, desenvolvendo-se sobretudo nas décadas de 60 e 70.

8. Afirma-se que a gestão do Banco de França dá à central de riscos um caráter "público". Por outro lado, entende-se que, tal como estruturada, a central preserva o "segredo dos negócios".[4] Chegando, assim, ao tema fundamental desta exposição, a questão que se coloca é como situar as centrais de risco ante o dever de segredo bancário (decorrente, em nosso país, de norma específica: o art. 38 da Lei n. 4.595/64). Essa questão suscitou controvérsias e levou Raymond Farhat a indagar se a comunicação de informações com o objetivo de prevenir a realização de riscos constituiria uma exceção ao dever de segredo bancário ou se a justificação para a prestação de tais informações faria desaparecer seu caráter de ilegalidade.[5] Hoje, contudo, as controvérsias suscitadas ante a criação das centrais de risco estão, ao menos teoricamente, superadas.

9. Deve-se ter presente, em primeiro lugar, que os bancos sempre atuaram como tomadores e como prestadores de informações. De fato, de um lado, estabeleceu-se e difundiu-se entre os estabelecimentos bancários a praxe de busca de informações cadastrais sobre seus clientes; de outro, passaram os bancos a ser procurados por terceiros (comerciantes, por exemplo) desejosos de obter informações sobre a situação geral dos clientes, em especial quanto à moralidade comercial, solvabilidade, capacidade econômico-financeira etc. Em muitos países esses fatos fizeram com que se tornasse prática comum, em quaisquer contratações, a espontânea indicação, pelos interessados, de suas referências ban-

2. Robert Henrion apresenta minucioso relato acerca da criação da central de riscos francesa e das normas operacionais inicialmente adotadas, em sua obra *Le Secret Professionnel du Banquier*, ed. Institut de Sociologie de l'Université Libre de Bruxelles, 1968, pp. 88/93.

3. V., para detalhes sobre as diversas centrais de informações, *La Banque de France et la Monnaie*, publicação do Banco de França, 1986, pp. 142-148.

4. P. Caboue, *apud* Henrion, ob. cit., p. 92.

5. "La question qui se pose est celle de savoir si les renseignements communiqués en vue de prévenir la réalization des risques constituent une exception à l'obligation au secret bancaire ou bien la justification qu'ils présentent, leur enlève le caractère d'illégalité?" (Farhat, ob. cit., p. 189).

cárias. Nesse contexto, dentre as chamadas "derrogações" do segredo bancário, sempre se admitiu a existência daquelas resultantes dos usos bancários, decorrentes de necessidades e particularidades próprias da atividade bancária. Nesses casos, estaria configurado o interesse legítimo do banco, judicialmente reconhecido em famosa decisão da Justiça inglesa, em 1924 (*Tournier v. National Provincial Unionbank*), que admitiu exceções ao segredo "where disclosure is under compulsion of law, where there is a duty to the public to disclosure, *where the interests of the bank require disclosure*, where the disclosure is made by the express or implied consent of the customer".[6] Trata-se, aqui, de hipóteses de derrogação que se incluem dentre aquelas ditas "naturais", isto é, não previstas expressamente na legislação específica.[7]

10. O certo é que sempre houve troca de informações entre os bancos, inclusive no interesse dos próprios clientes tomadores de empréstimos e com o consentimento destes, ainda que tácito (mediante, por exemplo, indicação de suas fontes de referências bancárias). Assim, a criação de centrais de informações e a adoção de outras medidas, como a elaboração das chamadas "listas negras" (indicativas de situações de insolvência ou de inadimplência, incluindo-se a emissão de cheques sem provisão), são iniciativas que passaram a ser vistas como procedimentos naturais e de interesse geral. Aliás, conhecida decisão judicial francesa (Corte de Apelação de Colmar, 1961), referindo-se à prestação de informações da espécie, reconheceu que tal procedimento não é reprovável, sendo "estabelecido no interesse do crédito e da economia em geral".[8]

11. Doutrinariamente, foram apresentadas, em síntese, as seguintes justificações para o afastamento do dever de segredo bancário no que se refere à prestação de informações às centrais de risco:

1º) a divulgação de informações está restrita, no caso, ao âmbito dos próprios bancos e dos entes de supervisão (bancos centrais ou entidades equivalentes), todos obrigados ao dever de segredo;

2º) as informações que circulam entre os bancos e as centrais de risco são limitadas, isto é, referem-se apenas a montantes de créditos concedidos, sem revelar particularidades de cada operação;

3º) os bancos formam, hoje, um *sistema*, de enorme importância para o funcionamento da economia, em geral. A correta avaliação dos riscos de cada operação contribui para o adequado funcionamento do sistema e seu fortalecimento, fato que é de interesse geral;

4º) o intercâmbio de informações e sua centralização contribuem para a adequada distribuição do crédito, fato também de interesse geral;

5º) o funcionamento das centrais de risco não acarreta prejuízos, afetando apenas os clientes faltosos (maus pagadores, por exemplo);

6º) as centrais de risco reforçam os controles das autoridades de supervisão bancária e são, também por isso, benéficas ao sistema financeiro e aos próprios poupadores e investidores.

12. Pelas razões alinhadas, concluem os autores, dentre eles Raymond Farhat, que o intercâmbio de informações por intermédio de centrais de risco configura hipótese de afastamento ("derrogação") do dever de segredo bancário.[9] No caso, portanto, não há que cogitar de "quebra" de sigilo bancário. Ressalte-se, ademais, que não se registrou oposição relevante nos países em que já implantadas aquelas centrais.

6. Henrion, ob. cit., p. 81.

7. V., a propósito, Sérgio Carlos Covello, *O Sigilo Bancário*, LEUD, 1991, pp. 181 e ss.; Henrion, ob. cit., pp. 81 e ss.

8. Farhat, ob. cit., p. 188; Henrion, ob. cit., p. 93.

9. Farhat, ob. cit., p. 191.

13. Destaco, por fim, a opinião de Carlos Gilberto Villegas, defendendo a criação de centrais de riscos particulares. Com efeito, depois de sustentar que, à luz da legislação argentina, para não se caracterizar violação do dever de segredo, as centrais de risco somente poderiam ser criadas e administradas pelo Banco Central, ou, ainda, pelas associações de bancos, desde que as informações circulassem apenas entre as entidades associadas, afirma:

"De todos modos, se hace necesario permitir la creación de estas centrales aun por particulares. Ello debiera estar expresamente previsto en la ley y extenderles la obligación de secreto, para que dicha información no salga del sistema bancario. Algo similar a lo que ocurre con los auditores externos (Ley 22.051).

"La utilidad que pueden brindar al buen funcionamiento del sistema bancario estas centrales, debe incentivar y facilitar su creación."[10]

14. Para finalizar, registro que o Banco Central do Brasil está concluindo estudos para implantação de uma central de riscos oficial, buscando, assim, aperfeiçoar o sistema financeiro nacional e tornar mais eficaz o trabalho de supervisão bancária.

10. *Compendio Jurídico, Técnico y Práctico de la Actividad Bancaria*, Ed. Depalma, 1989, p. 334.

ANOTAÇÕES SOBRE A LEGITIMAÇÃO PARA REQUERER A APURAÇÃO DE HAVERES

José Alfredo Ferrari Sabino

1. Introdução. 2. O aparente conflito de princípios. 3. O vínculo pessoal nas sociedades. 4. Natureza jurídica da apuração de haveres. 5. A sociedade de segundo grau. 6. Conclusão.

1. Introdução

Não muito recente acórdão do Superior Tribunal de Justiça foi objeto de acendrada crítica em artigo publicado na seção jurisprudência comentada do n. 100 desta *Revista.*[1] Cuidava-se de decisão sobre os efeitos, no campo societário, da partilha em separação consensual na qual quotas de sociedade limitada haviam sido atribuídas a um dos cônjuges, não-sócio, sem manifestação favorável dos demais sócios. O contrato social da referida sociedade vedava expressamente a "cessão" ou "transferência" das quotas a terceiros sem o expresso consentimento da sociedade (leia-se, dos demais sócios).

O mencionado acórdão,[2] julgando em instância superior pedido de apuração de haveres formulado pelo cônjuge não-sócio, a quem as quotas foram atribuídas em partilha, expressou o entendimento de que: "A ação de apuração de haveres em sociedade comercial por quotas de responsabilidade limitada cabe somente a quem dela seja sócio, não se equiparando a tal quem adquire quotas de outro sócio, ainda que por partilha em dissolução de casamento pelo 'regime da comunhão de bens'".

A crítica ao acórdão, ora sob atenção, centrou-se no argumento de que a ação de apuração de haveres deve ser atribuída, também, a despeito do teor literal do art. 15 do Decreto 3.708, de 10.1.19, àquele a quem foram transferidas quotas involuntariamente, sem, entretanto, adquirir a condição de *sócio.* Tal seria o caso do ex-cônjuge de quotista de sociedade limitada ao qual, por força da lei civil, foram partilhadas (e transferidas?) as quotas, na separação consensual do casal.

A tarefa a que se propõe esse estudo é tentar contribuir no relaxamento da tensão que se põe, naturalmente, entre as duas visões — diametralmente opostas — do problema. Não é necessário destacar que teremos em foco apenas os conceitos manejados quer pelo acórdão, quer pela sua crítica.

1. O acórdão foi publicado na *Revista de Direito Mercantil, Industrial, Econômico e Financeiro*, Ed. RT,outubro-dezembro/95, na seção "Jurisprudência Comentada", sendo objeto dos comentários críticos do prof. Celso Barbi Filho.

2. Ac. un. da 3ª T. do Superior Tribunal de Justiça, proferido em 14.12.92 no julgamento do REsp 29.897-4-RJ, rel. Min. Dias Trindade.

2. *O aparente conflito de princípios*

Cumpre observar que o problema de que nos ocupamos encerra um aparente dilema. Já se viu que a hipótese, em termos bastante gerais, pode ser reduzida à questão dos efeitos da partilha, em dissolução de sociedade conjugal, com relação à sociedade cujas *quotas* foram atribuídas a ex-cônjuge não-sócio. Seria possível subir-se um degrau na escala de abstração e incluir-se no tema em análise também outras hipóteses de "transferência involuntária das quotas, decorrente de imposição legal". Nosso intuito, entretanto, é restringir o estudo à situação específica que foi examinada no acórdão do Superior Tribunal de Justiça citado no preâmbulo, sem bem que — cabe aqui o registro — o que se concluir para este caso amolda-se confortavelmente às demais hipóteses.

De acordo com os cânones civilistas, o regime matrimonial da comunhão de bens importa a formação de um patrimônio conjugal uno, com a automática transferência dos bens adquiridos por qualquer dos cônjuges ao outro. Esse estado de comunhão cessa, ainda segundo a lei civil, com a partilha em juízo, amigável ou não, dos bens e direitos do casal, individualizando-se, então, o patrimônio de cada um dos consortes.

No campo societário, ao seu turno, prevalece o muito prestigiado princípio de que, nas sociedades de pessoas, as partes sociais não se transferem senão sob a condição de prévio consentimento dos sócios. Protege-se, com isso, o caráter pessoal desta espécie de associação, constituída *intuitu personae*.

Não se tem notícia, salvo engano, de exigência de consentimento dos sócios para celebração e dissolução de matrimônios, que corriqueiramente envolvem membros de sociedades de pessoas. Está posto, portanto, o dilema: qual dos dois postulados de direito privado que aparentemente se contrapõem deve, nestes casos, ceder? Em outros termos, a transferência da participação societária não consentida pelos sócios opera efeitos regulares?

Ressalte-se, nesse ponto, que o dilema — real ou aparente — que vem de ser exposto se situa no plano da exegese, pois nosso ordenamento jurídico não se posiciona através de cláusula legal expressa acerca do tema.

O acórdão do Superior Tribunal de Justiça, já se viu, adotou a linha, mantida em julgamentos posteriores,[3] de recusar a eficácia da transferência, com relação à sociedade, a despeito de não se pronunciar — pois não provocado por via própria — acerca da situação jurídica em que colocado o ex-cônjuge não-sócio. O autor do comentário crítico ao julgado, sensível aos apelos modernos da liberdade de associação e da circulação dos bens econômicos — de resto, consagrados constitucionalmente —, entende que, ao contrário do que quedou decidido, "deve a apuração de haveres ser considerada, pelo menos, como o único direito assegurado ao sócio não-quotista, para que possa receber o que lhe pertence no patrimônio social".

3. *O vínculo pessoal nas sociedades*

Já que nosso sistema jurídico, segundo majoritariamete se entende, se filia à concepção jusfilosófica positivista no particular aspecto de que a solução para os dilemas que se colocam perante o aplicador do Direito deve ser procurada na lei — em sentido lato —, põe-se primeiramente o desafio de compreender, em toda sua extensão, os princípios diretores da atuação legislativa em matéria societária. Essa diretriz geral traduz-se, aqui, na certeza de que, para além das opções particulares do intérprete, nosso ordenamento jurídico oferece uma solução para o problema posto, cabendo ao estudioso ou aplicador da lei apenas desvendá-lo.

3. V., p. ex., o acórdão proferido no julgamento do RMS 2.5597-MT, 3ª T. do STJ, *DJU* de 5.3.95.

Nessa direção, o primeiro passo é a constatação da relevância que o sistema legal reconhece ao vínculo pessoal nas chamadas sociedades de pessoas. Aqui e alhures se registra que a vetusta distinção entre sociedades de pessoas e de capitais perde a cada passo nitidez, o que é de se reconhecer verdadeiro. É claro que, na medida em que ganha relevância no conjunto dos empreendimentos a grande corporação (*corporation*), de que são reflexo a progressiva juridicização e preeminência do conceito de *empresa*, desvanecem os contornos daquela distinção. Todavia, no estágio de evolução em que se encontra o direito pátrio, não se pode, ao menos até aqui, prescindir de todo da classificação, que ainda atende quer à necessidade de sistematização, quer aos anseios pragmáticos, à falta de critério que com vantagem o substitua.

Nas sociedades de pessoas o vínculo pessoal entre os sócios é considerado a razão primeira da própria *affectio societatis*. De se lembrar a lição de Rubens Requião:[4] " Com efeito, as sociedades chamadas de pessoas são as que se constituem tendo em vista a pessoa dos sócios. Os sócios entre si, cada um deles, escolhem os seus companheiros. A sociedade assim se forma em atenção às qualidades pessoais dos sócios".

É por isso que se diz que as sociedades de pessoas são *intuitu personae*, nas quais a constituição e manutenção da associação dependem fundamentalmente da consideração que cada sócio guarda das qualidades pessoais dos demais.

Desde a edição do Decreto 3.708, de 10.1.1919, a doutrina em peso identificou no tipo societário ali previsto — sociedade por quotas — nova espécie de sociedade de pessoas. É muito conhecida, ademais, a evolução que sofreu essa forma de sociedade, que passou a ser freqüentemente utilizada como vestimenta jurídica até de grandes corporações. A doutrina e a jurisprudência não ficaram insensíveis a essa realidade, ao reconhecer que os quotistas, instituindo contratualmente a livre transmissibilidade das quotas, poderiam conferir feição capitalista à associação. Rubens Requião[5] registrou, há tempos: "Temos, para nós, que a sociedade por cotas de responsabilidade limitada constitui sociedade de pessoas; não podemos, porém, deixar de nos impressionar com a circunstância de que os sócios, na elaboração do contrato social, lhe podem dar um cunho *capitalístico*, quando permitem a cessão de cotas a estranhos, sem a necessária anuência dos demais".

O caso de que nos ocupamos é de sociedade por quotas de feição personalista, já que se cuidava da tradicional figura da "sociedade familiar", em que, aliás, vem-se sustentando, *ainda*, a maior parcela das empresas nacionais. O vínculo pessoal se afigurava, para os sócios, elemento primordial para a manutenção da *affectio societatis*.

Releva estabelecer essa constatação, pois ela remete a análise da nossa hipótese de estudo para o campo das sociedades sujeitas à disciplina do Código Comercial. O sistema do Código, com os temperamentos que a evolução jurisprudencial lhe impôs, deita raízes, no capítulo da dissolução das sociedades, no vínculo pessoal entre os sócios. Nesse particular, mostra-se elucidativo o pronunciamento de Hernani Estrella,[6] após referir a ainda útil classificação entre sociedades de pessoas e de capital:

"Por isso, quando outro mérito não tenha, a classificação tradicional serve, ao menos, para evidenciar a maior relevância que, nas entidades do primeiro grupo, apresenta o *intuitu personae*.

4. *Curso de Direito Comercial*, Saraiva, 1979, 9ª ed., 1º v., p. 320.

5. Ob. cit., p. 320.

6. *Apuração dos Haveres de Sócio*, 2ª ed., Rio de Janeiro, Forense, 1992, p. 30. V., ainda, Egberto Lacerda Teixeira, *Sociedades Limitadas e Anônimas no Direito Brasileiro. Estudo Comparativo*, Saraiva, 1987, pp. 79 e 80.

"Dessa consideração deriva ficarem elas expostas a dissolver-se pela superveniência de fatos que afetam a qualquer dos sócios. Esta conseqüência prende-se, como diz Francis Valleur, à idéia geral de que, no liame jurídico, a consideração de uma pessoa foi a determinante. O fim se comunica, aqui, de um elemento pessoal. E este fenômeno aparece em todas as fases de vida da relação, para expô-la a uma causa de morte. Em suma, do nascimento às mudanças e à realização do vínculo jurídico, o *intuitu personae* lhe põe um freio e o expõe a inúmeras causas extintivas."

É importante o registro. As hipóteses de dissolução das sociedades relacionadas no art. 335 do Código Comercial — em especial a da alínea 5ª, por declaração unilateral de vontade de qualquer sócio, que particularmente interessa a este estudo — têm sua *ratio essendi* no vínculo pessoal entre os sócios, cujo abalo, por qualquer motivo, deve, em princípio, levar à extinção da própria sociedade.

4. *Natureza jurídica da apuração de haveres*

Construído sobre essas bases, o sistema do Código Comercial vem sendo, todavia, amenizado sob o influxo da necessidade modernamente identificada de preservação da empresa. Sobretudo na modalidade por quotas de responsabilidade limitada, que alcançou a preferência das médias e, às vezes, grandes empresas, a sociedade mercantil demonstrou constituir relevante fator de progresso econômico-social, fonte de produção de riquezas e postos de trabalho. Daí por que, com o passar do tempo, pôs-se em relevo o princípio da preservação da sociedade, que presidiu ao abrandamento da aplicação de algumas das hipóteses, reconhecidamente rigorosas, de dissolução *ipso iure* das sociedades de pessoas.

Nessa direção, a jurisprudência veio a admitir num primeiro momento que disciplina diversa fosse conferida pelos sócios, no contrato social, àqueles casos legais de extinção da sociedade, desde que respeitado o princípio de proteção da liberdade individual de associar-se ou manter-se associado. Em estágio seguinte, evoluiu-se para recusar o direito potestativo ilimitado de qualquer sócio de, por ato unilateral, decretar a dissolução da sociedade por tempo indeterminado, construindo-se o conceito da dissolução parcial, ao qual está intimamente correlacionado o instituto da apuração de haveres.

Dessa evolução nos dá breve notícia Hernani Estrella:[7] "Também a circunstância de ser a sociedade por tempo indeterminado não implica seja fatal dissolver-se, sempre que assim o deseje qualquer sócio. Pois, se pactuada ficou a continuidade dela, apesar da morte ou retirada de algum dos associados, se garantiram recíproca e igualmente a faculdade àquele que quisesse se desligar, levantando os cabedais que na sociedade possuísse, esta continuará a subsistir em relação aos demais. Tem-se por essa forma substituído o direito de renúncia pelo de afastamento ou despedida. Concilia-se perfeitamente a liberdade de um com a dos outros, que não desejam desligar-se do regime societário, nem levar a empresa à extinção. Todas essa convenções são fundadas e legítimas. Têm inteiro apoio tanto no Código Comercial (arts. 289, 291, 302, 308 e 335), como nas leis posteriores (Lei de Falências, art. 48; Código de Processo Civil, arts. 471 e 668), e já agora não há ninguém que ponha em dúvida a validade de semelhantes pactos. Uma jurisprudência esclarecida e uniforme lhes tem dado exeqüibilidade concreta".

Nessa ordem de idéias, a apuração de haveres é o instrumento de que se serve o sócio que se retira (ou, em hipótese que está fora de nosso objeto de estudo, o sucessor do sócio falecido) para levantar e receber a parte que lhe cabe no patrimônio da socie-

7. Ob. cit., pp. 60-61.

dade.[8] Cuida-se, pois, de modalidade de *actio pro socio*, que os romanos colocavam à disposição dos sócios para lograr o reconhecimento judicial de direitos e obrigações derivados do contrato de sociedade. É ação própria do sócio, a ser direcionada contra os demais sócios e/ou a sociedade, veículo de invocação de pretensões defluentes do vínculo societário.

Cumpre-nos registrar que por outra vertente também se desenvolveu a ação de apuração de haveres, porém ainda conservando a natureza de *actio pro socio*.

É conhecida a disposição do art. 15 do Decreto 3.708, de 10.1.1919, que outorga aos sócios que divergirem da alteração do contrato social a faculdade de se retirarem da sociedade, obtendo o reembolso da quantia correspondente ao seu capital. Tem-se, aí, hipótese particular de resilição parcial do contrato de sociedade (Hernani Estrella),[9] que vem acudir o minoritário dissidente. Considerado por Rachel Sztajn[10] "instituto equilibrador das relações societárias", o direito de recesso exerce relevantes funções no permanente jogo de interesses entre os detentores da maioria do capital social e os minoritários. Ora, sendo espécie de resilição parcial — da modalidade motivada — do contrato de sociedade, o direito de recesso se exerce através do mecanismo da apuração de haveres. É, igualmente, ação do sócio (não foi ao acaso escolhida a expressão legal: "Assiste aos sócios...").

O direito de recesso legalmente previsto foi considerado também ponto de partida para a construção da teoria da dissolução parcial das sociedades de pessoas. Rubens Requião comenta:[11] "O instituto da dissolução parcial, que veio aperfeiçoar o da dissolução da sociedade comercial, amenizando o sistema do Código Comercial, tem a sua técnica apoiada na apuração dos haveres do sócio que morre, se retira ou é excluído. Mesmo que o contrato social não preveja a forma do recesso, a jurisprudência tem dado amplitude analógica ao preceito do art. 15 do Decreto 3.708, de 1919, que regulou a retirada do sócio divergente (...). Sobre esses preceitos criou-se a doutrina da *apuração de haveres*".

Assim se conclui que a apuração de haveres é *actio pro socio*, orientada ao levantamento e pagamento dos direitos patrimoniais do sócio que, nas hipóteses permitidas em lei ou no contrato social, se retira da sociedade. Ou, em termos ainda mais gerais, é instrumento da resilição parcial do contrato de sociedade.

5. *A sociedade de segundo grau*

Com o que vem de se expor, começa a ganhar forma a nossa conclusão: na linha do acórdão do Superior Tribunal de Justiça, não é possível deferir-se a apuração de haveres a não-sócios, seja por motivos de ordem dogmática, pois se trata, como visto abreviadamente, de típica *actio pro socio*, que decorre das relações estabelecidas entre os sócios; seja por motivos de ordem prática, já que, para atender a suposto ditame de justiça, estar-se-ia impondo à empresa um prejudicial desfalque de capital.

Este último aspecto merece um momento de reflexão. Abstraídos os obstáculos legais à solução preconizada pelo autor dos comentários críticos ao acórdão, afigura-se, ainda assim, incompatível com o estágio evolutivo atual do nosso direito das sociedades o reconhecimento da apuração de haveres aos contemplados pelas chamadas "transferências involuntárias de quo-

8. Valemo-nos da expressão com a ressalva de que evitamos nos posicionar acerca do critério aplicável à determinação dos haveres, alvo de acesa discussão.

9. Ob. cit., p. 119.

10. "O direito de recesso nas sociedades comerciais", *RDM* 71/50 e ss., julho-setembro/88, onde a autora oferece interessante enfoque do direito de recesso.

11. *Curso de Direito Comercial*, 6ª ed., Saraiva, 1976, p. 367.

tas". Se, de um lado, tal entendimento *parece* atender melhor aos propósitos do comércio jurídico e à liberdade individual de associação, de outro, semelhante solução se apóia no sacrifício, por vezes com coloração dramática, da própria empresa, alvo de progressiva proteção pelas modernas legislações.

A decisão do Superior Tribunal de Justiça, portanto, sobre manter-se fiel aos postulados de nossa dogmática jurídica (respeito ao vínculo pessoal que anima as associações personalistas; reforço da natureza de *actio pro socio* da apuração de haveres etc.), consegue evitar, aí já como efeito colateral digno de nota, que a sociedade sofra um inesperado e certamente prejudicial desfalque de capital. Alinha-se, com isso, às mais recentes tendências de conferir primazia ao princípio da conservação da empresa, em toda a sua extensão.

Mas, poder-se-á indagar, como o fez o autor dos comentários, *quid iuris* com relação ao cônjuge ao qual, na partilha, foram atribuídas as quotas da sociedade? O acórdão do Superior Tribunal de Justiça não oferece resposta a tal perquirição, como, aliás, dele foi pela parte sucumbente reclamado. Não nos parece que no âmbito da ação de apuração de haveres devesse ser sinalizada essa conseqüência.

O nosso ordenamento jurídico, entretanto, apresenta a resposta: forma-se entre os dois cônjuges, após a separação, uma sociedade de segundo grau ou subordinada, consoante expressa previsão da parte final do art. 334 do Código Comercial ("A nenhum sócio é lícito ceder a um terceiro, que não seja sócio, a parte que tiver na sociedade, nem fazer-se substituir no exercício das funções que nela exercer sem expresso consentimento de todos os outros sócios, pena de nulidade do contrato; *mas poderá associá-lo a sua parte, sem que por esse fato o associado fique considerado membro da sociedade*").

Como bem se vê, a solução se encontra em consagrado instituto de direito comercial, com contornos precisados e sedimentados pelos comentários da doutrina e pelas decisões judiciais. J. X. Carvalho de Mendonça assim se manifesta sobre essa espécie de associação:[12] "Ao sócio não é vedado associar terceiro à sua parte na sociedade, isto é, dividir com este os lucros e perdas que lhe tocarem nos balanços anuais ou na liquidação final. Esta associação entre o terceiro e o sócio não equivale à cessão da quota, visto não constituir o terceiro membro da sociedade, este não passa de simples associado do sócio, sem que o fato tenha o menor reflexo na sociedade. *Socii mei socius, meus socius non est*".

Ao nosso sentir, a situação do ex-cônjuge não-sócio pode ser aproximada analogicamente com mais propriedade à do sócio do sócio (terceiro que, associado à quota, não interfere com a sociedade) do que à do próprio sócio, deferindo-lhe ação exclusiva deste. Tal entendimento não é estranho à jurisprudência[13] ou à doutrina. Nesta última, uma das melhores páginas sobre o assunto pode ser encontrada na obra já citada de Hernani Estrella:[14]

"A conciliação (entre o direito das sociedades e o direito comum) se nos afigura perfeitamente possível, sem o mais mínimo conflito entre as duas ordens de relações. Com efeito, a regra posta no Código do Comércio (arts. 334 e 349), por força da qual nenhum sócio pode ceder a outrem que não seja sócio a parte que tiver na sociedade, ou, ainda, exigir que a mesma lhe seja entregue, enquanto o passivo social não estiver pago, essa regra pode coadunar-se satisfatoriamente com as normas do direito civil. Nas respectivas esferas de incidência, a regra particular, ditada para a sociedade, e as prescri-

12. *Tratado de Direito Comercial Brasileiro*, v. III, p. 116, n. 644. V., ainda, Pontes de Miranda, *Tratado de Direito Privado*, 3ª ed., t. 49, Ed. Borsói, p. 85.

13. O próprio acórdão sob comentário cita decisão nesse sentido do TJSP, publicado na *RT*, 624/91.

14. Ob. cit., pp. 365-366.

ções gerais do direito de família e sucessões podem coexistir, sem que se verifique a colisão temida. Assim, como é lícito a qualquer sócio, mesmo sem o consentimento explícito dos outros, interessar terceiro na sua parte na sociedade, criando-se, então, o que se sói chamar *sócio de sócio* (Código cit., art. 334), esta mesmo comparticipação poderá ocorrer, já agora, não como ato de vontade, mas, sim, *ministerio legis*. Se, por exemplo em virtude da extinção da comunhão conjugal, um dos cônjuges tiver direito à quota de capital do seu consorte, ou, ainda, se, em conseqüência de sucessão *causa mortis,* o valor dessa quota tiver de ser inventariado, num e noutro desses casos, ter-se-á criado situação análoga àquela prevista no art. 334 precitado. À semelhança do que se passa com o terceiro (sócio de sócio), que é completamente estranho à sociedade, também, o cônjuges de sócio ou os seus herdeiros ficam colocados como comunheiros em relação à quota social. Esta comunhão incidente necessária perdurará, normalmente, enquanto a entidade comercial subsistir, e até que o seu passivo esteja inteiramente solvido (Código cit., art. 349). Até então, e a menos que não convenham os outros sócios, alterando-se para tal efeito o pacto social, a quota se conservará em nome do cônjuge desquitado ou viúvo, com todos os direitos e obrigações em face da sociedade e de terceiros (Código Comercial, art. 329).

"Todavia, os lucros e vantagens que venham, a partir daí, a caber a esse sócio, deverão ser entregues, no que couber, ao outro cônjuge, ou aos seus herdeiros. Assim podem harmonizar-se as duas ordens de disposição legais, aceitando-se sem dificuldade a solução apontada pela doutrina e jurisprudência dominantes."

6. Conclusão

Coerente com o que foi exposto, julgamos que a saída que nosso ordenamento jurídico oferece para o dilema de início colocado não se situa (i) quer na atribuição de legitimidade ao ex-cônjuge não-sócio para pleitear a apuração de haveres, (ii) quer na recusa pura e simples de qualquer efeito no campo societário da partilha homologada em juízo. A solução está, ao nosso ver, como preconizam Hernani Estrella e outros autores, no reconhecimento da formação de uma sociedade subordinada ou de segundo grau entre os dois ex-cônjuges, por força da partilha, seja porque as partes nisso anuíram, seja porque outra divisão não se mostrou possível, pela inexistência de bens suficientes ao preenchimento do quinhão do ex-cônjuge não-sócio.

Em 15 de setembro de 1996

Mercosul

MERCOSUL — NORMAS DE IMPLANTAÇÃO — FORÇA VINCULANTE

Comunicação para o I Seminário Ibero-Brasileiro de Direito Público (Tema 3 — Mercosul — Legislação e Tributação)

JOSÉ ALFREDO BORGES

1. Introdução. 2. Tratado internacional - Disciplina jurídica. 3. Regime constitucional brasileiro. 4. Discriminação constitucional de rendas — Fundamentos. 5. Tratado internacional — Âmbito de validade. 6. Mercosul — Normas de implantação — Força vinculantes. 7. Bibliografia.

1. Introdução

Desde 1º de janeiro de 1995 que se encontra em vigor o Mercosul, Mercado Comum do Sul, constituído entre a República Argentina, a República Federativa do Brasil, a República do Paraguai e a República Oriental do Uruguai, por meio do *Tratado de Asunción*, firmado em 26 de março de 1991.

Dentre as medidas pactuadas, conforme assinalado no art. 1º do *Tratado de Asunción*, há que se destacar que o Mercado Comum do Sul implica:

— a *livre circulação de bens, serviços* e fatores produtivos entre os países signatários, através, entre outros, da *eliminação dos direitos alfandegários* e restrições não-tarifárias à circulação de mercadorias e de qualquer outra medida de efeito vinculante;

— o *estabelecimento de uma tarifa externa comum* e a adoção de uma política comercial comum *em relação a terceiros Estados* ou agrupamentos de Estados e a coordenação de posições em foros econômico-comerciais regionais e internacionais.

Dispôs, ainda, o art. 2º do *Tratado de Asunción* que o Mercosul se fundaria na reciprocidade de direitos e obrigações entre os Estados signatários. E o art. 7º determina que, *em matéria de impostos*, taxas e outros *gravames internos, os produtos originários do território* de um Estado-parte gozarão, nos outros Estados-parte, o mesmo tratamento que se aplique ao produto nacional.

Preocupa-nos — e constitui o móbil da presente comunicação — a verificação da força vinculante de tais normas ajustadas, no que toca aos Estados Federados, notadamente com relação aos Estados-membros da Federação, províncias e outras subdivisões políticas. É que dois dos Estados signatários — Brasil e Argentina — são Estados federais, em decorrência do quê se atribui competência tributária às diversas esferas de governo. De outro lado, como a solução constitucional de quase todo Estado Federal é atribuir ao ente central a competência para representar o País no plano externo, celebrando tratados com outros Países, por exemplo, resta saber se esta competência interfere, de alguma forma, na repartição de competências tributárias determinada na mesma Constituição, questão cujo deslinde é fundamental para conferir maior segurança às relações externas e aos ajustes decorrentes das mesmas.

Esta preocupação deve caber, também, a todas as partes que compareçam a um foro internacional qualquer, para celebração de um tratado. Todos devem estar atentos para os requisitos e os cuidados necessários à celebração de tratados internacionais que envolvam a participação de Estados Federados, a fim de evitar a imputação de invalidade ou a inaplicabilidade dos mesmos, em prejuízo para as partes contratantes e para os objetivos colimados pelos acordos ajustados.

No caso do Mercosul, ao lado destas dúvidas assinaladas há que se anotar um dado da realidade, de como vem se processando a constituição efetiva deste mercado comum: no que toca ao Brasil, pelo menos, os Estados-membros da Federação estão inteiramente alijados das negociações, que vêm se processando por autoridades federais, com o auxílio de consultores e assessores especializados nos diversos assuntos em pauta por elas (pelas autoridades federais) convidados.

Não se tem notícia, sequer, de grupo de trabalho no âmbito da Comissão Técnica Permanente do Imposto sobre Operações Relativas à Circulação de Mercadorias e de Prestação de Serviços de Transporte Interestadual e Intermunicipal e de Comunicações — COTEPE/ICMS, órgão preparatório das minutas de convênios entre os Estados e Distrito Federal, a serem objeto de deliberação pelo Conselho de Política Fazendária — CONFAZ, órgão colegiado que congrega os Secretários de Fazenda dos diversos Estados-membros e do Distrito Federal e o Ministro da Fazenda. É neste colegiado que se decidem as exonerações em matéria de ICMS, tributo da competência dos Estados-membros — se bem que com características nitidamente nacionais — e que tem, na Constituição Federal, uma disciplina casuística que não deixa ao Estado-membro qualquer margem de decisão com relação à descrição da hipótese de incidência do tributo e de sua conseqüência, ou seja, à descrição da relação jurídica que se instaurará quando da ocorrência do fato jurídico tributário. E nem deixa ao Estado-membro, unilateralmente, a mais mínima parcela de discrição com relação às exonerações em matéria de ICMS, sejam totais ou parciais, e revistam a forma que for: isenção, redução de base de cálculo, redução de aliquota, concessão de créditos presumidos etc.

Qualquer exoneração, ainda que restrita a uma determinada região, tem que ser concedida pela decisão unânime dos Estados-membros, manifestada em convênio firmado para tanto, nos termos do disposto em lei complementar (Constituição da República Federativa do Brasil, art. 155, XII, "g").

A única exceção a essa regra é a possibilidade, também estabelecida pela Constituição da República Federativa do Brasil, de se isentar do ICMS, mediante lei complementar, as exportações de serviços e outros produtos além dos industrializados, que são beneficiários de imunidade (art. 155, § 2º, XII, "e").

Há que se registrar que a lei complementar mencionada pelo texto constitucional brasileiro nos dois dispositivos assinalados é um tipo especial de lei, que exige o quórum qualificado de maioria absoluta para sua aprovação (Constituição da República Federativa do Brasil, art. 69).

E, quanto aos Municípios, que no Brasil têm *status*, constitucionalmente assentado, de entes autônomos politicamente (pessoas políticas), detendo competência para tributar a prestação de serviços, inclusive a encomendantes estabelecidos no Exterior, não se tem, igualmente, notícia de seu envolvimento com relação a decisões relacionados com o Mercosul.

Vem, então, a indagação: será que um regime constitucional tão rígido poderia ser contrariado através de um tratado celebrado pelo Brasil, através da União, e que dispusesse sobre exonerações no que toca ao ICMS, estadual, ou o ISS, municipal?

De se crer que não, pois isto resultaria em negar efetividade ao próprio princípio federativo, basilar de todo Estado federado, e que, no caso do Brasil, é colocado entre as chamadas "cláusulas pétreas", ou seja, matérias que só se admite sejam regidas, ou alteradas, pelo Poder Constituinte originário, não podendo ser objeto de tratamento sequer por emenda constitucional (Constituição da República Federativa do Brasil, art. 60, § 4º), que se traduz em manifestação de Poder Constituinte derivado.

2. *Tratado internacional — Disciplina jurídica*

Em trabalho datado de 10 anos atrás ("Tratado internacional em matéria tributária como fonte de direito", in *RDT* 27-28/161-178, jan./jul. 1984), procurando estabelecer a natureza jurídica do tratado, e verificar quais as normas de regência de sua revogação e eficácia (força vinculante), trabalho desenvolvido sob a ótica de uma análise no aspecto exclusivamente jurídico do tema, chegamos à conclusão — posição que mantemos, pois, neste particular, o quadro não se alterou — de que é a Constituição de cada Estado soberano que determina, em seu território, o âmbito de validade do tratado internacional.

Naquela oportunidade, avaliando diversos estudos a respeito da ordem jurídica, interna e internacional, chegamos à conclusão de que inexiste, ainda, um Direito Internacional Comum, assim entendido um conjunto de regras certas que obriguem a todos os Estados. Ou seja, inexiste, ao menos por enquanto, uma supra-ordenação em relação ao Direito interno de cada País, ainda que se possa admitir que a mesma esteja em fase de gestação, porque já embrionária.

Veja-se o que ali foi exposto:

Mantendo, assim, a análise no âmbito exclusivamente jurídico, inexiste um Direito Internacional, seja formal, seja consuetudinário — ao menos por enquanto —, o que fulmina a teoria monista de prevalência de um Direito Internacional sobre o nacional.

Sainz de Bujanda[1] e Giuliani Fonrouge,[2] restringindo seu estudo ao Direito Tributário, negam, igualmente, a existência de um Direito Internacional Tributário Comum, assim entendido um conjunto de regras certas que obriguem a todos a Estados. Este Direito, segundo Sainz de Bujanda, estaria ainda em estado embrionário. E Fonrounge, respaldado em Chrétien, é enfático: "Tambien es corriente extender la llamada 'inmunidad fiscal' a los representantes diplomáticos, por razones de cortesia internacional y no por la existencia de una obligación (...) y por cierto que el examen del Derecho Positivo confirma la tendência a eximir en alguna medida a los representantes extranjeros, pero sin que el uso constituya una regla obligatoria a título de costumbre general o de principio general". Dentre nós, Oscar Tenório[3] já ad-

1. Sainz de Bujanda, *Hacienda y Derecho (Estudios de Derecho Financiero)*, v. III, Madrid, Instituto de Estudios Políticos, 1963, p. 442.

2. Giuliani Fonrouge, *Derecho Financiero*, 3ª ed., v. I, Buenos Aires, Depalma, 1976, p. 326.

3. Oscar Tenório, *Direito Internacional Privado*, 4ª ed., Rio, Freitas Bastos, 1955, p. 472.

vertia que, a rigor, não se devia falar em Direito Fiscal Internacional.

Se inexiste, portanto, um Direito Internacional regulador, dentre outras matérias, dos tratados internacionais, de sua aplicação, ratificação, revogação, enfim, de sua eficácia no espaço e no tempo, as normas e princípios jurídicos que vão cuidar de tal ato, delineando-o no plano jurídico, serão as normas contidas no Direito interno de cada país. A questão é, pois, estritamente, de Direito Constitucional, e a solução vai ser a solução ditada pela Constituição de cada Estado soberano, que podem ou não ser coincidentes, dependendo da vontade geral da coletividade de cada Estado manifestada na Lei Fundamental respectiva.

Neste sentido é o magistério de Sainz de Bujanda,[4] Pontes de Miranda,[5] Celso de Albuquerque Melo[6] e Franceschini,[7] dentre outros. Mirkine-Guetzévitch[8] e Santi Romano,[9] de forma implícita, e pela ênfase que dão à análise da matéria à luz da Constituição, manifestam-se, pode-se dizer, no mesmo sentido.[10]

Correta, pois, a teoria monista, que defende a primazia do Direito interno, sendo as regras reguladoras dos tratados internacionais — e os próprios tratados, após ratificados — parte deste Direito. Mas há que se fazer um breve reparo: não se trata, na verdade, de primazia, eis que esta suporia, necessariamente, a existência do Direito Internacional, mera parte, como visto, do Direito interno de cada país.

Desta forma, é a Constituição de cada país que vai regular a celebração, revogação e eficácia do tratado internacional. E isto vem sendo feito desde a Constituição Americana de 1787 (art. VI, item 2), passando pela Constituição de Weimar de 1919 (art. 4º) e pela Constituição Austríaca de 1920 (art. 9º) e chegando às mais recentes Cartas Políticas, a exemplo da Lei Fundamental de Bonn, de 1949 (art. 25), da Constituição Francesa de 1958 (art. 55), da Constituição de Angola de 1975 (art. 59), da Constituição da Argélia de 1976 (art. 158), da Constituição de Portugal de 1976 (arts. 8º, 138 e 164), da Constituição da República Popular da China de 1978 (art. 25) e da Constituição da Espanha de 1978, que dedica todo um capítulo à matéria (arts. 93 e ss.).

As soluções variam de Estado para Estado, mas grande parte das Constituições é expressa no sentido da absorção dos tratados pelo Direito interno do país.

4. Sainz de Bujanda, ob. cit., v. III, p. 194. Sainz de Bujanda chega a definir o "Direito Tributário Internacional" como o conjunto de normas de Direito interno que disciplinam relações jurídico-tributárias cujos elementos — pessoais, reais ou formais — ficam insertos dentro do âmbito de eficácia de ordenamentos de diversos Estados.

5. Pontes de Miranda, *Comentários à Constituição de 1967 com a Emenda n. 1 de 1969*, 2ª ed., t. III, São Paulo, Ed. RT, pp. 115, 329 e 330.

6. Celso de Albuquerque Melo, "Os tratados na Constituição", in *As Tendências Atuais do Direito Público*, Rio, Forense, 1976, pp. 119-166. O autor, no entanto, faz colocações ambíguas, sugerindo a existência não só de um Direito Internacional mas, mais ainda, de um Direito Internacional Constitucional (p. 122).

7. José Inácio Franceschini, "Conflito entre os tratados internacionais e as normas de Direito interno que lhes forem posteriores", in *RT* 556/28-30, fev. 1982, Brasil.

8. Mirkine-Guetzévitch, *Evolução Constitucional Européia (Ensaio Sintético)*, Rio, José Konfino, 1975, pp. 131 e ss.

9. Santi Romano, *Princípios de Direito Constitucional Geral*, São Paulo, Ed. RT, 1973, pp.368 e ss.

10. De se notar que até mesmo defensores da teoria monista da prevalência do "Direito Internacional" sobre o Direito interno de cada país, como José Carlos Faleiro ("A supremacia dos acordos internacionais sobre a legislação interna", in *Comentários ao Código Tributário Nacional*, v. III, pp. 71-90, São Paulo, Bushatsky, 1977), acabam se contradizendo, e vão buscar fundamento para tal posição na circunstância de que algumas Constituições proclamam ou teriam proclamado a subordinação do Direito interno ao Internacional, esquecendo-se de que, nesta hipótese, só há a prevalência porque o Direito interno assim o determinou.

Agora, no plano da prevalência ou não da norma abrigada em cláusula de tratado internacional sobre a norma de Direito interno que não tenha esta origem, as soluções são variáveis. Um Estado determina a prevalência da norma veiculada no tratado sobre todas as normas infraconstitucionais integrantes do Direito interno, e que não tenham aquela origem. Outro Estado — caso das Federações — já coloca no mesmo plano a norma originária de tratado e a norma que não o é, mas, porém, *emanada do Poder Legislativo Federal*; determinando a prevalência, contudo, caso a norma que não tenha origem em tratado *integre a legislação dos demais entes autônomos politicamente* que não o poder central (União). Um terceiro Estado, apesar de colocar, também, no mesmo plano as normas originárias de tratado com as normas federais que não têm essa origem, não estabelece, todavia, qualquer relação entre aquelas primeiras e as normas emanadas dos Estados-membros ou de outras pessoas de Direito Público interno dotadas de autonomia política — *caso do Brasil*, como se verá à frente. E outros regimes são encontrados, não interessando, aqui, indicar todos.

O que é importante assinalar é que estas soluções, a nível constitucional, são reflexos da ideologia adotada pelo Estado respectivo e das diretivas decorrentes da mesma (da ideologia), proclamada explícita ou implicitamente no próprio texto da Carta Política.

Em termos históricos, José Inácio Franceschini[11] anota resistência à prevalência do denominado "Direito Internacional" desde a Convenção sobre Tratados, assinada em Havana, em 20.2.28, na VI Conferência Interamericana. Os arts. 10 e 11 da Convenção mencionada declaravam a primazia do Direito Internacional, o que levou a delegação de El Salvador a negar seu voto à mesma e a delegação da Bolívia a fazer reservas.

E o que se verifica hoje é o acentuamento disto, com uma tendência recente no sentido de salvaguardar a soberania dos Estados, o que se notaria mesmo na Convenção sobre Direito dos Tratados de Viena, de 1969, em seu art. 27, conjugado com o art. 46.[12]

Salienta, mais, Franceschini,[13] em abono dessa tendência, que a Carta de Direitos e Deveres Econômicos dos Estados, aprovada pela Assembléia-Geral da ONU em dezembro de 1974, estabeleceu que, em matéria de transferência de tecnologia, fez-se prevalecer entre os países economicamente menos desenvolvidos o conceito de primazia das normas de Direito interno sobre as internacionais.

E esta tendência é constatada também no Brasil.

3. Regime constitucional brasileiro

A Constituição brasileira cuida de forma expressa, em diversos dispositivos, dos tratados internacionais, a saber: arts. 21, I, 49, I, 84, VIII, 102, III, "b", e 105, III, "a". Tal referência expressa, contudo, não faz com que só possam ser invocados, com relação à matéria, os dispositivos mencionados, eis que os princípios gerais constitucionais, abriguem-se onde for, assim como outras normas relacionadas diretamente com o assunto, terão que ser necessariamente compulsados, como o recomenda a interpretação sistemática. E, se assim não se fizer, corre-se o risco de dar às normas contidas nos dispositivos citados uma interpretação ofensiva às normas fundamentais do sistema abrigadas em outros artigos da Constituição, o que se constituirá em erro palmar. Um exemplo: interpretação que se dê a qualquer dispositivo constitucional que implique negação ao regime federativo consagrado no art. 1º não

11. Franceschini, ob. cit., RT 556/32

12. Idem, ibidem.

13. Idem, pp. 32-33.

tem respaldo jurídico, porque ofensiva a princípio basilar da Carta Magna.

Assim, tendo tal cuidado metodológico, passemos a alguns temas centrais da matéria.

A competência para celebração de tratados internacionais[14] é atribuída, comumente, ao Poder Executivo. No caso das Federações, ao Poder Executivo da União, ente central.

Alerta Santi Romano[15] que é função essencialmente executiva aquela pela qual o Estado se relaciona com outros sujeitos da comunidade internacional. Isto como decorrência do "princípio geral, acolhido tanto nas Monarquias como nas Repúblicas, de que pertence aos chefes dos Estados, sejam eles indivíduos ou corpos comum colegiados, a competência de representar internacionalmente o próprio Estado (*jus representationis omnimodae*)".

Isto não impede que a quase-unanimidade das Constituições reclame uma participação do Legislativo no processo, qual seja, a aprovação do tratado celebrado pelo Executivo.

A negociação e a celebração, contudo, ficam por conta do Executivo.

A República Federativa do Brasil não foge a esta regra. Determina o art. 21, I, da Constituição Federal que compete à União manter relações com Estados estrangeiros e com eles celebrar tratados e convenções, bem como participar de organizações internacionais.

Em complemento, o art. 84, VIII, estabelece a competência privativa do Presidente da República para celebrar tratados, convenções e atos internacionais, *ad referendum* do Congresso Nacional.

Então, a competência para celebrar tratados com Estados estrangeiros é do Executivo da União. Agora, outros acordos, que não com outros Estados soberanos, poderão ser firmados pelos Estados-membros e Municípios, mas, para tanto, terão estes que obter autorização prévia do Senado Federal, ouvido, necessariamente, o Poder Executivo Federal. Os constitucionalistas[16] justificam tais exigências pela consideração de que a condução da política externa deve ser necessariamente federal e é o Executivo Federal que tem que zelar pela economia, pelas finanças e pelos interesses políticos exteriores da Nação.

Uma operação externa feita por Estado-membro ou Município que não atenda a tais requisitos inexiste, é absolutamente inválida.

Quanto ao que pode ser objeto do tratado internacional, também tem que ser fixado à luz do texto constitucional.

Conquanto a Constituição não se refira de forma específica ao problema, a solução para o mesmo pode ser encontrada pela análise da Carta, notadamente dos dispositivos que regulam a repartição de competência entre União, Estados e Municípios.

Em princípio, toda matéria pode ser objeto de tratado internacional. Este objeto, no entanto, vai ter limitações pela própria Constituição dos Estados signatários. É que, segundo a forma de Estado consagrada na Lei Fundamental, pode haver o reconhecimento de autonomia política a mais de um ente no plano interno, o que implica uma repartição de competências entre estes entes. É o caso das Federações, como a República Federativa do Brasil.

Nestas hipóteses, o ente central — que é, como vimos, a quem incumbe a celebração de tratados internacionais — só poderá celebrar tratados que tenham por objeto aquelas matérias que estão atribuídas à sua competência.

14. É bom lembrar que empregamos a expressão "tratado internacional" para designar tão-somente o ajuste entre dois ou mais Estados soberanos.

15. Santi Romano, ob. cit., pp. 368-369.

16. Manoel Gonçalves Ferreira Filho, *Comentários à Constituição Brasileira*, 2ª ed., v. 1º, São Paulo, Saraiva, 1977, pp. 221-222.

No caso da República Federativa do Brasil, têm autonomia política — ou seja, ditam suas próprias leis, dentro da esfera de competência de cada um — a União, os Estados o Distrito Federal e os Municípios.

A competência da União está regulada, basicamente, nos arts. 21 a 24 e 145 a 154 da Constituição (estes últimos específicos para a matéria tributária). A competência do Município, que lhe assegura a condição de pessoa política, porque dotada constitucionalmente de autonomia política, está definida nos arts. 29, 30, 145 e 156. Aos Estados-membros, além da competência tributária prevista nos arts. 145 e 155, são conferidos todos os poderes que explícita ou implicitamente não lhes sejam vedados pela Constituição (art. 25, § 1º, da Constituição). E, finalmente, ao Distrito Federal são atribuídas as competências legislativas reservadas aos Estados e Municípios (Constituição, art. 32, § 1º).

Convivem, pois, no plano constitucional brasileiro, quatro níveis de competência, com limites rigidamente fixados, e que não podem, portanto, ser desrespeitados, sob pena de ofensa à Constituição e ter, desta forma, obstado seu ingresso no mundo do Direito.

Agora, antes de passar adiante, e extrair do que foi exposto conclusões a respeito da força vinculante dos tratados internacionais nos países federados, há que se fazer uma breve incursão nos fundamentos de uma discriminação de rendas assentada no próprio texto constitucional, como ocorre com as Constituições de Estados Federados, a exemplo do Estado Brasileiro.

4. Discriminação constitucional de rendas — Fundamentos

A discriminação constitucional de rendas, seja pela fonte (repartição de competências tributárias), seja pelo produto (atribuição de direito de participação na arrecadação de tributo de competência de outra pessoa política), é uma exigência da consagração do princípio federativo e de seu consectário, a descentralização política, com a atribuição de autonomia política a entes regionais e locais para cuidar do interesse preponderantemente regional ou local, conforme o caso.

A relação do federalismo com a discriminação constitucional de rendas é assinalada por quantos se debruçaram sobre os fundamentos da discriminação de rendas no Estado Federal.

Alexander Hamilton, no *The Federalist,*[17] dissertando sobre a Federação Americana, que, ao contrário da nossa, formou-se por aglutinação, já enfatizava a necessidade de dotar-se o nascente governo federal de competência financeira própria. "A finança é, com propriedade, considerada o princípio vital do corpo político, aquele que lhe sustenta a vida e o movimento e o capacita a exercer suas funções mais essenciais."

Essa preocupação de libertar o poder central da dependência financeira dos Estados-membros ou províncias, natural nas Federações formadas por aglutinação, apresenta-se também, como salienta Antônio Roberto Sampaio Dória,[18] "embora às avessas, naquelas instituídas a partir de sistemas unitários, cujo poder político, deslocando-se parcialmente à periferia, deve ser acompanhado de correspondente lastro financeiro autonômico".

E a maneira de se lastrear a autonomia política é conferir rendas próprias ao ente autônomo politicamente, seja por meio de outorga de competência tributária, seja por meio de participação na receita de tributo de competência alheia, sejam as duas formas. De qualquer modo, contudo, constitui instrumento garantidor de poder político não só a outorga de rendas próprias, como que esta outorga advenha de dispo-

17. *Apud* Antônio Roberto Sampaio Dória, *Discriminação de Rendas Tributárias*, São Paulo, José Bushatsky, Editor, 1972, p. 12.

18. Ob. cit., p. 12.

sitivos constitucionais, "à margem, portanto, de modificações ditadas por interesses circunstanciais".[19]

Igual entendimento é manifestado por José Afonso da Silva, em trabalho versando o sistema constitucional brasileiro anterior,[20] onde salienta: "A discriminação de rendas, como elemento nuclear do regime federativo, objetiva dar embasamento econômico-financeiro à autonomia constitucional, outorgada às comunidades regionais e locais. Seriam, realmente, muito frágeis as normas constitucionais, conferidoras de autonomia, se não se dessem meios econômico-financeiros às entidades autônomas para a realização de seus encargos e o desenvolvimento de seus serviços".

Na mesma trilha o pensamento de Raul Machado Horta, em trabalho monográfico dedicado especificamente a esta matéria, à luz da Constituição Federal de 1988,[21] em que pontifica: "A relação entre Constituição Federal e repartição de competências é uma relação causal, de modo que, havendo Constituição Federal, haverá, necessariamente, a repartição de competências dentro do próprio documento de fundação jurídica do Estado Federal. Por isso, a repartição de competência é tema central da organização federal. Na avaliação dos publicistas que lidam diuturnamente com o tema, ora a repartição é qualificada de *la grande affaire du federalisme*, ora de *key to the interfederal power structure*, evidenciando a essencialidade da repartição de competência e a razão de sua localização direta no documento constitucional como parte ineliminável da Constituição Federal material".

19. Cf. A. R. Sampaio Dória, ob. cit., p. 15.

20. "Participação do Município na arrecadação da União e do Estado", in *RDP* 10/81-85, Out./Dez. 1969. Na mesma linha, Dalmo de Abreu Dalari, "Isenção geral de tributos municipais e ICMS", in *RDP* 16/271-286, 1971.

21. "Repartição de competência na Constituição Federal de 1988", in *RF* 315/55-66, 1991.

Aqui, é bom ter presente, como já anotado no preâmbulo, que o princípio federativo e a repartição de competências tributárias, dele decorrente, são de tal importância para o Estado Brasileiro, que se constituem matérias que não podem ser objeto de tratamento nem por emenda constitucional, conforme vedação expressa do art. 60, § 4º da Constituição da República Federativa do Brasil, que regula o poder de emenda. Trata-se de matérias — o princípio federativo e a repartição de competências dele decorrente — que só podem ser tratadas pelo legislador investido em poder constituinte originário.

Enfatizando a necessidade do mais absoluto respeito à repartição de competências tributárias, a fim de que seja salvaguardado o princípio federativo, proclama expressamente a Constituição Brasileira, no art. 151, III, que é vedado à União instituir isenções de tributos da competência dos Estados, do Distrito Federal ou dos Municípios. Não precisaria nem ter sido proclamada tal vedação, pois é uma redundância. A vedação, que abrange as isenções e outras formas exonerativas tributárias quaisquer, é uma resultante lógica do princípio geral de repartição de competências e sua íntima relação com o princípio federativo.

5. Tratado internacional — Âmbito de validade

Destarte, a União, no caso brasileiro, ao celebrar um tratado internacional, terá que se ater às matérias cuja competência lhe seja outorgada pela Constituição. Naquilo que desborde tais limites, é o tratado inconstitucional, inexistindo, pois, juridicamente, e não obrigando a ninguém, seja o Estado Brasileiro, como um todo, sejam seus súditos, seja, ainda, qualquer pessoa jurídica de Direito Público interno dotada de autonomia política. O vício da competência torna a disposição do tratado assim maculada absolutamente inválida juridicamente.

O tratado internacional, por ser da competência privativa da União, só poderá ter por objeto matérias cuja regulação esteja cometida constitucionalmente à União. Equipara-se o tratado internacional a uma lei ordinária federal, sujeitando-se ao mesmo regime de validade, vigência e aplicação desta.

Assim, o tratado internacional só prevalece sobre a lei federal ordinária que preexista; e isto inclusive em matéria tributária. Não prevalece, pois, sobre a lei federal que lhe sobrevenha e que com ele conflite.

E, no toca à lei estadual, quando esta versar matéria da competência do Estado-membro, não prevalece o tratado internacional nem sobre a anterior e muito menos sobre a posterior, isto pela repartição rígida de competência, típica do Estado Federal.

Sampaio Dória[22], defendendo a revogabilidade dos tratados por lei posterior, diz que "*é o Legislativo quem confere, em regime de exclusividade, virtude atuante aos tratados*. Se assim é, ao legislador, também, incumbe a faculdade de despi-los, tácita ou expressamente, de sua força operante".

No julgamento, pelo Supremo Tribunal Federal, em sua composição plena, do RE 80.004-SE,[23] que se constitui em um *leading case*, foi assentado que só a Constituição poderia impor a prevalência do tratado sobre o Direito interno. E, como não o fez, o conflito entre duas disposições, uma de tratado ratificado, outra de lei interna, se resolverá pela regra geral destinada a solucionar o conflito entre as leis: *lex posterior derogat legi priori*.

Reforçam esta conclusão os arts. 102, III, "b", e 105, III, "a", da Constituição Brasileira, que colocam no mesmo nível o tratado e a lei federal.

22. *Da Lei Tributária no Tempo*, São Paulo, 1968, p. 53.

23. STF, *RTJ* 83/809-848.

E isto se aplica, sem qualquer sombra de dúvida, à matéria tributária, sendo manifesta a inconstitucionalidade do art. 98 do Código Tributário Nacional Brasileiro na parte em que estabelece uma supremacia do tratado internacional em matéria tributária sobre a legislação tributária superveniente. O tratado internacional em matéria tributária, devidamente ratificado, tem força revogatória apenas da lei ordinária federal anterior, tão-somente.

Se, portanto, um tratado internacional dispuser de forma a interferir na competência tributária de Estado-membro, do Distrito Federal e do Município, o Congresso Nacional está obrigado a negar-lhe aprovação, pela mácula da inconstitucionalidade.

E caso, por descuido, passe o mesmo pelo Legislativo, poderá qualquer interessado instar junto a uma das pessoas, órgãos ou entidades legitimidados ativamente para a propositura de ação direta de inconstitucionalidade, indicados no art. 103 da Constituição Brasileira, para que a proponham.

O tratado, equiparado pelo Direito Constitucional Brasileiro a lei ordinária federal, não é o veículo constitucionalmente hábil para imprimir qualquer alteração ou, de qualquer forma, dispor sobre matéria da competência privativa das demais pessoas políticas, que não a União.

E, como a faculdade de conceder isenção ou outra modalidade de exoneração tributária qualquer é ínsita ao poder de tributar — salvo as duas hipóteses de isenção heterônoma previstas na Constituição (arts. 155, § 2º, XII, "e", e 156, § 4º, II) — não pode o tratado internacional dispor no sentido da concessão de exoneração tributária de tributos de competência dos Estados-membros, do Distrito Federal ou dos Municípios. Se o fizer, a disposição respectiva será tida como inexistente juridicamente, por colisão frontal com o texto da Constituição, não-obrigando, pois, pelo seu teor, nem a União signatária, nem as pessoas políticas brasileiras não-signatárias do mesmo, e nem as demais pessoas sujeitas à ordem jurídica brasileira.

Neste sentido foi a nossa conclusão no trabalho anterior assinalado, feito sob a égide da Constituição Federal anterior, de 1969. Manifestam o mesmo entendimento Rejane Brasil,[24] Luiz Flávio Gomes[25] e Luiz Eduardo Schoueri.[26] Contra tal entendimento, e escudados principalmente no art. 98 do Código Tributário Nacional, temos os pronunciamentos doutrinários de Welber Barral,[27] Natanael Martins,[28] Francisco de Paula Souza Brasil[29] e Alberto Pinheiro Xavier.[30]

Força convir, então, que, se for do interesse da Nação celebrar algum tratado que contenha em seu bojo exoneração, total ou parcial, de tributos estaduais, distrital ou municipais, que providencie, junto à pessoa política competente, a aprovação da mesma via de lei ordinária, ou, caso se trate de benefício na área do ICMS, que se busque a autorização para o benefício em convênio firmado por todos os Estados-membros (Constituição Federal, art. 155, § 2º, XII, "g").

Se assim não se proceder, o benefício ou tratamento tributário qualquer previstos no tratado internacional com relação aos tributos que não sejam federais, ainda que ratificado o tratado, não terão validade — posto que inconstitucional o dispositivo que os abriga —, não terão força vinculante; enfim, não terão eficácia.

6. Mercosul — Normas de implantação — Força vinculante

Assim sendo, e aplicando tudo o que aqui se expôs no que toca ao Mercosul, cuja implantação foi ajustada pelo *Tratado de Asunción*, firmado pelo Brasil, Argentina, Paraguai e Uruguai, vislumbram-se problemas e questionamentos com relação à implementação, no Brasil, das medidas pactuadas.

O Imposto sobre Operações Relativas à Circulação de Mercadorias e sobre a Prestação de Serviços de Transporte Interestadual e Intermunicipal e de Comunicação — ICMS, da competência dos Estados-membros e do Distrito Federal, grava tanto as importações — de quaisquer bens, mercadorias ou não — quanto as exportações de mercadorias.

E o Imposto sobre Serviços de Qualquer Natureza — ISS, da competência dos Municípios e também do Distrito Federal, grava as exportações de serviços (prestação, por empresa ou autônomo aqui estabelecidos, de serviços a encomendante estabelecido no exterior).

Ora, a eliminação de direitos alfandegários na circulação de bens e serviços entre os países signatários, ajustada pelo *Tratado de Asunción*, envolve a eliminação de todos os tributos que gravam o comércio exterior, seja na importação, seja na exportação; inclusive, evidentemente, o ICMS e o ISS. Mas a eliminação (desoneração) destes dois tributos só pode ser feita por convênio, por lei municipal ou por lei complementar (Constituição Federal, arts. 155, § 2º, XII, "e", e 156, § 3º, II). Só o *Tratado de Asunción*, ainda que ratificado — quando adquire o nível de lei ordinária federal —, não tem força bastante para operar a eliminação, total ou parcial, daqueles dois tributos mencionados.

Desta maneira, para que se efetive a desoneração com a generalidade pretendi-

24. "ICM — GATT — Convênio de ICM", in *RDT* 32/117-124, Abr./Jun.1985.

25. "A questão da obrigatoriedade dos tratados e convenções no Brasil", in *RT* 710/21-31, Dez. 1994.

26. "Validade das normas internas contrárias a dispositivos de acordos de bitributacão no Direito e na prática norte-americana", in *RDT* 61/146-155, Jul./Set, 1992.

27. "Tratados internacionais e normas fiscais", in *Repertório IOB de Jurisprudência* 2/94, Jan. p. 34.

28. "Tratados internacionais em matéria tributária", in *RDT* 54/105-106, Out./Dez. 1990.

29. "Legislação tributária e tratados internacionais", in *RF* 308/35-41, 1989.

30. *Direito Tributário Internacional do Brasil*, São Paulo, Ed. Resenha Tributária, 1977, pp. 43-44.

da, há que ser celebrado um convênio interestadual para tanto, ou, então, que ser votada uma lei complementar concedendo o benefício, no que toca às exportações.

Por outro lado, no estabelecimento de uma Tarifa Externa Comum — TEC em relação a terceiros Estados ou agrupamentos de Estados, terão que ser considerados todos os tributos que gravam o comércio exterior, inclusive o ICMS e ISS, evidentemente. E, se se revelar necessária a alteração da carga tributária do ICMS e do ISS, só mediante convênio ou lei complementar. Nenhuma dessas providências foi tomada. Como implantar as medidas assinaladas, no âmbito interno do Brasil, no que toca ao ICMS e ISS, sem o convênio ou a lei complementar? Não há como.

Tal circunstância inviabiliza o Mercado Comum do Sul, fundado que é na reciprocidade de alíquotas e obrigações entre os países signatários (art. 2º do *Tratado de Asunción*), o que desatende ao interesse dos signatários todos, que firmaram o acordo internacional exatamente porque viram nele vantagens, ou, melhor, porque constataram ser a integração nele objetivada condição fundamental para acelerar seus processos de desenvolvimento econômico com justiça social.

Há que se dar efetividade às disposições do Tratado, portanto, dotando-as de força vinculante em todos os países signatários, federados e unitários, o que só será conseguido, no caso do Brasil, pelo menos, com o envolvimento direto dos Estados, para a celebração do convênio de aprovação dos benefícios já concedidos ou a serem concedidos em matéria de ICMS, ou com a edição da lei complementar concessiva da isenção heterônoma do ICMS e ISS nas exportações de mercadorias e serviços para os demais países signatários.

7. *Bibliografia*

BARRAL, Welber. "Tratados internacionais e normas fiscais". *Repertório IOB de Jurisprudência* 2/94, Jan./1994, p. 34.

BORGES, José Alfredo. "Tratado internacional em matéria tributária como fonte de direito". *RDT* 27-28, jan./jun., 1984, pp. 161-178.

BRASIL, Francisco de Paula Souza. "Legislação tributária e tratados internacionais". *RF* 308, Out./Dez., 1989, pp. 31-41.

DALARI, Dalmo de Abreu. "Isenção geral de tributos municipais e ICM". *RDP* 16, Abr./Jun. de 1971, pp. 271-286.

DÓRIA, Antônio Roberto Sampaio. *Da Lei Tributária no Tempo*. São Paulo, 1968.

______. *Discriminação de Rendas Tributárias*. São Paulo, José Bushatsky, Editor, 1972.

FALEIRO, José Carlos. "A supremacia dos acordos Internacionais sobre a Legislação Interna", *Comentários ao Código Tributário Nacional*, São Paulo, José Bushatsky, Editor 1977, pp. 71-90.

FERREIRA FILHO, Manoel Gonçalves, *Comentários à Constituicão Brasileira*, 2ª ed., v. 1º, São Paulo, Saraiva, 1977.

FILIPPI, Rejane Brasil. "ICM — GATT. Convênio de ICM". *RDT* 32. Abr./Jun., 1985, pp. 117-124.

FONROUGE, Giuliani. *Derecho Financiero*, 3ª ed., v. I. Buenos Aires, Depalma, 1976.

FRANCESCHINI, José Inácio G. "Conflito entre os tratados internacionais e as normas de direito interno que lhes forem posteriores", *RT* 556, Fev. 1982, pp. 28-36.

GOMES, Luiz Flávio. "A questão da obrigatoriedade dos tratados e convênios no Brasil. *RT* 710, Dez. 1994, pp. 21-31.

HORTA, Raul Machado. "Repartição de competência na Constituição Federal de 1988", *RF* 315, Jul./Set. 1991, pp. 55-66.

MARTINS, Natanael. "Tratados internacionais em matéria tributária", *RDT* 54, Out./Dez. 1990, pp. 105-106.

MELO, Celso D. de Albuquerque. "Tratados na Constituição", *As Tendências Atuais do Direito Público*. Rio, Forense, 1976, pp.116-119.

MIRKINI-GUETZÉVITCH, Boris. *Evolução Constitucional Européia* (*Ensaio Sintético*), trad. do original francês de Marina de Godoy Bezerra. Rio, José Konfino, 1957.

PONTES DE MIRANDA. *Comentários à Constituição de 1967 com a Emenda n. 1 de 1969*. 2ª ed., t. III. São Paulo, Ed. RT, 1977.

ROMANO, Santi. *Princípios de Direito Constitucional Geral*. Trad. de Maria Helena Diniz e "Prefácio" de Paolo Biscaretti Di Ruffia. São Paulo, Ed. RT, 1977,

SAINZ DE BUJANDA, Fernando. *Hacienda y Derecho*. 1ª ed., 2ª reimpressão, vv. I-III. Madrid, Instituto de Estudios Políticos, 1975, 1962 e 1963.

SCHOUERI, Luiz Eduardo. "Validade das normas internas contrárias a dispositivas de acordos de tributação no Direito e na prática norte-americana". *RDT* 61. Jul./Set. 1992, pp. 146-155.

SILVA, José Afonso da. "Participação do Município na arrecadação da União e do Estado". *RDP* 10. Out./Dez. 1969, pp.81-85.

TENÓRIO, Oscar. *Direito Internacional*. 4ª ed., Rio, Freitas Bastos, 1955.

XAVIER, Alberto. *Direito Tributário Internacional do Brasil*. São Paulo, Resenha Tributária, 1977.

Documentos

THE CLAYTON ACT[1]

Controle de Concentração de Empresas*

§ 7. Acquisition by one corporation of stock of another

No person engaged in commerce or in any activity affecting commerce shall acquire, directly or indirectly, the whole or any part of the stock or other, share capital and no person subject to the jurisdiction of the Federal Trade Commission shall acquire the whole or any part of the assets of another person engaged also in commerce or in any activity affecting commerce, where in any line of commerce or in any activity affecting commerce in any section of the country, the effect of such acquisition may be substantially to lessen competition, or to tend to create a monopoly.

No person shall acquire, directly or indirectly, the whole or any part of the stock or other share capital and no person subject to the jurisdiction of the Federal Trade Commission shall acquire the whole or any part of the assets of one or more persons engaged in commerce or in any activity affecting commerce, where in any line of commerce or in any activity affecting commerce in any section of the country, the effect of such acquisition, of such stocks or assets, or of the use of such stock by the voting or granting of proxies or otherwise, may be substantially to lessen competition, or to tend to create a monopoly.

§ 7. Aquisição por uma sociedade do capital de outra

Nenhum agente econômico[2] engajado no comércio ou em qualquer atividade a ele relativa[3] adquirirá, direta ou indiretamente, a totalidade ou qualquer parte do capital, ou ações do capital, e nenhum agente econômico sujeito à jurisdição da *Federal Trade Comission*[4] adquirirá a totalidade, ou qualquer parte, dos ativos de outro agente econômico também engajado no comércio, ou em qualquer outra atividade relativa ao comércio, se em qualquer segmento do comércio, ou em qualquer atividade a ele relativa, em qualquer parte do país, o efeito de tal aquisição possa resultar em substancial restrição à concorrência, ou tender a criar monopólio.[5]

Nenhum agente econômico adquirirá, direta ou indiretamente, a totalidade, ou qualquer parte do capital, ou ações do capital, e nenhum agente econômico sujeito à jurisdição da *Federal Trade Comission* adquirirá a totalidade, ou qualquer parte, dos ativos de um ou mais agentes econômicos engajados no comércio, ou em qualquer atividade a ele relativa, se em qualquer segmento do comércio, ou em qualquer atividade relativa ao comércio em qualquer parte do país, o efeito de tal aquisição, de tais ações ou ativos, ou do uso de tal capital para votação, ou outorga de procurações, ou por outros meios, possa resultar em substancial restrição à concorrência, ou tender a criar um monopólio.

* As notas encontram-se no final do texto (p. 208).

This section shall not apply to persons purchasing such stock solely for investment and not using the same by voting or otherwise to bring about, or in attempting to bring about, the substantial lessening of competition. Nor shall anything contained in this section prevent a corporation engaged in commerce or in any activity affecting commerce from causing the formation of subsidiary corporations for the actual carrying on of their immediate lawful business, or the natural and legitimate branches or extensions thereof, or from owning and holding all or a part of the stock of such subsidiary corporations, when the effect of such formation is not to substantially lessen competition.

Nor shall anything herein contained by construed to prohibit any common carrier subject to the laws to regulate commerce from aiding in the construction of branches or short lines so located as to become feeders to the main line of the company so aiding in such construction or from acquiring or owning all or any part of the stock of such branch lines, nor to prevent any such common carrier from acquiring and owning all or any part of the stock of a branch or short line constructed by an independent company where there is no substantial competition between the company owning the branch line so constructed and the company owning the main line acquiring the property or an interest therein, nor to prevent such common carrier from extending any of its lines through the medium of the acquisition of stock or otherwise of any other common carrier where there is no substantial competition between the company extending its lines and the company whose stock, property, or an interest therein is so acquired.

Este artigo não se aplicará aos agentes econômicos que adquiram capital somente para investimento, e que não o utilizem para votação ou por outros meios a fim de ocasionar, ou tentar ocasionar, uma restrição substancial à concorrência. Nem deverá nada constante neste artigo impedir uma empresa engajada no comércio, ou em qualquer atividade a ele relativa, de causar a formação de empresas subsidiárias para a efetiva continuidade de seus negócios jurídicos imediatos, ou de filiais ou extensões naturais e legítimas daquela, ou de possuir e controlar a totalidade ou uma parte do capital de tais sociedades subsidiárias, se o efeito de tal formação não for, substancialmente, o de restringir a concorrência.

Nem deverá, nada aqui contido, ser interpretado de modo a proibir qualquer empresa de transportes públicos[6] sujeita às leis reguladoras do comércio, de ajudar na construção de filiais ou linhas auxiliares,[7] localizadas de modo a tornarem-se cooperantes da linha principal da sociedade que assim ajude em tal construção; ou de adquirir ou possuir a totalidade, ou qualquer parte do capital de tais ramais, nem impedir que qualquer destas empresas de transportes públicos adquira e possua a totalidade, ou qualquer parte do capital de uma filial ou linha auxiliar construída por uma sociedade independente, onde não haja concorrência substancial[8] entre a sociedade que possua a filial assim construída e a companhia possuidora da linha principal — adquirente da propriedade ou de interesses da primeira; nem deverá prevenir, este artigo, tal empresa de transportes públicos de estender qualquer uma de suas linhas por meio da aquisição de capital ou por outra forma de qualquer outra empresa de transportes públicos, quando não houver concorrência substancial entre a companhia que está estendendo suas linhas e a companhia da qual as ações, a propriedade ou um interesse forem assim adquiridos.

Nothing contained in this section shall be held to affect or impair any right heretofore legally acquired: Provided that nothing in this section shall be held or construed to authorize or make lawful anything heretofore prohibited or made illegal by the antitrust laws, nor to exempt any person from the penal provisions thereof or the civil remedies therein provided.

Nothing contained in this section shall apply to transactions duly consummated pursuant to authority given by the Secretary of Transportation, Federal Communications Commission, Federal Power Commission, Interstate Commerce Commission, the Securities and Exchange Commission in the exercise of its jurisdiction under section 79 (j) of this title, the United States Maritime Commission, or the Secretary of Agriculture under any statutory provision vesting such power in such Commission or Secretary.

(Oct. 15, 1914, c. 323, § 7, 38 Stat. 731; Dec. 29, 1950, c. 1.184, 64 Stat. 1125. As amended Sept. 12, 1980, Pub. L. 96-349, § 6(a), 94 Stat. 1157; Oct. 4, 1984; Pub. L. 98-443, § 9(1), 98 Stat. 1708.)

§ 7A. [115 U.S.C. § 18a]. Premerger notification and waiting period

(a) Filing

Except as exempted pursuant to subsection (c) of this section, no person shall acquire, directly or indirectly, any voting securities or assets of any other person, unless both persons (or in the case of a tender offer, the acquiring person) file notification pursuant to rules under subsection (d) (1) of this section and the waiting period described in subsection (b) (1) of this section has expired, if —

Nada contido neste artigo será entendido de modo a afetar ou ameaçar qualquer direito legalmente adquirido, nos termos desta Lei: contanto que nada neste artigo seja considerado, ou interpretado, de modo a autorizar ou a legalizar qualquer ato de ora por diante proibido, ou considerado ilegal nos termos das leis de defesa da concorrência,[9] nem isente qualquer agente econômico dos dispositivos penais daquelas, ou dos dispositivos legais civis aqui previstos.

Nada contido neste artigo será aplicado a transações consumadas legalmente, consoante permissão dada pela *Secretary of Transportation*,[10] *Federal Comunications Comission*,[11] *Federal Power Commission*[12] *Interstate Commerce Commission*,[13] *Securites and Exchange Commission*,[14] no exercício de sua jurisdição, nos termos do artigo 79(j) deste título, a *United States Maritime Comission*,[15] ou a *Secretary of Agriculture*,[16] nos termos de qualquer dispositivo legal conferindo tal poder a tal Comissão ou Secretaria.

(Oct. 15, 1914, c. 323, § 7, 38 Stat. 731; Dec. 29, 1950, c. 1184, 64 Stat. 1125. As amended Sept. 12, 1980, Pub. L. 96-349, § 6(a), 94 Stat. 1157; Oct. 4, 1984; Pub. L. 98-443, § 9(1), 98 Stat. 1708.)

§ 7A. Notificação pré-concentração e termo de espera

(a) Registro

Exceto por isenção consoante o parágrafo (c) deste artigo, nenhum agente econômico adquirirá, direta ou indiretamente, quaisquer ações ou ativos de qualquer outro agente econômico, a menos que ambos os agentes econômicos (ou no caso de uma oferta pública,[17] o agente econômico adquirente) registrem notificação de acordo com as regras estipuladas no parágrafo (d)(1) deste artigo, e o termo de espera conforme o disposto no parágrafo (b)(1) desta seção tenha expirado, se:

(1) the acquiring person, or the person whose voting securities or assets are being acquired, is engaged in commerce or in any activity affecting commerce;

(1) o agente econômico adquirente, ou o agente econômico cujas ações ou ativos com direito a voto estejam sendo adquiridos, estiver engajado no comércio ou em qualquer atividade relativa ao comércio;

(2)(A) any voting securities or assets of a person engaged in manufacturing which has annual net sales or total assets of $ 10,000,000 or more are being acquired by any person which has total assets or annual net sales of $100,000,000 or more;

(2)(A) quaisquer ações ou ativos, de um agente econômico engajado em produção,[18] que disponha de ativos no total de $ 10,000,000 ou mais, estejam sendo adquiridos por qualquer pessoa que tenha total de ativos ou venda líquida anual de $ 100,000,000 ou mais;

(B) any voting securities or assets of a person not engaged in manufacturing which has total assets of $ 10,000,000 or more are being acquired by any person which has total assets or annual net sales of $100,000,000 or more; or

(B) quaisquer ações ou ativos, de um agente econômico não engajado em produção, que disponha de ativos no total de $ 10,000,000 ou mais, estejam sendo adquiridos por qualquer agente econômico que disponha de total de ativos ou registre venda líquida anual de $ 100,000,000 ou mais;

(C) any voting securities, or assets of a person with annual net sales or total assets of $ 100,000,000 or more are being acquired by any person with total assets or annual net sales of $ 10,000,000 or more; and

(C) quaisquer ações ou ativos, de um agente econômico que registre venda líquida anual ou total de ativos no valor de $ 100,000,000 ou mais estejam sendo adquiridos por qualquer agente econômico que disponha de total de ativos ou registre venda líquida anual de $ 10,000,000 ou mais; e

(3) as a result of such acquisition, the acquiring person would hold —

(3) como resultado de tal aquisição, a pessoa adquirente detiver:

(A)15 per centum or more of the voting securities or assets of the acquired person, or

(A) 15 por cento ou mais das ações com direito a voto ou ativos do agente econômico adquirido, ou

(B) an aggregate total amount of the voting securities and assets of the acquired person in excess of $ 15,000,000.

(B) uma quantia total agregada dos ativos e ações com direito a voto do agente econômico adquirido que exceda $ 15,000,000.

In the case of a tender offer, the person whose voting securities are sought to be acquired by a person required to file notification under this subsection shall file notification pursuant to rules under subsection (d) of this section.

No caso de uma oferta pública, o agente econômico cujas ações com direito a voto sejam procuradas para aquisição por um agente econômico obrigado a registrar notificação, nos termos deste parágrafo, deverá registrar notificação consoante as regras constantes do parágrafo (d) deste artigo.

(b) Waiting period; publication; voting securities

(1) The waiting period required under subsection (a) of this section shall —

(A) begin on the date of the receipt by the Federal Trade Commission and the Assistant Attorney General in charge of the Antitrust Division of the Department of Justice (hereinafter referred to in this section as the "Assistant Attorney General") of —

(i) the complete notification required under subsection (a) of this section, or

(ii) if such notification is not complete, the notification to the extent complete and a statement of the reasons for such noncompliance, from both persons, or, in the case of a tender offer, the acquiring person; and

(B) end on the thirtieth day after the date of such receipt (or in the case of a cash tender offer, the fifteenth day, or on such later date as may be set under subsection (e) (2) or (g) (2) of this section.

(2) The Federal Trade Commission and the Assistant Attorney General may, in individual cases, terminate the waiting period specified in paragraph (1) and allow any person to proceed with any acquisition subject to this section, and promptly shall cause to be published in the Federal Register a notice that neither intends to take any action within such period with respect to such acquisition.

(3) As used in this section —

(A) The term "voting securities" means any securities which at present or upon conversion entitle the owner or holder thereof to vote for the election of directors of the issuer or, with respect to unincorporated issuers, persons exercising similar functions.

(b) Termo de espera;[19] publicação; ações com direito a voto

(1) O termo de espera requerido de acordo com o parágrafo (a) deste artigo deverá:

(A) iniciar-se na data do recebimento, pela *Federal Trade Comission* e pelo Procurador Geral Adjunto encarregado da Divisão Antitruste do Departamento de Justiça (de ora por diante referido como "Procurador Geral Adjunto"):

(i) da completa notificação requerida consoante o parágrafo (a) deste artigo, ou

(ii) se tal notificação não for completa, a notificação até o ponto em que estiver completa, e uma declaração das razões de tal descumprimento, feita por ambos os agentes econômicos, ou, no caso de uma oferta pública, feita pelo agente econômico adquirente; e

(B) terminar no trigésimo dia após a data de tal recebimento (ou no caso de uma oferta pública à vista,[20] no décimo-quinto dia), ou em data posterior conforme previsto no parágrafo (e) 2 ou (g) 2 deste artigo.

(2) A *Federal Trade Comission* e o Procurador Geral Adjunto podem, em casos individuais, pôr fim ao termo de espera especificado no parágrafo (1) e permitir a qualquer agente econômico que proceda a qualquer aquisição sujeita ao disposto neste artigo, e, imediatamente, farão publicar no Diário Oficial Federal[21] um aviso de que não pretendem promover qualquer medida no curso do referido termo, com relação à aquisição em causa.

(3) Como utilizado neste artigo:

(A) O termo "ações com direito a voto" significa quaisquer ações que presentemente, ou por conversão, possibilitem seu proprietário ou detentor a votar para a eleição de diretores do emissor ou, em relação a emissores que não possuam personalidade jurídica própria,[22] agentes econômicos que exerçam funções análogas.

(B) The amount or percentage of voting securities or assets of a person which are acquired or held by another person shall be determined by aggregating the amount or percentage of such voting securities or assets held or acquired by such other person and each affiliate thereof.

(c) Exempt transactions

The following classes of transactions are exempt from the requirements of this section —

(1) acquisitions of goods or realty transferred in the ordinary course of business;

(2) acquisitions of bonds, mortgages, deeds of trust, or other obligations which are not voting securities;

(3) acquisitions of voting securities of an issuer at least 50 per centum of the voting securities of which are owned by the acquiring person prior to such acquisition;

(4) transfers to or from a Federal agency or a State or political subdivision thereof;

(5) transactions specifically exempted from the antitrust laws by Federal statute;

(6) transactions specifically exempted from the antitrust laws by Federal statute if approved by a Federal agency, if copies of all information and documentary material filed with such agency are contemporaneously filed with the Federal Trade Commission and the Assistant Attorney General;

(7) transactions which require agency approval under section 1467a(e) of Title 12, section 1828(c) of Title 12, or section 1842 of Title 12;

(8) transactions which require agency approval under section 1843 of Title 12 or section 1464 of Title 12, if copies of all information and documentary material filed

(B) A quantia ou porcentagem de ações com direito a voto ou ativos de um agente econômico, que forem adquiridos ou detidos por outra pessoa, deverá ser determinada somando-se a quantia ou porcentagem de tais ativos ou ações com direito a voto detidos ou adquiridos por esta outra pessoa, e cada associado seu.

(c) Transações isentas

As seguintes classes de transações são isentas dos requerimentos deste artigo:

(1) aquisições de mercadorias ou bens imóveis transferidos no curso normal do negócio;

(2) aquisições de títulos,[23] hipotecas, *deeds of trust*,[24] ou outras obrigações que não sejam ações com direito a voto;

(3) aquisições de ações com direito a voto de uma pessoa jurídica na qual o adquirente detenha no mínimo 50% das ações com direito a voto anteriormente à aquisição;

(4) transferências de ou para uma Agência ou Estado Federal, ou alguma subdivisão política sua;

(5) transações especificamente isentas das leis antitruste/de defesa da concorrência por lei Federal;

(6) transações especificamente isentas das leis antitruste/de defesa da concorrência por lei Federal, se aprovada por um órgão público Federal autônomo,[25] se cópias de toda a informação e documentos arquivados em tal órgão público estiverem, atualizadas, arquivadas junto à *Federal Trade Comission* e ao Procurador Geral Adjunto;

(7) transações que requeiram aprovação de órgão público sob o artigo 1467a(e) do Título12, artigo 1828(c) do Título 12, ou artigo 1842 do Título 12;

(8) transações que requeiram aprovação de órgão público sob o artigo 1843 do Título 12, ou artigo 1464 do Título 12, se cópias de toda a informação e documen-

with any such agency are contemporaneously filed with the Federal Trade Commission and the Assistant Attorney General at least 30 days prior to consummation of the proposed transaction;

(9) acquisitions, solely for the purpose of investment, of voting securities, if, as a result of such acquisition, the securities acquired or held do not exceed 10 per centum of the outstanding voting securities of the issuer;

(10) acquisitions of voting securities, if, as a result of such acquisition, the voting securities acquired do not increase, directly or indirectly, the acquiring person's per centum share of outstanding voting securities of the issuer;

(11) acquisitions, solely for the purpose of investment, by any bank, banking association, trust company, investment company, or insurance company, of (A) voting securities pursuant to a plan of reorganization or dissolution; or (B) assets in the ordinary course of its business; and

(12) such other acquisitions, transfers, or transactions, as may be exempted under subsection (d) (2) (B) of this section.

(d) Commission rules

The Federal Trade Commission, with the concurrence of the Assistant Attorney General and by rule in accordance with section 553 of Title 5, consistent with the purposes of this section —

(1) shall require that the notification required under subsection (a) of this section be in such form and contain such documentary material and information relevant to a proposed acquisition as is necessary and appropriate to enable the Federal Trade Commission and the Assistant Attorney General to determine whether such acquisition may, if consummated, violate the antitrust laws; and

(2) may —

tos arquivados em tal órgão público estiverem atualizadas e arquivadas junto à *Federal Trade Comission* e ao Procurador Geral Adjunto, pelo menos 30 dias anteriormente à transação proposta;

(9) aquisições, exclusivamente para o propósito de investimento, de ações com direito a voto, se, como resultado de tal aquisição, as ações adquiridas ou detidas não excedam 10 por cento das ações com direito a voto do emissor no mercado;

(10) aquisições de ações com direito a voto, se, como resultado de tal aquisição, as ações com direito a voto adquiridas não aumentem, direta ou indiretamente, a percentagem de ações com direito a voto do adquirente no mercado;

(11) aquisições, com o propósito exclusivo de investimento, por qualquer banco, associação bancária, *trust company*, companhia de investimentos, ou companhia de seguros, de (A) ações com direito a voto consoante a um plano de reorganização,[26] ou dissolução; ou (B) ativos no curso normal de seus negócios; e

(12) outras aquisições, transferências, ou transações, que devam ser isentas de acordo com o parágrafo (d)(2)(B) deste artigo.

(d) Regras da Comissão

A *Federal Trade Comission*, com a cooperação do Procurador Geral Adjunto e por meio de norma em acordo com o artigo 553 do Título 5, e consoante à finalidade deste artigo:

(1) postulará que a notificação requerida de acordo com o parágrafo (a) deste artigo esteja em tal forma e contenha os documentos e informações relevantes relativos à aquisição visada, necessários e apropriados a capacitar a *Federal Trade Comission* e o Procurador Geral Adjunto a determinar se tal aquisição poderá, se consumada, infringir as leis antitruste; e

(2) poderá:

(A) define the terms used in this section;

(B) exempt, from the requirements of this section, classes of persons, acquisitions, transfers, or transactions which are not likely to violate the antitrust laws; and

(C) prescribe such other rules as may be necessary and appropriate to carry out the purposes of this section.

(e) Additional information; waiting period extensions

(1) The Federal Trade Commission or the Assistant Attorney General may, prior to the expiration of the 30-day waiting period (or in the case of a cash tender offer, the 15-day waiting period) specified in subsection (b)(1) of this section, require the submission of additional information or documentary material relevant to the proposed acquisition, from a person required to file notification with respect to such acquisition under subsection (a) of this section prior to the expiration of the waiting period specified in subsection (b)(1) of this section, or from any officer, director, partner, agent, or employee of such person.

(2) The Federal Trade Commission or the Assistant Attorney General, in its or his discretion, may extend the 30-day waiting period (or in the case of a cash tender offer, the 15-day waiting period) specified in subsection (b) (1) of this section for an additional period of not more than 20 days (or in the case of a cash tender offer, 10 days) after the date on which the Federal Trade Commission or the Assistant Attorney General, as the case may be, receives from any person to whom a request is made under paragraph (1), or in the case of tender offers, the acquiring person, (A) all the information and documentary material required to be submitted pursuant to such a request, or (B) if such request is not fully complied with, the information and docu-

(A) definir os termos utilizados neste artigo;

(B) isentar, dos requerimentos deste artigo, categorias de agentes econômicos, aquisições, transferências, ou transações que provavelmente não infrinjam as leis de defesa da concorrência; e

(C) prescrever outras regras, conforme possa ser necessário e apropriado para realizar os propósitos deste artigo.

(e) Informação adicional; prorrogação do termo de espera

(1) A *Federal Trade Comission* ou o Procurador Geral Adjunto podem, anteriormente à expiração do termo de espera de 30 dias (ou, no caso de uma oferta pública à vista, do termo de espera de 15 dias) especificado no parágrafo (b)(1) deste artigo, requerer a submissão de informação adicional ou documentos relevantes à aquisição visada, a um agente econômico obrigado a registrar notificação a respeito de tal aquisição, segundo o parágrafo (a) deste artigo, anteriormente à expiração do termo de espera especificado no parágrafo (b)(1) deste artigo, ou a qualquer procurador, diretor, sócio, representante, ou a um empregado do referido agente econômico.

(2) A *Federal Trade Comission*, ou o Procurador Geral Adjunto, à discrição de qualquer um deles, poderá estender o termo de espera de 30 dias (ou, no caso de uma oferta pública à vista, o termo de espera de 15 dias) especificado no parágrafo (b)(1) deste artigo, por um termo adicional não superior a 20 dias (ou, no caso de uma oferta pública à vista, 10 dias) após a data na qual a *Federal Trade Comission*, ou o Procurador Geral Adjunto, conforme o caso, receber de qualquer agente econômico a quem tenha sido feita uma requisição segundo o parágrafo (1), ou, no caso de oferta pública, do agente econômico adquirente, (A) toda informação e documentos requeridos para serem apresentados à apreciação consoante tal requerimento, ou (B) se tal requerimento não for inteiramente completo, com a informação e os

mentary material submitted and a statement of the reasons for such noncompliance. Such additional period may be further extended only by the United States district court, upon an application by the Federal Trade Commission or the Assistant Attorney General pursuant to subsection (g) (2) of this section.

(f) Preliminary injunctions; hearings

If a proceeding is instituted or an action is filed by the Federal Trade Commission, alleging that a proposed acquisition violates section 18 of this title, or section 45 of this title, or an action is filed by the United States, alleging that a proposed acquisition violates such section 18 of this title, or section 1 or 2 of this title, and the Federal Trade Commission or the Assistant Attorney General (1) files a motion for a preliminary injunction against consummation of such acquisition *pendente lite*, and (2) certifies the United States district court for the judicial district within which the respondent resides or carries on business, or in which the action is brought, that it or he believes that the public interest requires relief *pendente lite* pursuant to this subsection, then upon the filing of such motion and certification, the chief judge of such district court shall immediately notify the chief judge of the United States court of appeals for the circuit in which such district court is located, who shall designate a United States district judge to whom such action shall be assigned for all purposes.

(g) Civil penalty; compliance; power of court

(1) Any person, or any officer, director, or partner thereof, who fails to comply with any provision of this section shall be liable to the United States for a civil penalty of not more than $ 10,000 for each day during which such person is in violation of this section. Such penalty may be recovered in a civil action brought by the United States.

documentos submetidos e uma declaração das razões de seu não-cumprimento. O termo adicional só poderá ser novamente prorrogado pelos tribunais distritais dos Estados Unidos,[27] por meio de um requerimento da *Federal Trade Comission* ou do Procurador Geral Adjunto, consoante o parágrafo (g)(2) deste artigo.

(f) Medidas preliminares; audiências

Se um processo ou ação forem propostos pela *Federal Trade Comission*, alegando que uma aquisição proposta viola o artigo 18 deste título, ou o artigo 45 deste título, ou uma ação for proposta pela União Federal, alegando que uma aquisição pretendida infringe o artigo 18 deste título, ou os artigos 1 ou 2 deste título, e a *Federal Trade Comission* ou o Procurador Geral Adjunto (1) ingressar com um pedido para uma medida preliminar contra a consumação de tal aquisição *pendente lite*,[28] e (2) certificar a corte distrital da circunscrição judicial na qual o réu resida ou conduza seus negócios, ou na qual a ação tenha sido promovida, que a *Federal Trade Comission* ou o Procurador Geral Adjunto acreditam que o interesse público requer amparo *pendente lite* nos moldes deste parágrafo, então com o ingresso de tal pedido e certificação, o juiz-presidente de tal juízo federal deve notificar imediatamente o juiz-presidente do Tribunal de Recursos dos Estados Unidos[29] para a circunscrição na qual tal tribunal distrital esteja localizado, que deve designar juiz distrital[30] para o qual tal ação será atribuída, para todos os fins.

(g) Sanção civil; cumprimento; autoridade do tribunal

(1) Qualquer agente econômico, ou qualquer administrador, diretor, ou sócio, que deixar de cumprir qualquer provisão deste artigo, será responsabilizado, perante a União, sendo-lhe imposta uma sanção civil de não mais de $ 10,000 por cada dia de infração deste artigo. Tal sanção poderá ser executada em uma ação civil ajuizada pela União.

(2) If any person, or any officer, director, partner, agent, or employee thereof, fails substantially to comply with the notification requirement under subsection (a) of this section or any request for the submission of additional information or documentary material under subsection (e) (1) of this section within the waiting period specified in subsection (b) (1) of this section and as may be extended under subsection (e) (2) of this section, the United States district court —

(A) may order compliance;

(B) shall extend the waiting period specified in subsection (b) (1) of this section and as may have been extended under subsection (e) (2) of this section until there has been substantial compliance, except that, in the case of a tender offer, the court may not extend such waiting period on the basis of a failure, by the person whose stock is sought to be acquired, to comply substantially with such notification requirement or any such request; and

(C) may grant such other equitable, relief the court in its discretion determines necessary or appropriate, up on application of the Federal Trade Commission or the Assistant Attorney General.

(h) Disclosure exemption

Any information or documentary material filed with the Assistant Attorney General or the Federal Trade Commission pursuant to this section shall be exempt from disclosure under section 552 of Title 5, and no such information or documentary material may be made public, except as may be relevant to any administrative or judicial action or proceeding. Nothing in this section is intended to prevent disclosure to either body of Congress or to any duly authorized committee or subcommittee of the Congress.

(2) Se qualquer agente econômico, ou qualquer administrador, diretor, sócio, agente, ou empregado seu, deixar de cumprir, substancialmente, o requerimento de notificação segundo o parágrafo (a) deste artigo, ou qualquer requisição para a submissão de informação adicional ou documentos segundo o parágrafo (e) (1) deste artigo, no curso do termo de espera especificado no parágrafo (b) (1) deste artigo, que pode ser estendido de acordo com a subseção (e) (2) deste artigo, o tribunal distrital dos Estados Unidos:

(A) poderá ordenar o cumprimento;

(B) prorrogará o termo de espera especificado no parágrafo (b)(1) deste artigo, que poderá ter sido estendido de acordo com o parágrafo (e)(2) deste artigo, até que tenha havido cumprimento substancial, exceto que, no caso de uma oferta publica, o tribunal não possa estender tal termo de espera por motivo de descumprimento pelo agente econômico do qual as ações serão buscadas a adquirir, em cumprir substancialmente com tal requisição da notificação ou qualquer requerimento da mesma ordem; e

(C) poderá conferir outro amparo eqüitativo conforme o tribunal, à sua discrição, determine necessário ou apropriado, por notificação da *Federal Trade Comission* ou do Procurador Geral Adjunto.

(h) Isenção de exibição

Qualquer informação ou documento em poder do Procurador Geral Adjunto ou da *Federal Trade Comission* nos termos deste artigo será isento de exibição nos termos do artigo 552 do Título 5, e tais informações ou documentos não poderão ser tornados públicos, exceto quando possa ser relevante a qualquer ação ou procedimento judicial ou administrativo. Nada, neste artigo, destina-se a prevenir a exibição tanto ao corpo do Congresso ou a qualquer comitê ou subcomitê do Congresso legalmente autorizado.

(i) Construction with other laws

(1) Any action taken by the Federal Trade Commission or the Assistant Attorney General or any failure of the Federal Trade Commission or the Assistant Attorney General to take any action under this section shall not bar any proceeding or any action with respect to such acquisition at any time under any other section of this Act or any other provision of law.

(2) Nothing contained in this section shall limit the authority of the Assistant Attorney General or the Federal Trade Commission to secure at any time from any person documentary material, oral testimony, or other information under the Antitrust Civil Process Act [15 U.S.C.A. § 1311 et seq.], the Federal Trade Commission Act [15 U.S.C.A. § 41 et seq.], or any other provision of law.

(j) Report to Congress; legislative recommendations

Beginning not later than January 1, 1978, the Federal Trade Commission, with the concurrence of the Assistant Attorney General, shall annually report to the Congress on the operation of this section. Such report shall include an assessment of the effects of this section, of the effects, purpose, and need for any rules promulgated pursuant thereto, and any recommendations for revisions of this section

(Oct. 15, 1914, c. 323, § 7A, as added Sept. 30, 1976, Pub. L. 94-435, Title II, § 201, 90 Stat. 1390, and amended Nov. 8, 1984, Pub. L. 98-620, Title IV, § 402(10)(A), 98 Stat. 3358; Aug. 9, 1989, Pub. L. 101-73, Title XII, § 1214, 103 Stat. 529.)

(i) Interpretação com relação a outras leis

(1) Qualquer ação movida pela *Federal Trade Comission*, ou pelo Procurador Geral Adjunto, ou qualquer tentativa frustrada da *Federal Trade Comission*, ou do Procurador Geral Adjunto, de mover qualquer ação nos termos deste artigo não excluirá qualquer procedimento ou qualquer ação a respeito de tal aquisição, a qualquer tempo, de acordo com qualquer artigo desta Lei ou qualquer outra provisão legal.

(2) Nada contido neste artigo limitará a autoridade do Procurador Geral Adjunto, ou da *Federal Trade Comission*, de obter a qualquer tempo, de qualquer agente econômico, documentos, testemunho oral, ou outras informações segundo o *Antitrust Civil Process Act* [15 U.S.C.A. § 1311 et seq.], o *Federal Trade Comission Act* [15 U.S.C.A. § 41 et seq.] ou qualquer outra provisão legal.

(j) Relatório ao Congresso; recomendações legislativas

Não após 1º de Janeiro de 1978, a *Federal Trade Comission*, com a cooperação do Procurador Geral Adjunto, enviará relatórios anuais ao Congresso, acerca da execução prevista neste artigo. Tal relatório deve incluir uma análise dos efeitos deste artigo sobre os efeitos, propósito, e necessidade de quaisquer regras promulgadas consoante este artigo, e quaisquer recomendações para revisões neste artigo.

(Oct. 15, 1914, c. 323, § 7A, as added Sept. 30, 1976, Pub. L. 94-435, Title II, § 201, 90 Stat. 1390, and amended Nov. 8, 1984, Pub. L. 98-620, Title IV, § 402(10)(A), 98 Stat. 3348; Aug. 9, 1989, Pub. L. 101-73, Title XII, § 1214, 103 Stat. 529.)

Notas

1. A tradução é reprodução da *Revista do IBRAC*. O texto legal foi retirado do livro *Antitrust-Statutes, Treaties, Regulations, Guidelines*, Policies. Flynn, John J. & First, Harry. Foundation Press, 1995.

2. Person, no original. Adotamos a terminologia empregada pela Lei brasileira

3. Commerce, no original, tem sentido lato; ou seja, qualquer atividade sujeita à incidência das normas de defesa da concorrência.

4. Federal Trade Comission: órgão independente da administração pública norte-americana, criada e regulada pelo Federal Trade Commision Act, de 1914. É um órgão imune às injunções do governo, não-político (nonpolitical body), composto por cinco membros indicados pelo Presidente da República, cujos nomes são aprovados pelo Senado, para exercerem mandatos de sete anos.

5. O conceito de monopólio é amplo, significando poder econômico incontrastado; a Lei 4.137162, a de melhor técnica entre as leis de defesa da concorrência elaboradas entre nós, referia "condições monopolísticas", seguindo o exemplo norte-americano.

6. common carrier, no original.

7. branch or short lines, no original.

8. substantial competition, no original.

9. antitrust laws, no original.

10. Ministério dos Transportes.

11. Comissão Federal de Telecomunicações.

12. Comissão Federal de Energia.

13. Comissão Interestadual de Comércio.

14. Comissão de Valores Mobiliários.

15. Comissão Naval Norte-Americana.

16. Ministério da Agricultura.

17. tender offer, no original.

18. manufacturing, no original.

19. waiting period, no original.

20. cash tender offer, no original.

21. Federal Register, no original.

22. unincorporated issuers, no original.

23. bonds, no original americano.

24. Instituto jurídico utilizado em alguns estados norte-americanos, com função semelhante à da hipoteca (mortgage). O título legal do bem imóvel permanece com um ou mais depositários/curadores, para assegurar o reembolso de uma soma em dinheiro ou o preenchimento de outras condições. Apesar de diferir da hipoteca quanto ao aspecto formal, trata-se essencialmente de um título de crédito (security).

25. federal agency, no original.

26. reorganization, no original, significa concordata.

27. US district courts no original. Cada estado norte-americano abriga uma ou mais distritos judiciais (comarcas judiciais), e em cada distrito judicial há um tribunal distrital. As district courts norte-americanas são os juizos originários com jurisdição plena para casos que envolvam leis federais, ou crimes e ações entre cidadãos de diferentes estados.

28. idem no original.

29. US court of appeals, no original. A Court of Appeall é uma ramificação da Supreme Court of Judicature, criada pelo Judicature Act em 1873. Trata-se de um órgão colegiado de segundo grau.

30. district judge. Juiz do district court.

RDM 106

DOUTRINA: A TEORIA DA APARÊNCIA E O DIREITO BANCÁRIO – Arnoldo Wald • ACORDO DE ACIONISTAS – Modesto Carvalhosa • SEGURO DE DANO MORAL RESULTANTE DE ACIDENTE COM VEÍCULO AUTOMOTOR – Rachel Sztajn • ATUAÇÃO ESTATAL E ILÍCITO ANTITRUSTE – Calixto Salomão Filho • RESPONSABILIDADE DO CONTROLADOR, DOS SÓCIOS E DOS ADMINISTRADORES DE EMPRESAS DE CONSÓRCIOS. SUA APRECIAÇÃO À LUZ DO DIREITO DO CONSUMIDOR – Haroldo Malheiros Duclerc Verçosa • ASSEMBLÉIA DE COTISTAS NA SOCIEDADE LIMITADA – APLICAÇÃO DA LEGISLAÇÃO SOCIETÁRIA – João Luiz Coelho da Rocha • A INTRODUÇÃO NO NOSSO ORDENAMENTO JURÍDICO DO REQUISITO DA ATIVIDADE INVENTIVA COMO CONDIÇÃO LEGAL PARA A CONCESSÃO DE UMA PATENTE DE INVENÇÃO – Gustavo José Ferreira Barbosa • DA OBRIGATORIEDADE POR PARTE DO ADQUIRENTE DO CONTROLE DE SOCIEDADE POR AÇÕES DE CAPITAL ABERTO DE FAZER SIMULTÂNEA OFERTA PÚBLICA, EM IGUAIS CONDIÇÕES, AOS ACIONISTAS MINORITÁRIOS – ART. 254 DA LEI 6.404/76 E RESOLUÇÃO CMN 401/76 – É EFETIVO MECANISMO DE PROTEÇÃO AOS MINORITÁRIOS? – Roberta Nioac Prado • A EXAUSTÃO DO DIREITO DE MARCAS NA UNIÃO EUROPÉIA E O MERCOSUL – Karin Grau-Kuntz e Newton Silveira • ***ATUALIDADES***: CÓDIGOS E NORMAS DE CONDUTA DO SISTEMA FINANCEIRO PORTUGUÊS E COMUNITÁRIO – Armindo Saraiva Matias • CONVENÇÃO DE ARBITRAGEM: CLÁUSULA COMPROMISSÓRIA ESTABELECIDA ANTES DO ADVENTO DA LEI NOVA. DIREITO APLICÁVEL – Vera Helena de Mello Franco • A DESINTERMEDIAÇÃO NA OFERTA DE CRÉDITO E O SISTEMA FINANCEIRO NACIONAL: EXAME DO TEMA E POSSÍVEIS CONCLUSÕES – Cassio M. C. Penteado Jr. • O ICMS E OS SERVIÇOS DE TRANSMISSÃO DE ENERGIA ELÉTRICA – NÃO-INCIDÊNCIA – João Luiz Coelho da Rocha • CONCEITO DE PREPOSTO – Sérgio Sérvulo da Cunha • AS CENTRAIS DE RISCO E O SIGILO BANCÁRIO – Carlos Alberto Hagstrom • ANOTAÇÕES SOBRE A LEGITIMAÇÃO PARA REQUERER A APURAÇÃO DE HAVERES – José Alfredo Ferrari Sabino • ***MERCOSUL***: NORMAS DE IMPLANTAÇÃO – FORÇA VINCULANTE – José Alfredo Borges • ***DOCUMENTOS***: THE CLAYTON ACT – CONTROLE DE CONCENTRAÇÃO DE EMPRESAS

MALHEIROS EDITORES